中公新書 2105

古川隆久著

昭和天皇

「理性の君主」の孤独

中央公論新社刊

はじめに

昭和天皇の実像とは

昭和天皇（一九〇一～八九）ほど評価が分かれる歴史上の著名人は少ない。自分のことより国家国民のことを思い、平和を希求した偉大な人物か、それとも自分の保身や皇室・国家の存続のために国民の命や戦後の平和憲法など顧みなかった無責任で冷徹な権力者か。昭和天皇についての人物評は、ほとんどの場合この二つのどちらかに分類できる。

そもそも、一九八〇年代までの昭和天皇論は、昭和天皇の発言の断片や逸話のいくつかを自分の政治信条（イデオロギー）に基づいて解釈したようなものが大半だった。こうした議論が不毛であることはいうまでもない。

もっとも、その背景として、議論の材料となるべき史料が当時あまりにも少なかったという事情があった。信頼できる史料としては、詔書《しょうしょ》や勅語《ちょくご》のような、最初から公表されていたものと、『西園寺《さいおんじ》公と政局』『木戸《きど》幸一《こういち》日記』『本庄《ほんじょう》日記』程度しか利用可能なものがなかった。これらは、同時代に昭和天皇の公的な意思や生《なま》の発言を記録したという意味で信頼度の高い、いわゆる一次史料に相当する史料である。それら以外は、戦後の記者会見における昭和天皇の回想談や、昭和天皇賛美のために書かれたことが明白な、側近たちの回想録・回想談や皇室担当記者の著作など、信頼度の劣る二次史料しかなかった。史実に基づいて昭和天皇について考えるための条件が十分に整っていなかったのである。

しかし、一九八九（昭和六十四）年の昭和天皇の死去を契機に、昭和天皇の側近や、昭和天皇と深く関わった人々の日記や書簡をはじめとする、良質な一次史料の発掘が始まったことにより、史料状況はここ十数年の間に劇的に改善された。そして、これに誘発されるかたちで昭和天皇をめぐる学術研究は活性化・多様化し、冷静で客観性の高い研究が増えてきた。ただし、それらの大部分は、昭和天皇の生涯の一部、あるいは昭和天皇の周辺を対象としたものである。新史料や研究の量があまりにも膨大となり、研究状況を簡単に一人で把握できるものではなくなってきたことを考えればやむをえないことである。

だが、これらの昭和天皇論を読んでいくうちに、人は必ずや「昭和天皇の実像を知りたい」という思いにとらわれるはずだ。かくいう私もその一人である。いうまでもなく、昭和天皇の思想と行動が日本のみならず世界の人々に大きな影響をもたらしたことを考えれば、昭和天皇の実像の探究は、皇室を含む世界の王権の歴史、ひいては日本や世界についての、特に近現代の歴史についての歴史像をより質の高いものにする上でも十分な意義がある。幸いなことに、昭和天皇没後二十年が過ぎ、生誕百十年を迎えようという今、昭和天皇のさまざまな時期、さまざまな側面についての史料や研究がひと通り出揃《でそろ》い、昭和天皇の生涯全体について冷静に考えることができる状況になってきた。

つまり、本書の目的は、「昭和天皇の実像を知りたい」という欲求に可能なかぎりこたえることである。

あくまで実証的に

そこで、本書では、歴史学の王道にのっとり、多くの先行研究の助けを借りながら、個々の史料の性質を考慮しつつ（これを史料批判という）、さまざまな史料を突き合せて歴史像を構築していくという実証史学の手法をとる。

昭和天皇に関する一次史料を読み比べればすぐわかるように、昭和天皇のある発言を同時に聞いていた人々の記述内容さえ一致することはむしろ稀《まれ》である。史料とは所詮《しょせん》、経歴や性格はもとより、考え方も立場も異なる人間が記憶を頼りに記すという意味で不完全なものに過ぎないからである。写真や映画などは機械的に記録されるという点で信頼度が高いと思われるかもしれないが、やはりファインダーの枠に入る範囲しか記録できず、さまざまな理由で編集加工される場合も少なくない（佐藤卓巳二〇〇六）。音声録音の場合も同様のことがいえる。

つまり、史料批判をふまえた史料の突き合わせによって史実を再確認し、史実の意味を歴史的文脈に沿って考察するという実証史学の手法によってのみ、信頼度の高い昭和天皇の全体像を得ることができるのである。本書では回想録の類の利用はできるだけ避け、一次史料を重視した。

ただし、実証史学の手法をとるにしても、歴史研究者もまた、ある時代のある地域に生きる人間という意味で全能ではない（渓内《たにうち》一九九五）。当然、完璧《かんぺき》な歴史書などありえず、歴史研究者ができることは、少しでも信頼度を高めるよう努力することのみである。

そうしたことをふまえ、本書では、すでに実行しているように、引用史料や依拠した研究について、出典をそのつど示した。本書の信頼度を検証しやすくするとともに、さらに研究したい人々の便宜をはかるためである。煩雑に感じる読者がおられるかもしれないが、本書の執筆意図をふまえ、ご容赦いただきたい。その際、原則として、史料については題名、研究書・研究論文などについては著者名と刊行年を略記したが、それだけでは出典確認が困難な場合は年月日や巻数、資料番号などといった補足情報も付記した。

思想形成過程に注目

また、本書の新書という性格上、足かけ八十九年にわたる昭和天皇の生涯を全面的に論じることはできない。そこで、昭和天皇について考える際に最も大事な二つの側面に話を限定する。一つは、第一章で主に扱う、昭和天皇の思想形成過程という側面である。これは本来ならば人物を研究する上で欠かせない問題だが、昭和天皇に関していえば、史料や関連分野の研究が不十分だったことから、見るべき研究は皆無に等しかった。

もう一つは、第二章以降で主に扱う、政治との関わりという側面である。戦前・戦後で法令上の立場が大きく変わったとはいえ、政治に関わる業務が昭和天皇の本業だったからである。これは、従来から多々論じられてきた側面だが、昭和天皇の思想形成過程を十分にふまえずに論じられてきたので、個々の歴史研究者の政治信条が解釈の基準となってしまう傾向が強かった。そこで、本書では、思想形成過程をふまえて政治との関わりを再検討していく。

なお、史料の引用にあたっては、適宜句読点やふりがな、さらに濁点を追加し、漢字は原則として現用のものに置き換え、送りがなは原則としてひらがなに統一した。また、引用史料中の〔 〕は引用者または原史料の校訂者の注記である。さらに、引用史料中に現在では不適切な表現がみられるかもしれないが、歴史史料としての性格上、原文のままとしたことをご理解願いたい。

昭和天皇

目次

はじめに…………1
昭和天皇の実像とは　あくまで実証的に　思想形成過程に注目

第一章　思想形成…………3
一　東宮御学問所　5
生い立ち　東宮御学問所　杉浦重剛の倫理学　杉浦の天皇観・国家観　白鳥庫吉の歴史　清水澄の法制経済
二　訪欧旅行　24
発端　宮中の職制と元老　外遊の成功
三　摂政就任　39
「君臨すれども統治せず」　神格化を否定　皇室改革に意欲　研修活動　立作太郎の外交史　清水澄の

憲法進講　明治天皇について学ぶ　生物学を趣味とする　アイドルとなる　牧野伸顕の内大臣就任　政治思想の確立

第二章　天皇となる……………………………………………73

一　田中内閣への不信　75

施政方針を明示　直訴頻発の意味　当時の日課　田中義一首相への不信　優諚問題　中国の主権を尊重　即位大礼　剛毅な昭和天皇像の誕生

二　首相叱責事件　97

張作霖爆殺事件　つのる田中首相への不信感　昭和天皇の政党政治観　張作霖事件の進展　叱責を決意　ついに田中を叱責　昭和天皇の発言　田中叱責の意味　道徳的な政党政治を追求

三　ロンドン海軍軍縮条約問題　120
浜口を激励　反撥する軍令部　鈴木侍従長の対応
統帥権干犯問題　加藤軍令部長の辞意　右翼の宮中
側近攻撃　徳治主義の発露　クーデター未遂

第三章　理想の挫折……143

一　満洲事変　145
不拡大方針の挫折　最善を尽くしたか　揺らぐ昭和
天皇の権威　連盟との対立を心配　犬養内閣の成立
桜田門事件　「日支親善は出来得るや」　心労たまる
昭和天皇

二　五・一五事件　167
政党政治を見放す　秩父宮との対立　連盟脱退へ
本庄侍従武官長の登場　なお協調外交を追求　軍の
政治化に批判的　満洲問題

三　天皇機関説事件と二・二六事件　193
天皇機関説事件　在郷軍人会パンフレットを批判　孤立した昭和天皇　対中融和を追求　牧野内大臣の引退　二・二六事件勃発　即時鎮圧を決意　陸軍への怒り　本庄武官長辞職　近衛首相に期待

第四章　苦悩の「聖断」……………………………………221

一　日中戦争　223
盧溝橋事件の勃発　対応の誤り　やつれる昭和天皇　張鼓峰事件で陸軍と対立　長期化する日中戦争

二　防共協定強化問題　239
念書を書かせる　ノモンハン事件と天津封鎖問題　板垣陸相に激怒　陸相人事に注文　首相の人選を主導　ドイツの快進撃に幻惑される　第二次近衛内閣の成立　三国同盟を容認

三　太平洋戦争開戦　265
日米交渉に期待　武力行使を強く否定　御前会議で異例の発言　開戦を決断　早期終結を指示　戦況の悪化を懸念　支持を失う東条首相
四　終戦の「聖断」　290
一撃講和論をとる　早期講和論に転換　ポツダム宣言　一回目の「聖断」　昭和天皇の決断　二度目の「聖断」　「聖断」の意図
第五章　戦後……313
一　退位問題　315
東条に責任を転嫁したか　マッカーサーに責任を認める　免責への動き　世論の動向　「人間宣言」　新憲法の制定　『独白録』の意味　退位論　退位せず　留位の副産物　戦後巡幸　皇居再建の道の

り

二　講和問題と内奏　346
新憲法下の天皇　四六年九月の発言　講和問題との関わり　戦後の内奏　内奏継続の意味

三　「拝聴録」への道　361
後半生の主題は戦争責任　世論調査に見る昭和天皇　二度目の訪欧　沖縄への関心　訪米　中国への謝罪　植民地支配への反省　「拝聴録」作成へ　厭世的になる　崩御

おわりに……387
理想実現に尽力　旧憲法と国民に裏切られる　君主としての責任を自覚　戦争責任と向き合う

昭和天皇についての研究史　397
参考文献目録　403
あとがき　418
人名索引　428

昭和天皇

「理性の君主」の孤独

第一章　思想形成

大正天皇の即位式で正装の
裕仁皇太子（宮内庁提供）

昭和天皇は政治についてどのような思想信念を持っていたのか、そしてそのような思想信念を持つにいたった理由は何か。「はじめに」で述べたように、この点についての検討が不十分だったことが従来の昭和天皇論の最大の問題点だった。そこで、まずはこの点を見ていこう。

一　東宮御学問所

生い立ち

一九〇一（明治三十四）年四月二十九日、皇太子嘉仁《よしひと》親王・節子《さだこ》妃の第一皇子（長男）が、東京青山《あおやま》の東宮御所《とうぐうごしょ》で生まれた。安産で母子ともに健康であった。五月五日、迪宮裕仁《みちのみやひろひと》と名づけられた。のちの昭和天皇である。

祖父にあたる明治天皇の場合、側室に多くの子供を生ませたものの、男子で成人したのは嘉仁親王一人であり、しかも嘉仁は難産で出産時から重病に見舞われるなど病弱であった。

それに対し、嘉仁・節子夫妻は前年五月十日の婚礼から一年足らずで元気な跡継ぎをもうけることができた。宮中・国内の喜びは大きかった。

裕仁は里子に出されることとなった。当時、天皇家のみならず、大名や上級公家の師弟は親元を離れて育てられるのが普通だった。将来誰にも頼ることのできない地位につくかもしれないからである。海軍中将川村純義《かわむらすみよし》が養育掛に任命され、裕仁親王は川村邸で養育されることとなった。しかし、一九〇四年八月に川村が病死したため、東宮御所の隣に建てられた皇孫仮御所《こうそんかりごしょ》で、〇二年六月に生まれていた弟の淳宮雍仁《あつのみややすひと》親王（のちの秩父宮《ちちぶのみや》）、のち〇五年一月に生まれる光宮宣仁《てるのみやのぶひと》（のちの高松宮《たかまつのみや》）とともに養育され、いずれも健康に育っていった。

養育掛は、暫定的に木戸孝正《きどたかまさ》東宮侍従長《じじゅうちょう》が務めたあと、丸尾錦作《まるおきんさく》学習院教授が担当した。裕仁親王たちは両親と同居していたわけではなかったが、仮御所と東宮御所は隣同士だったので、少なくとも週一回は家族団欒《だんらん》の時を持つことができた（以上、古川二〇〇七）。

裕仁親王は、一九〇五年五月に青山御所内に特設された幼稚園に入園し、〇八年四月、学習院初等科に入学した（『昭和天皇のご幼少時代』。以下『ご幼少時代』と略記）。近代的な学校に初めて通ったのは父嘉仁皇太子であるが、嘉仁皇太子が学習院に入学したのは一八八七年、八歳の時であるから、いわば中途入学である（古川二〇〇七）。しかし裕仁は、当時ではまだ珍しい幼稚園生活を経験し、さらに小学校にも一年生から通った最初の天皇となった。

裕仁親王は当初は馬車通学だったが、のち徒歩通学となり、当時の学習院長乃木希典《のぎまれすけ》の方針で、基本的に他の生徒と同様に扱われた（『高松宮宣仁親王』）。

裕仁親王九歳（初等科三年生）の時の養育記録（『昭和天皇のご幼少時代』）によれば、会話時の発音にやや問題があることを除けば、知的、精神的ともにごく普通に成長し、真面目《まじめ》な性格だったこと、対人関係は良好だったこと、生物や相撲など興味を持ったことについては研究心が旺盛《おうせい》であったことがわかる。さらに、自分の本を分類して図書館を作ってみたりするところには几帳面《きちょうめん》さがうかがえる。さらに、納得できるまで探究や質問を続けるところには、祖父明治天皇との共通点もうかがえる。

陸海軍少尉に任官（1912年９月）

一九一二年七月三十日、明治天皇が死去し、嘉仁皇太子が天皇の位を受け継いだ（践祚《せんそ》）。元号は明治から大正に改元された。皇室典範の定めにより、裕仁親王は自動的に皇太子となったため、二人の弟とは別居することとなり、高輪《たかなわ》に設けられた東宮御所に移った（『高松宮宣仁親王』）。九月には陸海軍少尉に任官した。男子皇族は職業軍人となる定めであった（小田部二〇〇九）ため、皇太子就任とともにわずか十一歳にして任官したのである。以後次第に昇進し、天皇の位を受け継ぐ際に大元帥《だいげんすい》となる。

この間、日本は日露戦争（一九〇四～〇五年）に勝利し、条約改正も進展するなど、国際政治上、列強と対等な地位を獲得しつつあった。裕仁は、そうした状況のなかで順調に育っていったのである。

東宮御学問所

裕仁皇太子は、一九一四（大正三）年の学習院初等科修了後は中等科に進まず、高輪の東宮御所内に設置された東宮御学問所で学友五人とともに学ぶことになった。初等科在学中に皇太子となり、次代の天皇としての特別な教育、すなわち帝王学の教育が必要であるとされたためである。学友たちはいずれも華族《かぞく》の子弟であった（大竹一九八六）。

裕仁皇太子は、一九一四年五月から二一年二月までの七年弱、ここで学んだ。当時の学制でいえば大学一年生、現在の学制でいえば大学三年生までの期間にあたる。ここでの教育は昭和天皇の思想形成上重要な意味を持つので、詳しくみておきたい。まず注目しなければならないのは、杉浦重剛《すぎうらじゅうごう》が担当した倫理学である。その内容が、東宮御学問所ならではの帝王学だったからである。

東宮御学問所の責任者たる総裁は日露戦争の日本海海戦で名将とうたわれた東郷平八郎《とうごうへいはちろう》元帥、副総裁は皇太子の養育責任者たる東宮大夫《とうぐうのだいぶ》（波多野敬直《はたのよしなお》、のち浜尾新《はまおあらた》）、幹事として実質的に学校運営を取り仕切ったのは、長年東郷の部下を務めた小笠原長生《おがさわらながなり》だった。教員は、主に学習院の教員または陸海軍の将校から選ばれた。この人事に御学問所幹部の意向が影響していることはまちがいない。そのなかで、倫理学の教員だけは選任に手間取った（同右）。通常の学校にはない特殊な内容の科目であるから当然といえば当然である。結局、在野の名教育者として知られていた日本中学校校長の杉浦が選ばれた。

東宮御学問所

杉浦は一八五五（安政《あんせい》二）年生まれ。儒学を学んだ後、東京大学の前身の一つである大学南校《だいがくなんこう》で英学を専攻した。四年に及ぶ英国留学では化学を学び、帰国後は国粋主義運動家となり、言論界や政界で活躍したあと教育界に転じた。杉浦が校長を務めた日本中学校の卒業生には、岩波書店創業者の岩波茂雄《いわなみしげお》、画家の横山大観《よこやまたいかん》、歌人の佐佐木信綱《ささきのぶつな》、作家の永井荷風《ながいかふう》、評論家の長谷川如是閑《はせがわにょぜかん》などがおり、外交官や首相として昭和天皇と関わりを持つことになる吉田茂《よしだしげる》も在学したことがあった（同右）。

杉浦重剛の倫理学

杉浦の東宮御学問所における講義案は、弟子の猪狩又蔵《いかりまたぞう》によって『倫理御進講草案』という題で一九三六（昭和十一）年に出版された。同書には講義の基本方針たる「倫理御進講の趣旨」も収録された。ただし、猪狩が同書で記しているように、全二七八回の講義のうち草案が残っているのは約六割にあたる一六六回である。しかも講義の際にこれをすべて一字一句述べたかどうかもわからない。しかし、講義の内容がいかなるものであったかを知るにはこれらを手がかりにするほかない。結論を先に言えば、厳しい国際環境をふまえ、日本国家を維持発展させていくための天皇としての心得を裕仁皇太子に身につけさせることを目的とした講義であった。

杉浦は、講義の基本方針として、三種の神器、五箇条の誓文、教育勅語を重視する方針を立てた。その理由は、「神器に託して与へられたる知仁勇三徳の教訓は国を統《す》べ民を治むるに一日も忘るべからざる所」、「政道の大本は永く御誓文に存する」、「皇儲《こうちょ》殿下が将来我国政を統べさせ給ふにつきては先《ま》づ国民の道徳を健全に発達せしめて以《もっ》て〔教育〕勅語の趣旨を貫徹せんことを期せらるると共に御自らも之《これ》を体して実践せらるべきもの」というものだった（「倫理御進講の趣旨」）。

中国哲学の研究者である狩野直喜《かのなおき》京都帝大教授は、一九二七（昭和二）年九月二十六日と十月三日に行なった（『侍従武官長奈良武次《ならたけじ》日記・回顧録』。以下『奈良日記』と略記）進講「古《こ》昔《せき》支那に於ける儒学の政治に関する理想」において、徳をもった君主が国を治めれば民衆もそれに感化されて国が栄えるという儒学の政治思想を「徳治主義」と呼んでいる（『御進講録』）。杉浦の帝王学の方針はまさにこの徳治主義そのものである。杉浦の思想形成が儒学から始まっていることを考えれば自然なことである。

また、杉浦は、初回の講義において、当時の国際環境について、「現今の如《ごと》く列国相対峙《あいたいじ》して、競争激烈なる世」なので、「種々困難なる問題の起り来る」ととらえた。そこで、「斯《か》かる際には充分勇気を鼓舞して〔中略〕之を処理し、之を断行せざるべからず」として、「勇」を天皇に必要な資質の一つであるとした。そして、そうしたなかで国家を発展させるためには国民の協力が不可欠であるとして、国民に天皇を敬い、ひいては国家に協力する気持ちを養うよう主張している。その方法として最も強調されているのが、天皇が自分を犠牲にしてでも国民を大切に思っていること（「仁愛」）を示すことであった。

それは、二年生一学期の「仁愛」、三学期の「恤民《じゅつみん》」（民を助ける）と題する講義以外でも、ことあるごとに説かれている。杉浦の講義において、仁徳《にんとく》天皇は三番目に登場頻度が高い（二四回）人物である（古川二〇一二）が、すべて「仁愛」を説く場面での登場であった。しかも、その際、君主が率先して倹約に努めて国民の税負担を減らすべきという意味の仁徳天皇の言葉とされる「民の富めるは朕《ちん》の富めるなり」もしばしば引用されていることから、杉浦がいかにこの徳目を重視していたかがわかる。

なお、最多登場人物は明治天皇（三六回）であった。先にふれたように明治天皇が発した五箇条の誓文と教育勅語は三種の神器とともに重視されていたので、五箇条の誓文は随所で引用され、教育勅語は四回にわたって講義されただけでなく、「敬神」「崇倹《すうけん》」「犠牲」「清廉」「任賢《にんけん》」「決断」をはじめ、杉浦が天皇として実践すべきとした徳目の大半で実例の一人として登場している。ちなみに登場回数第二位は徳川家康《とくがわいえやす》（二五回）である（同右）。

また、犠牲という徳目も繰り返し出てくるが、二年生一学期の「犠牲」という講義では、「天日嗣《あまつひつぎ》の御位（天皇の位）に登らせ給ふ所以《ゆえん》のものは敢《あえ》て一身の為にあらず、国を治め民を平《たい》らかにせんが為」と説かれる。関連して天皇における「私《わたくし》」の否定も説かれており、同じ学期の「公平」という講義で「天下の公道に従つて其の私を挟まざるは即ち公平」とされ、三年生一学期の「用意平均莫由好悪（意を平均に用いて好悪に由《よ》らしむるなかれ）」という講義でも「私情を以て公義を害すべからざること明瞭《めいりょう》なり。殊に王者にありては、国家幾千万の蒼生《そうせい》を統御せらるゝものなれば」とある。この場合も人物の例として、最も多く登場する人物は仁徳天皇である。

昭和天皇は、こうした杉浦の教育内容を十分に理解していた。杉浦によれば、演説の練習の際に、「オランダの某将軍」を題材に、「世に英雄、豪傑なるものは多いが、私欲、名誉、生命に全く超越したものこそ真の英雄豪傑で、この将軍の如きはこれに類する真の英雄である」と「堂々約三十分に亙《わた》つて論ぜられた」という。この話は一九二四（大正十三）年一月十一日『東京朝日新聞』において、成婚に際して裕仁皇太子（摂政宮《せっしょうのみや》）の人格を賞賛する文脈で出てきたものだが、六年生三学期倫理学の「抜本塞源《ばっぽんそくげん》」の講義録に、「殿下は曽《かつ》て御講演に於て、功名富貴を度外視するものを真の豪傑なりと仰せられたる」という一節があるので、実際にあったことであると確認できる。

杉浦の天皇観・国家観

要するに、杉浦は、天皇が統治するという日本の国のあり方は、個々の天皇の努力によって、国民を感化し、かつ国民からの支持を得てこなければ続くことはなかったと教えた。これは当時政府が認めていた天皇観・国家観とは全く異なっている。

当時の政府の公式の天皇観・国家観とは、伊藤博文《いとうひろぶみ》の名義で出され、事実上は政府による大日本帝国憲法の解説書といえる『憲法義解《ぎかい》』の冒頭にある、「我が国君民の分義は既に肇《ちょう》造《ぞう》〔建国〕の時に定まる」、第一条の説明にある「我が日本帝国は一系の皇統と相依《あいより》て終始し、古今永遠に亙り、一ありて二なく、常ありて変なき」という記述にみられるように、天皇の地位は絶対不変というものである。

伊藤博文は、民権派の急進論を抑えるために、こうした天皇観・国家観を憲法に採用した（瀧井二〇一〇）。しかし、それは天皇の絶対化、ひいては神格化による弊害をもたらした。一八九二（明治二十五）年、天皇の神格化の否定につながりかねない史論を発表していた久《く》米《め》邦武《くにたけ》の筆禍事件が発生し、一九一一年には、小学校の国定教科書の南北朝並立論が天皇の絶対性を脅かすとして南朝正統論に変えさせられるという、いわゆる南北朝正閏《せいじゅん》論問題も起きたのである（永原二〇〇三）。

杉浦の講義の登場人物は、明治天皇をはじめとする天皇が最も多いものの、中国の王や皇帝をはじめ外国人も少なくない。特に初代アメリカ大統領のワシントンやプロシアのフリードリヒ大王は好ましい指導者として繰り返し登場しており、そもそも初回の講義で、君主の心得としての「知仁勇の三徳」について、「支那も西洋も其《そ》の教を立つること同一」としている。天皇は普遍的な君主の一種であるという前提で講義が構成されていたのである。その意味でも天皇神格化とは無縁の内容であった。

　また、杉浦の講義は第一次世界大戦勃発《ぼっぱつ》前から始まっていた。つまり、この主張はこの大戦の後のヨーロッパにおける君主制の崩壊という事実から発想されたものではなく、広く古今の歴史をふまえた、より普遍的な観点からの主張であった。また、『論語』や『尚書《しょうしょ》』など中国古典の引用も頻繁に行なわれ、アジアで最も普遍性が高い政治思想である儒学がふんだんに取り入れられていることもわかる。杉浦は、儒学を一つの柱とし、広く古今の歴史をふまえるなど、普遍性の高い内容によって、天皇としての心得を説いたのである。

　ただし、歴史とはいっても、すでに指摘がある（ウエッツラー二〇〇二）ように、神武《じんむ》天皇を実在の人物として扱っていることなどから、あくまで徳目を説くのにふさわしい材料として歴史を扱っている点は留意しなければならない。さらに、第一次世界大戦の終結前後からは、政治思想上の日本の独自性を強調するようになる。

　たとえば、ロマノフ王朝滅亡後の一九一八（大正七）年春（五年生一学期）の「和魂漢才」では、「我が国は古《いにしえ》より能《よ》く外国の文物を学び〔中略〕今後と雖《いえど》も、固《もと》より彼の長を取りて我の短を補ふこと肝要なり〔中略〕然《しか》れども其の精神に至りては、断じて古来の美を銷磨《しょうま》せしむることあるべからず」と論じ、一九年初頭（五年生三学期）の、「民惟邦本《たみはこれくにのもと》」という題目の講義で、当時論壇を風靡《ふうび》していた吉野作造《よしのさくぞう》の「民本主義」に関し、日本においては「民本主義」は「新奇の語にはあらず」として、五箇条の誓文で「広く会議を起〔興〕し万機公論に決すべし」とされて「四民平等を以て政治の本義と為し」、「更に明治二十二年憲法を発布して立憲政治を行はしめらるゝに至りては〔中略〕万民平等を実現しつゝある」と、日本なりに欧米流立憲政治が実現していると説いた。

六年生三学期には十八世紀フランスの啓蒙《けいもう》思想家ルソーをとりあげ、「ルーソー一度《ひとたび》自由平等を唱へてより、世人深く其の真意の如何《いかん》を察せずして心酔し狂騒す。憂ふべきなり」とし、七年生二学期の「前独逸《ドイツ》皇帝ウイルヘルム二世の事」では、第一次大戦末期のドイツ帝制の崩壊をとりあげ、「我が帝国の歴史は全然欧州の歴史と其の発達の径路を異にす。殊に皇室と臣民との親密なる関係に至りては、世界に其の比を見ざる所なり。然れども欧米諸国と交通の結果、彼の思想の滔々《とうとう》として我が国に入り来れるは何人も疑はざる所なり。前独逸皇帝敗亡のこと、亦《また》一顧の値なしという云ふべからざるなり」と述べている。

杉浦は、皇室の存続を願う保守的立場から、ロシア革命や大戦後のヨーロッパにおける君主制の崩壊への危機感を強め、日本の独自性をより強調するようになったのである。

しかし、裕仁皇太子はこうした考え方にはあまり関心を示さなかった。パリ講和条約の成立と国際連盟の創設に対し、「奮励自彊《ふんれいじきょう》随時順応の道を講ずべきの秋《とき》」として、「万国の公是《こうぜ》に循《したが》ひ、世界の大経《たいけい》に仗《よ》り、以《もっ》て連盟平和の実を挙げ」るとともに、「重厚堅実を旨《むね》とし、浮華驕奢《ふかきょうしゃ》を戒め、国力を培養して時世の進運に伴はむ」という、一九二〇年一月十日の「平

和克復《こくふく》に付浮華驕奢を戒めたまふ詔書」(『増補皇室事典』)発布に際して杉浦が書かせた作文のなかで、裕仁皇太子は、

吾人《ごじん》も亦《また》国際連盟の成立をば慶賀するなり。吾人は、此連盟の規約に遵《したが》ひて、且《かつ》連盟の精神を発達させ、世界に永久の平和を確立する重大なる義務を終へざるべからず〔中略〕帝国人たるもの、雅量を示し、各国の休威《きゅうい》を考へ共同燮理《しょうり》をなし、万国の公是に循ひ、世界の大経に依《よ》れば永遠の平和を得べきなり。

と、普遍的な協調外交に強い共感を示しているからである。

もっとも、そのあと、「軍備を充実せざれば、一朝事のありし時に国を防ぐ事能《あた》はず」と一見軍備増強を肯定するような文言もある。しかし、これも「又外交上利益ある言をなして通過さす事は困難なり」、すなわち外交上の活躍の基盤という意味合いが持たされており、「又産業、交通を盛にし、又労働者の能率を高めざれば、富国となすこと能はず。もしこのことをなさゞれば、列国と同一の歩調を取る事能はず」と、全体としては国力増強自体が協調外交推進の手段であるという論調になっている(『牧野伸顕《まきののぶあき》日記』一九二一年八月十七日。以下『牧野日記』と略記)。

白鳥庫吉の歴史

次に注目しておくべきは、歴史関係の授業を担当した白鳥庫吉《しらとりくらきち》である。白鳥は東京帝国大学で西洋風の実証的な史学方法論を学んだ、日本の近代史学における東洋史学者の草分け的存在で、卒業後学習院教授となっていた。御学問所の教員の中核は学習院の教授たちであり、学習院に勤めていたことから御学問所にも関わることになったと考えられる。御学問所では主任として、幹事の小笠原長生らと御学問所の教員の選定にもあたった（大竹一九八六）。

御学問所用に白鳥が作成した日本史の教科書『国史』が復刻されている（『日本歴史』が、その解説（所功《ところいさお》執筆）でも指摘されているように、この教科書は実証的な度合いが高かった。冒頭では、十分な根拠を示さずに日本民族の優秀性をうたっているが、本論に入ると、「我が国には上代よりいひ伝へ来りし神代の物語あり、建国の由来、皇室の本源、及び国民精神の真髄みな之に具《そな》はれり」と神代についてはあくまで神話であることを明示している。また歴代天皇の事績についても、明治天皇だけは全体の一割をも割いて絶賛されているが、それ以外の天皇は批判されることもあった。

たとえば、後醍醐《ごだいご》天皇は、小学校の国史教科書では天皇親政を復活したとして高く評価され、杉浦の倫理学講義でも、側近の人選（「任賢」）や決断力（「決断」）という点で高く評価されていたが、白鳥の教科書では、後醍醐政権について、「偏《ひとえ》に之〔建武の中興〕を以て皇権拡恢《かくかい》の期至れるものとなし、往々武人を軽んずるの風あり、為めに行賞宜《こうしようよろし》きを失して武人に薄く、且《か》つ領土の与《よ》奪《だつ》常《つね》なくして之に関する訴訟《そしよう》の裁断公平を欠くこと多かりし」と、かなり批判的な考察が展開されている。もっとも、大学では実証的な日本史が教授されていた以上、それと同格あるいはそれ以上の学識があることが世間的に期待されて当然の皇太子が、このような内容を教授されることはむしろ当然である。

また、白鳥は箕作元八《みつくりげんぱち》の『西洋史講話』『フランス大革命史』などを使って西洋史の授業も行なったといわれる（『昭和天皇と私』）。箕作はドイツで実証史学の祖ランケらに学び、東京帝大教授となった西洋史学者。『西洋史講話』は一九一〇（明治四十三）年に刊行された一二〇〇頁《ページ》を超える大著である。「確実なる歴史の知識を普及し、国民をして世界大勢の推移する所を知らしめ、且これに処する覚悟と抱負とを定むるに資」するため、「史実の真相を究め、その因果相関の理を尋ね、以て人文の発達、世運の変遷、治乱興廃の由来等を明かにせん」（「凡例」）として、西洋史を概説している。同書は大部の割には好評で、一九一三（大正二）年までに五版をかぞえ、一九年に箕作が死去したあとも、弟子の大類伸《おおるいのぶる》による、第一次世界大戦後までを補充した上下二巻の増補版が一九三〇（昭和五）年に刊行されている。

同書は、国家興亡史の立場からの評論が豊富なところを特徴としている。たとえば、紀元前三七一年、古代ギリシャの都市国家テーベが都市国家スパルタに戦いを挑んだことを、「この際に屈伏したならば、テーベは、未来永劫《えいごう》、頭が上がらぬことになるであらう。かくして瓦全《がぜん》を保たうよりは、潔く一戦して、玉となつて砕けるか、もしくは、国運を開いて大国となるかを試みようとしたのである。この位な決心がなくて、ただ他の同情を失ふまいと、それればかり恐れて居るやうでは、とても大国民となる資格はない」と論じている。

また、『フランス大革命史』は、一九一九年から二〇年にかけて刊行された上下二巻の箕作の遺著で、フランス革命史を、箕作得意の史論も含めて生き生きと記した大著である。

御学問所の学友の一人で、のちに昭和天皇の侍従となる永積寅彦《ながつみとらひこ》は、これら箕作の本が昭和天皇の愛読書だったと回想している（『昭和天皇と私』）。昭和期に入ってから、「箕作元八氏の大部の歴史を、詳細読了」した昭和天皇が鈴木貫太郎《すずきかんたろう》侍従長に対し、ナポレオン一世の生涯や、ロシアやドイツの帝制崩壊の要因について語り（『本庄日記』二四一頁）、のちに本庄繁《しげる》侍従武官長にも、「露国は仏国と同様貴族と下層民のみにて、穏健なる中間の堅実なる階級を有せざりしことが、革命に倒れし訳なりと箕作の歴史は説けり」と語ったこと（同右、一九三五年五月十八日）からは、昭和天皇が一九三〇年の増補版を愛読していたことがわかり、永積の回想が裏づけられる。

したがって、一九七六（昭和五十一）年十一月六日の記者会見での「歴史に私が興味を持っていたのは、御学問所の時代であった。主として箕作博士の本で、一番よく読んだのは、テーベの勃興からヨーロッパの中世時代にわたる、英仏百年戦争の興亡史であった」（『陛下、お尋ね申し上げます』。以下『陛下お尋ね』と略記）という回想は正しいと判断できる。

なお、皇太子ならではの科目として、杉浦の倫理学の他、陸海軍の大元帥という天皇の立場から陸海軍将官による軍事講話があり、語学はフランス語が採用された。当時ヨーロッパの王室間の交際や外交ではフランス語が公用語であり、父の大正天皇も修学時代にはフランス語を学んでいた（古川二〇〇七）。

清水澄の法制経済

その他、御学問所では、国文漢文や美術史、数学など、当時の中学校や高等学校にもある科目も講じられた（大竹一九八六）。そのなかでは、のちに長く昭和天皇の生物学研究の師となる服部広太郎《はっとりひろたろう》の博物学、清水澄《しみずとおる》の法制経済（一九二〇（大正九）年開講）が注目される。服部は学習院教授、清水は当時は行政裁判所評定官（行政訴訟のための裁判官）であったが、それ以前は学習院教授であった。

清水は天皇主権説をとる穂積八束《ほづみやつか》の弟子の一人であることから、その憲法学説は長らく真面目な検討の対象にされてこなかった。しかし、当時清水は中学校の法制教科書執筆の第一人者であり、枢密院《すうみついん》や行政裁判所の役職を歴任し、大正天皇の憲法進講役を勤めるなど憲法学者としての社会的影響力は美濃部《みのべ》達吉《たつきち》に次ぐものがあった（小山一九八九）。そうしたこともあり最近は清水の学説を再評価する研究が進んでいる（内藤二〇〇二、菅谷二〇〇九）。ここでは、御学問所の教科書として清水が作成使用した『法制』の復刻版（『法制・帝国憲法』）を見ておきたい。

清水は、国家について「国家は法人なり」とした上で、「主権君主に在りとは、国家の主権が君主に存するの謂《いい》なり」と、国家と天皇を別物と認識することで、国家をできるだけ普遍的な存在として説明しようとしている。これは、東京帝国大学教授美濃部達吉が一九一二（明治四十五）年刊の『憲法講話』で打ち出した、国家は法人として主権を持ち、天皇は国家の諸機関のなかで最高の位置にあるという、いわゆる天皇機関説にきわめて近い説明である。清水が実質的には美濃部の立場に近づきつつあったことがわかる。

事実、清水は一九一五年に刊行した憲法についての学術書の中で、「天皇は国家の機関なり」というのは「必ずしも誤りにあらず」、つまり、まちがっているわけではなく、「天皇機関説は、其観念に於て天皇主体説と毫《ごう》も異なるところなし」、つまり、両説は実質的には同じだとしているのである。ただし、このような用語法は「却《かえっ》て往々人を誤らしむる」、つまり、誤解を招くから採用しないとしている（『国法学』）。

美濃部が天皇機関説を全面的に展開した『憲法講話』を一九一二年に刊行した際、東京帝大の穂積の憲法講座を継いだ上杉慎吉《うえすぎしんきち》によって不敬だとして批判されたことが念頭にあったことは明らかである。また、清水は『法制』の中で、天皇主権説の前提としての天皇の絶対性を示すために穂積が考え出した国体政体二元論、すなわち簡単には変わらない国のあり方（国体）と、状況によって変わりうる権力の発動のされ方（政体）を区別する議論を展開している。つまり、清水は、不敬という批判を招かない範囲で西欧基準の国家論を導入しようとしたのである。

もっとも、天皇主権説と国家法人説が両立するという議論は、論理的には無理があることは否定しがたく（古川二〇〇八b）、昭和天皇もそれに気づいていたことは、のちに天皇機関説問題の時に明らかになる。

全体として、東宮御学問所の教育は、日本が欧米列強に肩をならべつつあった時代状況を反映していた。そもそも総裁の東郷もイギリスに留学経験があり、倫理学の杉浦をはじめ、教員には欧米への留学・渡航経験者が少なくなかった。授業内容も欧米や中国の実証的あるいは普遍的な学問の動向が反映されている面が少なくなかった。要するに、東宮御学問所では、国際社会のなかでも立派に通用しうる天皇の育成がめざされていたのである。

また、杉浦や白鳥は、全体として、天皇の絶対化、神格化という当時の政府の公式見解とは異なる、合理的、普遍的な天皇観・国家観を教授しており、清水も同様の方向性を持った国家観を教授していた。特に杉浦や白鳥は、建前はともかく、実際問題としては、君主制維持のためには君主個人のカリスマ性も重要な要素であることを認識していたのである。

この東宮御学問所の教育を昭和天皇はどのように受容したのだろうか。少なくとも、杉浦の講義を通じて、天皇になった際に周囲や社会から求められる考え方（徳治主義）や振舞い方を知ったこと、白鳥の講義を通じて天皇が神の子孫ではないことを知ったこと、清水の講義を通じて天皇機関説を受け入れる素地ができたことは確かである。

二　訪欧旅行

発端

一九二一（大正十）年三月三日から九月三日までの半年間にわたる訪欧旅行が、昭和天皇にとって大変印象深かったことはまちがいない。四十年後の一九六一（昭和三十六）年四月二十四日、還暦を迎えるにあたっての記者会見で「いちばん楽しく感銘が深かった」と述べている（『陛下お尋ね』）だけでなく、太平洋戦争中の一九四二年十二月十一日、侍従や侍従武官に対し、「自分の花は欧州訪問の時だつた」と語っている（「小倉庫次侍従日記」。以下

「小倉日記」と略記)からである。この一大イベントの概要はすでに波多野勝氏によって明らかになっている（波多野一九九八）。以後、特に断らないかぎりこの研究に依拠しながら、この旅行の昭和天皇の思想形成に与えた影響を確認したい。

一九一七年三月二十二日、ロシア皇帝退位を知った政友会総裁の原敬《はらたかし》は、折から訪ねてきた枢密顧問官三浦梧楼《みうらごろう》に対し、「露国の革命を見て超然論者も夢を覚まさざるべからず」（『影印 原敬日記』。以下『原敬日記』と略記）と述べた。原は、マルクス主義の擡頭《たいとう》に対抗して立憲君主制を維持するためには、政党政治の確立しかないと考えたのである。その理由は、日露戦争直後に統帥権の独立が事実上確立したことにあった。

一八八九（明治二十二）年二月に公布され、翌年の帝国議会開設とともに施行された大日本帝国憲法は、第四条に「天皇は国の元首にして統治権を総攬《そうらん》し」とあるように、最終的には天皇が判断する建前となっており、これは当時「万機親裁《ばんきしんさい》」という言葉で広く知られていた。しかも、一九〇七年の軍令の制定、翌年の参謀本部条例の改正により、軍部（特に陸軍）と内閣が対立した場合、実際に天皇が裁断を迫られることになっていた。もしその裁断が内外から批判を浴びるような結果になれば、皇室の存続は危ういと原は考えたのである。

一八八五年に伊藤博文が内閣制度を発足させた際は、首相の権限は絶大だったが、次の黒《くろ》田清隆《だきよたか》内閣が黒田首相の不手際で迷走したことなどから、大日本帝国憲法では内閣に関する規定はなく、天皇は各大臣の輔弼《ほひつ》（助言）に基づいて判断することになっており、一八八九年十二月制定の内閣官制でも各大臣の独立性は強かった。しかし、天皇存続のためには天皇が権力闘争の渦中に入ることを防ぐべきであるという観点から再検討が行なわれ、内閣の実務規定として伊藤博文が中心となって一九〇七年二月に制定された公式令では、再び首相の権限が事実上強化され、合議体としての内閣が国務の中心となることになった。つまり、天皇は、首相のもとですでに事実上できあがった国家意思に権威を与えるだけでよく、政局の当事者として毀誉褒貶《きよほうへん》にさらされることはなくなるはずだった。

ところが、陸軍と官界の大御所山県有朋《やまがたありとも》は、陸軍の権力減少を嫌い、軍部大臣が首相や閣議に諮《はか》らずとも独自に法令を発することができる軍令という法令形式を同年九月に発足させてしまった。伊藤は一応その運用を慎重にするよう山県に約束させることはできたようだが、明文化まではできなかった（以上、瀧井二〇一〇）。さらに翌年十二月の参謀本部条例改正で、陸軍の作戦用兵の責任者である参謀総長の天皇直属という関係を明確化し、陸軍が一つにまとまるのは陸軍大臣のところではなく天皇のところとなった。海軍の方は、一九三三（昭和八）年の軍令部条例改正以前は、作戦用兵の責任者である軍令部長が天皇に直接上奏はできるものの海軍大臣のもとにもあったので一応一体性はあった。

こうして、軍部（この段階では陸軍）は、内閣を通さずに天皇に直結できる体制を法制上整えてしまった。そのため、国家意思が分裂したまま天皇が裁断を迫られる事態が生じる余地ができてしまったのである。それを防ぐには、内閣の一体性を保つ手段としての政党内閣の実現が必要だと保守的な政党政治家たる原敬は考えたのである。

一九一九年五月七日、裕仁皇太子の成年式祝宴が宮殿で行なわれたが、その際の裕仁皇太子の内気な態度は政府高官の心配の種となり、皇太子教育のあり方を再検討する動きが始まった。そうしたなか、もともと病弱だった大正天皇は、天皇になってからのストレスがたまり、一九一八年末以後体調を大きくくずしはじめて言語や歩行の障害も現れた。二〇年三月三十日には宮内省が大正天皇の事実上の長期休養を発表し、公式行事の多くは節子皇后や裕仁皇太子、その他の皇族が代行するようになった。七月二十四日にはほぼ現実に近い症状が発表され、公文書への署名や高官の任命など「万機親裁」は続いているとはされたものの、人前に出る行事には一切出席しなくなり、大正天皇は事実上引退状態に入った。その後も症状は次第に悪化していった（古川二〇〇七）。

こうした状況をうけて、一九一九年十一月ごろから、原敬首相や元老山県有朋らから、天皇になる前に世界を見ておくべきであるとして、皇太子外遊構想が持ち上がった。外遊について、宮中では節子皇后や宮内省高官の反対が強かったが、政界上層では、大正天皇の病状悪化をふまえ、裕仁皇太子の近い将来の摂政就任や天皇践祚も予期し、帝王教育の総仕上げとして早期の外遊実現を必要だとする外遊推進論が優勢だった。

なお、摂政については、大日本帝国憲法第十七条と皇室典範第十九条に規定されている。摂政は天皇が幼少あるいは長期の病気で政務がとれないときに設置する役職で、原則として成年の皇太子あるいは皇太孫（皇太子の長男）がなり、設置は皇族会議（皇族と宮中および司法関係の高官で構成）と枢密院会議で決定することになっていた。裕仁皇太子はすでに宮中の成年式を終えていたので摂政の有資格者であった。

ところが、一九二〇年十二月、いわゆる宮中某重大事件が発生して外遊構想は頓挫《とんざ》した。一九一八年一月、久邇宮邦彦王《くにのみやくによし》の長女良子《ながこ》が皇太子妃に内定し、一九年六月に婚約が発表されていたが、良子の家系に色弱の遺伝があることがわかり、婚約を解消するかどうかが問題となったのである。原首相や元老山県は婚約解消を主張したが、杉浦重剛を含む右翼勢力は倫理上の問題からこれに反対し、一大政治問題に発展した。ただし皇室に関わる重大問題であったため、事件は伏せられ、「宮中某重大事件」と呼ばれることになったのである。

杉浦は問題発生以後東宮御学問所での授業をとりやめた。結局、杉浦らの主張に理があるということになり、一九二一年二月十日、宮内省は突如、良子の皇太子妃内定は変わらないと発表して問題は決着、紛糾《ふんきゅう》の責任をとって中村雄次郎《なかむらゆうじろう》宮内大臣は辞職し、牧野伸顕が後任となった（以上、浅見二〇〇五、大竹一九八六）。

宮中の職制と元老

宮内大臣の話が出てきたので、ここで宮中の職制について説明しておきたい（『増補皇室事典』、百瀬一九九〇、濱田二〇〇八、茶谷二〇一〇）。天皇の政治上の補佐役は国務大臣、法令に関する相談役は枢密顧問官（枢密院）、軍事上の補佐役は参謀総長と軍令部長であるが、側近として、宮内大臣、侍従長、侍従武官長、一八八五（明治十八）年の内閣制度創設と同時に設けられた内大臣、さらに別格の存在として元老がいた。

宮内大臣は宮内省の管理運営や皇族華族に関する事務の責任者で、大臣と称してはいるが閣僚ではなく、宮内官という別の身分とされた。天皇との関係についていえば、皇室や華族に関する事項について天皇に助言すること、やはり宮内官である内大臣の任命の辞令に副署することが仕事である。侍従長は侍従の所属する侍従職の責任者。侍従は、天皇の面会者の取次ぎ、天皇の旅行時の身の回りの世話、天皇の使者として派遣されることなどが仕事である。侍従武官はその軍事版で、侍従武官長は侍従武官府の責任者である。侍従武官は陸海軍両方から数名ずつ出向していたが、武官長は慣例的に陸軍将官が就任した。

内大臣は、先に述べたように宮内官なので閣僚ではなく、法令（内大臣官制）に規定された職務は、「常侍輔弼」、つまり常に天皇のそばにいて助言することと、御璽《ぎょじ》国璽《こくじ》（公文書に天皇が押す二種類の印）の管理という、曖昧《あいまい》なものであるが、各般にわたる天皇の相談役と考えてよい。ただし、一九二五（大正十四）年三月に牧野伸顕が内大臣になるまでは、元老級の政治家が就任することが多く、彼らはいずれも老齢のため実際には一ヵ月に一、二回程度しか出勤しなかった（松田二〇一〇a）。

また、憲法で国務は国務大臣の輔弼によるとなっていることから、国務大臣の任命は前任の国務大臣、なかでも首相の輔弼によるはずというのが当時の憲法解釈の常識であったが、実際には内閣制度の初期を除きほとんど実行されなかった。むしろ、前述の公式令で、天皇が発する公文書に必須《ひっす》とされた国務大臣の副署について、首相任命については内大臣の副署でもよいとされ、内大臣は国務大臣ではないものの、首相任命についてだけは国務に直接関与できることが明文化された。先にも述べたように、内大臣は元老級の政治家が任命されることが多かったため、首相人事を含め、政治の枢機に深く関わること事実上慣例化されていた（松田二〇一〇b）。

元老も、首相人事や外交上の重要事項など、国政上の重要事項についての天皇の相談役であるが、これは制度としては存在せず、元老として待遇することを天皇が本人に勅語で示すことで元老とみなされた。元老は内大臣と異なり、常に天皇のそばにいることは求められていない。元老と内大臣では、初代内大臣の三条実美《さんじょうさねとみ》を除き、元老の方が位階勲等が上であった。なお、大正末から元老は西園寺公望《さいおんじきんもち》一人となったが、西園寺の方針で後継元老は任命されなくなった（永井二〇〇三）。

ちなみに、勅語とは、天皇の意思表示形式の一種で、口頭または署名捺印（御名御璽）のない文書で示される。教育勅語に御名御璽があるのは、公式令制定以前の変則である。詔書は、皇室の重要事項、または憲法上の大権行使の際に発せられる文書で、御名御璽のほか、皇室の重要事項の場合は宮内大臣と首相、大権行使の場合は首相と国務大臣が副署する（『増補皇室事典』）。

なお、裕仁皇太子についていては、皇太子となった際、東宮職と東宮武官が設置された。天皇に対する侍従職、侍従武官府に相当するもので、責任者は東宮大夫、東宮武官長である（同右）。東宮大夫は長らく元東京帝国大学総長の浜尾新だった。しかし、彼の養育方針に対しては過保護になっているとして政府高官からの批判が少なくなく（波多野一九九八）、一九二一年十一月の裕仁皇太子の摂政就任に伴い、訪欧旅行の随員の一人だった元駐英大使珍田捨己《ちんだすてみ》に代わった。

牧野は薩摩《さつま》藩出身の元外交官。西園寺公望の知遇を得て、第一次西園寺内閣で文相、第二次西園寺内閣で農商務相を務め、第一次山本権兵衛《やまもとごんべえ》内閣で外相を務めたあと、第一次世界大戦後のパリ講和会議にも首席全権西園寺とともに全権として参加した。西園寺の信頼厚い政治家で（茶谷二〇一〇）、当然、外交的には国際協調派であり、内政面でも、かつて政友会総裁を務めた西園寺と親しく、大臣を務めた内閣はいずれも政友会と関係が深い内閣だったことからわかるように、官僚出身とはいえ政党政治に好意的であった。

外遊の成功

さて、これに先立つ一九二一（大正十）年一月十六日、元老の一人でもあった松方正義《まつかたまさよし》内大臣の説得により節子皇后が皇太子外遊を承諾したことで外遊構想の最大の障害が解消されており、「宮中某重大事件」決着後、外遊は一気に実現に向けて動き出した。

この間、日本は連合国の一員として第一次世界大戦の勝者となり、パリ講和会議に五大国（米英仏伊日）の一つとして参加し、国際連盟の常任理事国となっていた。まさしく列強の一つとして国際社会に地位を占めたところであることを考えれば、次代の天皇は国際的に通用する人物であることが必要だというのが政界上層部の認識だったがゆえに外遊が実現したということになる。ただし、訪問国は警備上の問題もあって出発の時点でも確定せず（波多野一九九八、梶田二〇〇五）、結局は、当初訪問予定だったアメリカを除き、英仏を中心に西ヨーロッパ諸国を訪問することになった。

皇太子の外国訪問としては、すでに一九〇七（明治四十）年の嘉仁皇太子の韓国訪問があったが、ヨーロッパ訪問はもちろん初のことである。大正天皇は皇太子時代ヨーロッパ訪問を強く望んでいたが、体調や明治天皇の反対などで実現しなかった（古川二〇〇七）。その意味で、裕仁皇太子の訪欧は父親の宿願を果たしたものでもあった。

皇太子一行は日本の軍艦に乗り、インド洋経由でヨーロッパに向かった。出発当日、裕仁皇太子は原首相に対し、「活動写真も取る積り、自分も写真器を持参せり」と「御満足御元気」な様子を見せており、原が「殿下に於《おか》せられ御喜びの様」というとおり、裕仁皇太子がこの旅行を大いに喜んでいたことがわかる（『原敬日記』）。往路中の随員の諫言《かんげん》もあり、最初の公式訪問国のイギリスで裕仁皇太子は堂々と振舞い、駐英大使館員だった吉田茂を含む、これを実見した関係者を感激させた。到着翌日の五月十日には、宿舎となっていたバッキンガム宮殿内の居室で国王ジョージ五世の訪問を受け、約一時間歓談した。旅程について助言を受けたのだが（波多野一九九八）、それだけではなかった。

昭和天皇は一九七九（昭和五十四）年八月二十九日の記者会見で、滞英時を回想して、「イギリスの王室は〔中略〕実に私の第二の家庭とでもいうべきような状況で〔中略〕キング・ジョージ五世が〔中略〕いわゆるイギリスの立憲政治の在り方」を話してくれ、「その伺ったことが、その時以来、ずっと私の頭にあり、常に立憲君主制の君主はどうなくちゃならないかを始終考えていた」が、話の内容は、「イギリスの王室の習慣として、話すことはできない」と述べている（『陛下お尋ね』）。

かなり具体的な内容の回想なので、少なくともジョージ五世から話を聞いたことは事実と判断できるが、日程上、差し向かいでジョージ五世からこのようなまとまった話を聞く機会はこの五月十日しかないのである。さらに、五月二十一日から二十三日までイギリスの地方貴族アソール侯爵の邸宅に滞在した際、裕仁皇太子は「侯のシンプルライフには深く感嘆」し、側近に「貴族富豪が、アソール侯のやうな簡易生活をして、公共の為に全力を傾ければ、所謂《いわゆる》ボルシエビキなどの勃興は、起るものでない」などと述べた（『われらの摂政宮』）。

五月末からは大陸に渡り、フランスのパリを根城に、フランス・ベルギー・オランダをめぐり、主に第一次世界大戦の戦跡を訪れた。六月二十五日に激戦地として著名なヴェルダンを訪れた際には、「実に悲惨の極みである」と側近に繰り返し語った。その他、ロンドンやパリでは買い物や地下鉄の試乗など、日本では難しい体験も積んだ（同右）。

こうした外遊中の裕仁皇太子の動静は、有力新聞社の随行記者たちによって写真つきで詳しく報道された。写真では公式行事の際を除き、平服（背広）姿で写っていたが、それまで、皇太子の写真は軍服姿のものしかなかったので、皇太子の平服姿の写真が公表されたのは史上初のことであった。また、各有力新聞社によって映画撮影もされ、日本各地で公開されると、のべ七〇〇万人もの人が見るという大人気となった（田中純一郎一九七九）。原首相も七

英国陸軍大将礼服姿で

英国国王ジョージ５世と

艦上でデッキゴルフを
楽しむ

エジプトではピラミ
ッドやスフィンクス
を見学

パリではもちろんエ
ッフェル塔へ

月八日に山県、松方、西園寺らとこれを見て「御立派なる御動静目撃するが如《ごと》く」と「感激」した（『原敬日記』）。裕仁皇太子の人気は旅行中から日本で高まっていたのである。

さらに、これに先立つ七月六日、原首相は加藤友三郎《かとうともさぶろう》海相から駐英海軍武官小林躋造《こばやしせいぞう》の手紙を見せられたが、そこには「殿下は途中御練習の効も見へまして実に英本国では御立派で」、「殿下が斯《か》く聡明であらつしやらうとは思ひ設けなかつ」た上、「御態度が頗《すこぶ》る御軽快で終始ニコ〳〵し」、「英国接伴員等《せつぱんいんら》に対しては素《もと》より自分等に対しても極めて御気軽にいろんな御話があり」、「日本では想像の出来ぬ程《ほど》親しみを持ち」、通訳した際も「其《その》当意即妙の御対応振りと如何《いか》なる名将名士に対しても些《いささか》も動じ給はぬ御態度とは流石《さすが》に二千五百年以来王者の血を受けられて居らるゝ」と感じたなどとあった。これを読んだ原は、「今回の御巡遊は真に成功せられ、今後皇室 並《ならびに》 国家の為此上《このうえ》もなき事」と日記に感慨を記している。

横浜上陸の九月三日、『東京朝日新聞』の社説は、「我裕仁親王殿下に至つては、空虚な形容詞を用ゐるに及ばず、其の充実せる御人格が、今回の御外遊に依《より》て明かに中外に対映せる事」を「敬祝」し、帰朝の際、「全国七千万の国民が、平等に赤誠《せきせい》を披瀝《ひれき》して、衷心より抃《べん》舞雀躍《ぶじやくやく》せる様」から、「閥《ばつ》に囚《とら》はれざる国民の、如何《いか》に尊重すべきやを今更に新しく感じ」、「国民こそ真の皇室の藩屏《はんぺい》でなくてはならぬ。斯くして皇室は国民の皇室となり、国家は国民の国家となりて、我建国の大精神が実現せられる」とし、最後に、「欧州最新の文化に接触して、能《よ》く世界の大勢を知りたまひし東宮殿下は、将来に於て必ず此大経綸《だいけいりん》を行ひたまふ」と論じて外遊の成功を祝した。

裕仁皇太子の旅行先での振舞いによって、一人の人間としての優れた人格が判明したことを評価し、広く一般国民が帰国を大変に喜んでいることから、将来裕仁皇太子が天皇となれば、国民と皇室の距離は近づき、ヨーロッパ各国のような優れた近代国家の建設が実現するであろうと論じている。「国民の国家」「世界の大勢」という語句から、全体として、裕仁皇太子によって、政治の民主化（普通選挙の実現や政党内閣の慣例化など）が進むであろうという期待がにじみ出ている。なお、この日の『東京日日新聞』朝刊には「平民的でチャーミングな御方」という表現もあり、この旅行の報道を通じて、裕仁皇太子がもはや一種の「スター」「アイドル」と化していたことがわかる。

裕仁皇太子は、帰国当日、世界大戦の「惨憺《さんたん》たる光景」を見て「世界平和の切要なるを感じ」、各国民が戦後復興に努力する姿を見て「感興尤《もっと》も深く裨益《ひえき》を獲《え》ること頗る多か」ったとして、「我が国の宜《よろし》く他邦に学ぶべきものも亦尠《またすくな》からず」などという「御詞《おことば》」（声明）を出して帰国時の心境を示した（『増補皇室事典』）。

こうした世論と裕仁皇太子の心境は、帰国後の裕仁皇太子の行動に大きな影響を及ぼしていくことになる。

三　摂政就任

「君臨すれども統治せず」

裕仁皇太子の人格形成と国内での人気ぶりを確認した原敬首相は、一九二一（大正十）年九月七日、摂政設置について、「皇太子殿下目下の御人気によるも此際異論あるべしとも思はざれば〔中略〕十月ともならば挙行」と決意した（『原敬日記』）。裕仁皇太子の人気ぶりは、その翌日、日比谷公園で行なわれた皇太子奉迎式典における、「後藤《ごとう》〔新平《しんぺい》〕市長の奉りしに対する令詞〔旨？〕は、御音声《ごおんじよう》高く来集者涕《なみだ》を流したる者も多かりき」という原の日記の記述からもわかる。

裕仁皇太子の摂政就任に尽力した原首相は、第一次大戦後の恐慌への対処が不十分だったために生じた社会不安を背景に、摂政設置実現間近の十一月四日に暗殺されてしまった。しかし、大正天皇はもはや正常な判断力を全く失っており、摂政設置の準備は牧野宮相らによって続けられ、同年十一月二十五日に裕仁皇太子は摂政に就任した（古川二〇〇七）。東宮大夫には訪欧旅行随員で駐英大使の珍田捨己が就任し、元外交官コンビが摂政としての裕仁皇太子を支えていく。

裕仁皇太子は訪欧旅行を経て快活な態度を見せるようになった。九月十九日、宮中午餐《ごさん》で皇太子に会った原は、「殿下食卓にて種々の御物語りあり、御出発前に比し御快活の様に拝したり」と日記に記している。そして、それは態度だけではなかった。皇室のあり方を変えたいという明確な意思を抱くようになっていたのである。

それをよく示しているのは、東宮武官長として訪欧に同行し、裕仁皇太子の摂政就任後は侍従武官長も兼任した奈良武次の回想である（『奈良日記』④一二七頁）。これは太平洋戦争後に書かれたものであるが、当時の昭和天皇の考え方に対するやや冷ややかな書き方から、おおむね事実を書いたものと判断できる。

奈良は、裕仁皇太子が「十分なる成果を収《おさめ》て無事御帰朝相成《あいなり》しことは、両陛下始め皇室に於《お》かせられては勿論、国民全般の慶賀喜悦其極に達したるは固《もと》より当然」で、「殿下御自身も大に得る所あり、又国交上にも好影響を与へたりとの御感想を懐かれ、余程明朗開闊《かいかつ》の御気分を持たれ、内外人に対する公私の社交も大に上達せられた」と、訪欧旅行を一応肯定する。しかし、「理性に富ませらるゝ殿下は、皇室の祖先が真に神であり、現在の天皇が現人《あらひと》神《がみ》であるとは信ぜられざる如く、国体は国体として現状を維持すべきも、天皇が神として国民と全く遊離し居るは過ぎたることゝ考へ居らるゝが如く、皇室は英国の皇室の程度にて、国家国民との関係は君臨すれども統治せずと云ふ程度を可とすとの御感想を洩《も》らさるゝを拝

訪英の答礼として来日した英皇太子（右端。のちのエドワード8世）**を案内**　1922年4月、新宿御苑、中央は貞明皇后

し」たのである。

この史料にある「国体」という言葉は、本来は『憲法義解』の冒頭にあるように、神の子孫としての天皇が代々統治することが先験的に決まっているという日本の国のあり方のことを指す（狭義の「国体」）。しかし、裕仁皇太子は「天皇が神として国民と全く遊離し居る」を否定しているのだから、ここでの「国体」とは、天皇が統治する国という程度の、いわば広義の「国体」を意味していると考えなければならない。

すなわち、裕仁皇太子は、立憲君主制の維持は当然としながらも、天孫降臨神話を否定することにより、国民から敬して遠ざけられるのではなく、親しみを持って敬われる皇室をいただく、大衆的な立憲君主制国家を作り出したいという政治思想を抱いたのである。そして、そうした文脈の上でイギリス王制を引き合いに出しての「君臨すれども統治せず」ということになれば、自動的に、統治は民意を基盤とする政党勢力に任せるということを意味する。裕仁皇太子の理想実現のためには政党内閣制の確立が必須なのである。

当然、少なくともこれ以降、裕仁皇太子は政党政治に好意的となった。端的な例をあげれば、一九二五年三月、普通選挙法が成立した第五十議会の終了後、閣僚と議員に謁見《えっけん》するという新例を開いた。これは二八（昭和三）年五月の特別議会終了後、そして二九年三月の通常議会終了後にも行なわれ（『報知新聞』一九二九年三月二十七日付夕刊）、三〇年五月の特別議会終了後にも行なわれた（『昭和初期の天皇と宮中』一九三〇年五月十五日。以下『河井日記』と略記）。

奈良武官長は、先ほどの回想で、裕仁皇太子のこうした政治思想について、「第一次欧州大戦後此空気は世界に勃発し、日本にも余程瀰漫《びまん》し、元老殊に山県、西園寺両元老の如きさへ余程かぶれ居り、宮内省の若手中にも此空気案外多く」と、やや批判的に述べている。

さらに、「国民の一部国粋主義者は、此御外遊を拝外思想の軽挙盲動なりとして非難する者もあり、国民多数の賛成を悪《にく》むの感情もあり、皇太子殿下の民衆の敬礼に対する御会釈御答礼などにも反対する者あり」という理由で、「中道を執《と》り、国体は従来の観念を執りつゝ、国民には漸次接近する方皇室安泰」とし、「四囲の関係上、日本の皇室は英国とは異なり、君臨すれども統治せずと言ふが如き言辞を弄《ろう》することは元より慎み、国体観念としては何等従来と変らざる信念を有」していたので、「皇太子殿下の窮屈なる御立場は常に深く御察し申上げ、機会あれば少しでも御安易の境遇を得させらるゝやう考慮を払ひたり」と回想している。奈良は裕仁皇太子の政治思想に反対であり、その抑制に努めたというのである。

神格化を否定

この回想のなかで注目すべきは、「理性に富ませらるゝ殿下は、皇室の祖先が真に神であり、現在の天皇が現人神であるとは信ぜられざる如く」という部分である。当時、日本では国家発展の手段としての科学の振興が図られており、その一環として、ダーウィンの進化論が普及しつつあった。その内容は、人間を含むすべての動物は同じ起源から淘汰《とうた》を繰り返しつつ進化してきたというものである。しかし、この学説をつきつめていくと、天皇家が神の子孫として国家の統治権を持っているという当時の日本国家の正当化思想たる天孫降臨神話と矛盾《むじゅん》するという問題が生じていた（右田二〇〇九）。

こうしたなか、裕仁皇太子は、天孫降臨神話を否定した。これは進化論を知らなければ出てこない考え方である。ダーウィンに関しては、東宮御学問所における杉浦の倫理学では四年生一学期の「科学者」と題する講義で進化論創始者として出てくる。さらに当時の中学校以上の学校で進化論が教えられていること（同右）を考えると、東宮御学問所における服部広太郎の博物学の授業でもダーウィンの進化論の内容が講じられていたことは確実である。

そもそも杉浦も科学者出身であり、東宮御学問所の倫理学五年生一学期の「人万物之霊」において、中国古典の『尚書』の語句を引いて「天地ありて万物生じ、万物のうち人間最も秀霊なり。而《しか》して人間のうち最も聡明なるもの天子となる」と述べ、「人の他動物と異る所以《ゆえん》」について「動物学者の研究」を引いて説明しているので、保守主義者とはいっても天孫降臨神話を無批判に信じていたわけではなかったことがわかる。日本の建国神話を事実とみなさない白鳥庫吉の東宮御学問所用の日本史教科書の書き方も、煎《せん》じ詰めれば進化論が前提となっていることはいうまでもない。奈良の「理性に富ませらるゝ殿下」という字句はこうした背景をふまえて読むべきである。

また、官僚出身の政治家からさえ、天孫降臨神話ではなく、社会的有用性から天皇の存在意義を説明する動きが現れたのもこの時期であった（鈴木二〇〇〇）。また、マスコミの皇室報道は、この前後から、皇族の「平民」性を強調し、一種のスターとして扱うという世俗化の傾向を示しており、国家による天皇神格化は形骸化《けいがいか》し、一九五九（昭和三十四）年の現在の天皇皇后の結婚を機に出現したとされる「大衆天皇制」状況がすでに生まれつつあった（右田二〇〇二）。

さらに注意したいのは、裕仁皇太子が「英国の皇室の程度」に「君臨すれども統治せず」を良しとするなど、欧州流の考え方に大きく傾いていた点である。

これについて、杉浦は、訪欧旅行中の裕仁皇太子について、側近に「未だ曽《かつ》て見たことが無いほど、御立派であるのだから、御洋行になられても、決して御精神が、欧化せられるやうなことの無い」(「天台道士語録」前編『杉浦重剛全集』⑤)と述べ、帰国時の声明についても、かつて杉浦が講じた「長取短補」という言葉が採用されていたためか、側近に「きのふの新聞に見えた、殿下の御令旨《ごりょうじ》は、なんと御立派」(同右)と述べていた。しかし、年末にいたり、「東宮殿下がゴルフをなすったり、活動写真を御覧になったりするので、方々から御叱言《おしかりごと》を頂戴《ちょうだい》する。これからよいにつけ悪いにつけ一生世間から責められるね」(「天台道士語録」後編同右)と微妙な心境を周囲に語っている。

皇室改革に意欲

裕仁皇太子の変革への意欲は、摂政就任後、まず宮中改革の提案というかたちで具体化した。一九二二(大正十一)年一月二十八日、裕仁摂政宮は牧野宮相に対し、宮中の女官を住み込み制から日勤制に改めたいと「御熱心に力を込て」述べた。その理由は、「今の高等女官は奥にて育ち世間の事は一切之《これ》を知らず〔中略〕人間が愚鈍になるばかり」で、結婚後、

「妃殿下も将来は世間の事も可成《かなり》通暁せざる可からず」なのに「此種の女官に囲繞《いにょう》されては啓発せらるゝ事覚束《おぼつか》なし」、それに子供ができたら手元で育てるべきだと思うが、それも今のような女官では任せられないというものだった。「世間の事」という言葉が二度も出てくるところに、国民と皇室の距離を近づけたいという裕仁摂政宮の理想がうかがえる。

これに対し、牧野は、「即時に御請合致す事は困難」とこれを事実上拒否し、「殿下は御外遊の影響も少なからざるべく、周囲の空気も預かるならんか、時勢の傾向には御動かされ遊ばされ諸事進歩的に御在《おあ》しまし、少しく極端に御奔《はし》り易《やす》き御意向伺はる」と急進ぶりを心配し、「御輔導《ほどう》益々大切なり。君側の人選一層肝心」と今後の心構えを日記に記した。ただし、牧野は一方で、「若宮様方御育方に付ては全然御尤《ごもっと》も」と子供の養育方法の変革についてはは同意し、「殿下には却々《なかなか》御意見あり、前途乍恐《おそれながら》頼母敷《たのもしく》」と好意的な意見も記している。陸軍出身の奈良と異なり、外国経験も長い牧野ならではの姿勢がうかがえる。

元老でもある松方内大臣が老齢のため九月に辞職するという状態のなかで事実上唯一の元老となっていた西園寺公望も、全体としてはこうした宮中近代化を肯定する立場であり、十月十日に裕仁摂政宮に面会した際、「改革を要する事項は御成婚の機を利用して実行」するよう助言した（『奈良日記』）。結局、東宮職の女官の改革は践祚時に実現する（片野二〇〇三）。

その他、裕仁摂政宮は、生活を著しく洋風化した。ゴルフのほか、トランプ、ビリヤード、テニスなどを試みていた（『奈良日記』一九二三年一月二日、二月一日、七月二十六日）。いずれも当時としては最先端で贅沢《ぜいたく》な趣味であるが、長続きし、かつ報道されたのはゴルフのみだった。ゴルフについては、満洲事変前まで主な趣味の一つとして報道されている（『東京朝日新聞』一九三一〔昭和六〕年四月二十九日付朝刊）。牧野宮相に「ゴルフは運動として最も適当なり、心を鎮《しず》め精神を纏《まと》め、禅に虚無と云ふ言葉ありと聞く、其意味に近きものかと考ふ」と続けている理由を述べている（『牧野日記』一九二四年八月十五日）。杉浦の期待通りとまではいかないが、将来の君主としての質実節倹生活の必要性は忘れられていなかったといえる。裕仁摂政宮は徳治主義の思想をそれなりに内面化していたのである。

研修活動

さらに、これまであまり注目されてきていないが、将来の君主としての研修活動も続けられた。外遊にも同行したジャーナリスト後藤武男が一九二五（大正十四）年初頭に出版した裕仁摂政宮の伝記によると、新聞は東京発行のすべてと大阪や台湾のもの、さらには地方新聞も読んでいて、「政局の変動、各政党の主張、著名な政治家の言動、及び東京市の施設等の事から、市井の雑事に至るまで細大を漏らさず御記憶になつて、御下問あらせられたりする」。紙面ではまず外報面を読んで、「日々刻々に推移する国際事情に御精通になられ」、フランス語の勉強を兼ねてパリの新聞も取り寄せて読んでいた。次に重視するのは各紙の社説で、「何々新聞の社説に、かく〳〵論じてあつた」と側近に話しかけることもあった。さらに、雑誌については『改造』をはじめ、政治、経済、科学、文芸など多方面のものを読んでおり、「雑誌を通じて、現時の思想界の内容に甚大な御注意を払はれて居」た（『われらの摂政宮』）。

雑誌については、『東京朝日新聞』一九二四年一月十一日朝刊の裕仁皇太子の近況記事で、『改造』の他、『解放』、『中央公論』もあがっており、総合雑誌の主なものは読んでいたことがわかる。当然、吉野作造や美濃部達吉の論説もしばしば目にしていたはずである。いずれにしろ、裕仁摂政宮は、御学問所時代までは新聞さえ侍従による抜粋しか読んでいなかった（『陛下お尋ね』）が、訪欧旅行後は新聞雑誌を幅広く読むようになり、政治や社会の風潮を多面的に知ることができるようになったのである。

東宮御学問所は終了し、摂政に就任したとはいえ、まだ皇太子ということもあり、御学問所に近い体制の学習活動は続けられた。週三〜四日の午前中が学習にあてられ、清水澄（行政裁判所評定官）の憲法と皇室令制、立作太郎《たちさくたろう》の外交史、芳賀矢一《はがやいち》の国文、服部宇之吉《はっとりうのきち》（以上東京帝大教授）の漢文、阿部信行《あべのぶゆき》の軍事学、訪欧随員だった海軍士官山本信次郎《やまもとしんじろう》と外国人教師によるフランス語（週二回）、体育などの定期的な進講のほか、毎週一回、各界の著名な専門家（学者、官僚、軍人、政治家など）による進講が行なわれた（『われらの摂政宮』）。その後、海軍軍人による海軍軍事学も開始され、一九二六年三月からは東京帝国大学経済学部教授山崎覚次郎《やまざきかくじろう》による「経済及財政」の進講も始まった（『奈良日記』）。

河井弥八《かわいやはち》（内大臣秘書官長、一九二七〔昭和二〕年三月より侍従次長）、奈良武次、牧野伸顕など、裕仁摂政宮側近の日記によれば、各界専門家の進講は、理科系を含むさまざまな分野の最先端の学者、帰朝した外交官、留学や海外駐在から帰朝した学者、官僚、軍人など幅広い人材から、裕仁摂政宮（昭和天皇）の希望も聞きながら侍従職で人選をして行なわれていた（『河井日記』一九二七年十月三日など）。

奈良武官長の日記から有名どころを例示すると、国際連盟書記局社会部長新渡戸稲造《にとべいなぞう》の「国際連盟の状況」（一九二五年一月十九日）、政友会代議士芦田均《あしだひとし》（元外交官）の大戦前後の欧州やロシア革命について（同年三月二日、十六日、二十三日）、地理学者志賀重昂《しがしげたか》の「邦人の住み得べき地方」（一九二六年二月二十二日）、柔道家嘉納治五郎《かのうじごろう》「青年と柔道に就て」（同年二月二十五日）、評論家徳富蘇峰《とくとみそほう》の「維新史考察の前提」（一九二七年五月二十三日）、生化学者鈴木梅太郎《すずきうめたろう》（理化学研究所）の「ヴィタミン〔ビタミン〕に付き」て（同年十月十三日）といった調子である。外国人も一人だけいて、一九二七年四月七日にイタリアの探検家ノビレ少将の北極探検に関する進講が山本信次郎の通訳で行なわれている（『河井日記』）。この各界専門家による進講はしばしば新聞で報じられた。つまり、こうした進講は裕仁摂政宮の教養を高めるだけでなく、当該の問題や学問分野の社会的認知にもつながったのである。

立作太郎の外交史

昭和天皇の政治思想形成史の観点からは、清水澄の憲法学と立作太郎の外交史が重要である。まず立の外交史からみていきたい。立は当時国際法の大家として知られ、裕仁皇太子の訪欧帰国直後から外交史の進講を行なった。立は太平洋戦争中の一九四三（昭和十八）年に死去したが、進講録は、太平洋戦争敗戦直後に『世界外交史』と題して刊行された。

講義の内容は、外交史といっても、今風にいえば第一次世界大戦以前についてのヨーロッパを中心とした国際関係史で、「ウィーン列国会議よりパリ平和会議以後の今日」を「国際団体の思想が確立し、国際法が確認され、国際協調の観念益々発達」する時代とし、十九世紀のヨーロッパ列強の外交思想を、「所謂軍国主義の思想は、主として兵力に依り国家の発展を致さんとするの思想に外《ほか》ならざるを以《もっ》て、帝国主義の思想と緊密の関係を有す。軍国主義の弊として世人の挙ぐる所は、外に対する関係に於て強力及び権謀を尊重し、国際正義及び国際法を無視し、弱国を虐げ、戦争の屢々《しばしば》起るを致すといふに在り」と批判した。

その一方で、「国際連盟は、已《すで》に成立して活動せりと雖《いえど》も、強国中之《これ》に加はらざる国ある間は〔中略〕充分の作用を為《な》し得べきや否やにつき、疑を挟まざるを得ず」として、「国際組織を求めずして平和維持を計らんとする事例の第三は、ワシントン会議に於て之を見るを得。現時主要なる兵力を有する総《すべ》ての国を網羅して軍備の制限を協定し、兼て極東に於て行はるべき主義及び政策に関する諸国共通の了解を作りて、軍備制限協定の事業を扶翼《ふよく》し、且《か》つ国際紛義〔議〕を致すべき顕著なる原因を減少せしめ、出来得べくば之を滅絶せしむるの目的を以て会議を開き、海軍軍備制限に関する協定及び極東に関する議定を協定せり」と述べている。

さらに立は、一九二三（大正十二）年十一月十二日に「国際連盟機関の現状」という臨時の進講も行なっている（『奈良日記』）。立は日本に国際連盟の活動や理念を紹介普及させるため、一九二〇年三月、国際連盟協会の設立準備に集った六人のうちの一人で、四月に同会が設立された後は評議員となっていた（『国際連盟』創刊号「国際連盟協会々報」「会員一覧」）。

講義の内容は全体として、協調外交の方向性を肯定し、そうした外交政策の流れが生まれてくる過程としての外交史を講じた内容で、裕仁摂政宮はもちろん、元老西園寺や牧野宮相の思想とも合致する内容であった。

清水澄の憲法進講

清水の憲法進講については、自作の進講用教科書『帝国憲法』が復刻されており（『法制・帝国憲法』）、今後の昭和天皇の政治行動を考える上で重要な論点が含まれているので、少し詳しく見ていきたい。まず、憲法第一条「大日本帝国は万世一系の天皇之を統治す」については、「天皇極位に在りて億兆に君臨せられ、臣民之を仰瞻《ぎょうせん》して翼賛し奉る」ことが「伝統の国体」とするが、この「国体は、歴史の結果国民の確信に由りて自ら定まる国家固有の特色」、すなわち天皇をいただくという国のあり方は、長年の歴史の結果国民がそのように確信したから定まったのだ、という説明になっている。

これは、すでに清水が一九一五（大正四）年に出した憲法解釈についての学術書（『国法学』）でとっていた見解であるが、歴史の経過と国民の意思を論拠とした点で、先にも引用した『憲法義解』の「我が国君民の分義は既に肇造の時に定まる」という、先験的な、国民の意思を介在させないかたちの説明とかなり異なっている。一九一五年といえば、一二年から一三年にかけての大正政変をきっかけに、国民の政治参加拡大の動きが強まりはじめていた時期であり、そうした風潮を背景とした主張であることはまちがいない。

次に、憲法第三条の天皇無答責規定「天皇は神聖にして侵すべからず」については、天皇は国家主権の根源であり、国法の源泉なので、国法を超越しているから国法の拘束は受けないとしている。ここでは、清水が天皇の法的責任についてのみ論じており、政治的、道義的責任にはふれていないことに注意したい。

憲法学者一木喜徳郎《いちききとくろう》は、一八九九（明治三十二）年に東京帝国大学で行なった講義のなかで、「君主が無責任なる事は法律上責任なしと云ふ事にして、政治上道徳上の責任は君主と雖も或《あるい》は免るべからざる」、すなわち、君主無答責とは法律上のことだけで、政治上道徳上の責任は免れないと述べており（一木の講義プリント『国法学』）、他にも同様の趣旨を記した著書を一八九九年に公刊した憲法学者（岡村司《おかむらつかさ》）もいた（家永一九六七）。君主無答責に関する清水の説はこれらに近いという点で、常識的な説であったといえる。

なお、一木は内務官僚を務めるかたわら、ドイツ留学を経て帝国大学法科大学（のちの東京帝国大学法学部）教授を兼任して憲法国法学の講座を担当し、美濃部達吉の師ともなった。その後、第一次桂太郎《かつらたろう》内閣の法制局長官を兼任し、一九〇六年に東京帝大教授を辞職、内務次官、第三次桂内閣の法制局長官、第二次大隈重信《おおくましげのぶ》内閣の文相、内相を経て、当時は枢密顧問官だった。そしてまもなく牧野の後任宮相として昭和天皇の側近となる。

なお、一木は美濃部の師だけあって、授業では国家法人説と天皇機関説を明言していた（前掲一木『国法学』）。しかし、君主の政治責任の問題を含め、自身の憲法論を公刊することはなかった。こうした説が、大日本帝国憲法の建前と矛盾する可能性を持っていると認識していたためと考えられる。

清水の進講に戻ると、第四条の元首の規定については、「天皇は国の元首」とは「天皇が我が国家組織の核心」であること、「統治権を総攬し」というのは「国家主権の作用」が天皇をもととしているという意味であり、「立憲国に在りては君主は統して治せず」と唱える学者もいるが、日本では「天皇の親裁を以て本義と為す」と主張した。日本の場合は法文上天皇親裁は明白であるとしたのである。「国務に付て君主は国務大臣の輔弼に依らなければ大権を行はせらるゝことが無い為めに君主は無責任」、すなわち、天皇は実権を内閣にゆだねているので責任を問われないという、美濃部達吉の天皇機関説（『憲法講話』）を明らかに意識した議論となっている。

第五条および第六条にある天皇の立法権については、天皇は議会が否決したものを法律とすることはできないものの、議会が可決した法案の不裁可は可能である。しかし、「現代に於ては公議を尊重する為め」不裁可の例はないとして、議会尊重が現実の運用であると主張している。また、第十二条「天皇は陸海軍の編制及常備兵額《へいがく》を定む」について「概《おお》ね国務大臣輔弼の範囲内」としている。いずれも議会、内閣に有利な説を主張しているが、これは美濃部の説とほぼ同じであり、当然政党内閣にも有利な説である。

また国務大臣と天皇の関係（憲法第四章、特に第五十五条）については、「立憲政体に在りては、君主は各般の政務に付、必ず大臣の輔弼に頼ることを要す」として、天皇が国務大臣の輔弼なしに大権を行使することは、「帝国憲法の正条に照らして、畏《おそ》れながら違法」であるが、大臣の意見を採用するかどうかは天皇の自由であり、採用されない場合は、大臣は天皇の意向に従うか辞職するしかないとした。

この点について、美濃部は、自分の意見が裁可されない場合や、「自分が国家に不利益であると思ふことに是非副署をせよとの大命が有るとかいふやうな場合には、それは最早《もはや》大臣に御信任がない」のだから「大臣は辞職するの外はない」（『憲法講話』）と、一見清水に似た論を展開している。しかし、先に引用したように、美濃部は「国務に付て君主は国務大臣の輔弼に依らなければ大権を行はせらるゝことが無い為めに君主は無責任」という立場なので、この場合は、清水説のように天皇の意見が実現するのではなく、大臣の辞職によって問題は振り出しに戻るということになる。

もっとも、美濃部も、「我が皇室が世界無比の尊厳を保たれ、国民の尊王忠君心は政治上の如何なる変動にも拘《かか》はらず寸毫《すんごう》の動きもなかつたといふことは、実に我が古来の政体に於て天皇が親《みずか》ら国政の衝に当られなかつたことが其の原因の一」（同右）と、天皇機関説によって「君臨すれども統治せず」を実現することが皇室永続につながるとしており、皇室を大切に思うからこそ天皇機関説を主張したことがわかる。

全体として、清水の憲法学説は、穂積や上杉と比較して普遍性の点でまさっており、その意味で美濃部の説に近いところもあるが、天皇の権限を重く見る点では、時勢（政党政治の進展）やヨーロッパの新しい憲法論を取り入れた美濃部説に比べ、帝国憲法の文面の素直な解釈に近い面も残る学説である。

ここで気をつけておかなければならないのは、一般社会にどの憲法学説が普及していたかである。美濃部の説は大学や文官高等試験（のち高等試験、エリート官僚の採用試験）などでは通用していたが、それ以下の学校（そもそも小学校では憲法を学ぶ機会はほとんどない）や陸軍将校や警察官の養成学校では穂積八束（あるいは後継者の上杉慎吉）流あるいは清水澄流の学説が幅を利かせていた（家永一九六七、小山一九八九）。要するに一般社会では天皇に実質的権限があるという解釈が一般的だったのである。当然、法的に無答責ではあっても、権限があれば責任（政治的あるいは道義的）もあると考える人が出てきても不思議ではない。そして、昭和天皇が清水の説に従っていたことは本書の以後の叙述から明らかである。

なお、清水の憲法の進講は一九二六年には終了し、以後清水は行政法を進講した（『奈良日記』同年九月二十一日）。

その他、研修活動のなかで注目すべきものとして、平田東助《ひらたとうすけ》内大臣や歴史学者三上参次《みかみさんじ》による明治天皇に関する進講がある。従来、英明な君主という伝説化された明治天皇像を教え込まれた昭和天皇は、それを理想として権力を行使したとされてきた（ビックス二〇〇二、伊藤之雄二〇〇五）。しかし、最近の研究は、そうではないことを示している。

平田東助は米沢《よねざわ》藩（現在の山形県）の出身で、大学南校を経て一八七二（明治五）年ドイツに留学、四年後に帰国して以後、内閣の法制局、枢密院などの高官、第一次桂太郎内閣の農商務相、第二次桂内閣の内相などを務めたベテラン官僚政治家である。松方内大臣の老衰のため、元老西園寺の意向により、一九二二（大正十一）年九月十八日に松方に代わって内大臣となった。結局、松方は一九二四年七月二日に死去し、元老は西園寺一人となった。

平田は、裕仁摂政宮に関してはおおむね牧野宮相にゆだね、もっぱら政界の調整役として活動した（松田二〇〇九）。ただし、一九二三年六月から十二月にかけて、四回にわたって裕仁摂政宮に明治政治史を進講した。そのうち、日清戦争と条約改正などに関する草稿が残っている（国立国会図書館憲政資料室蔵「憲政資料室収集文書」中の「平田東助関係文書」）。それらを分析した研究（松田二〇〇九）によれば、日清戦争で獲得した遼東《りようとう》半島（旧満洲の南端）を独仏露の干渉により清に返還した、いわゆる三国干渉を明治天皇が涙をのんで受け入れたが、日露戦争でこの屈辱を晴らし、一方、ドイツ皇帝ウィルヘルム二世は欲望のおもむくまま振舞った結果、第一次世界大戦で敗戦、亡命の憂き目にあったことや、一八九八年に伊藤博文が天皇の反対を押し切って第一次大隈重信内閣（いわゆる隈板《わいはん》内閣。日本初の政党内閣）成立を推進した際、天皇は周囲の進言により叱責《しっせき》を思いとどまったことを語るなど、君主の振舞い方の重要性について特に配慮した進講を行なったことがわかる。

側近たちはさらに、一九二三年十一月ごろから、明治天皇を中心とした歴史の進講を計画した（『牧野日記』十一月二十六日）。進講役には元東京帝国大学教授の三上参次が起用された。三上の専攻は日本近世史だが、折から宮内省で進められていた明治天皇の伝記（『明治天皇紀』）の編纂に関与していた。

三上の第一回進講は、征韓論を話題として一九二四年一月十四日に行なわれた。牧野宮相は、進講の内容を「廟堂《びょうどう》有力の大臣参議全然賛否両様の議論にて縦断せられ、政府の動揺甚《はなはだ》しく、聖上軫念《しんねん》〔懸念〕を煩はせらるゝ事一方ならず。而《しか》して聖断其宜《そのよろし》きを得、終《つい》に国運の順調に帰したる事、維新創業時代の最難関と云ふべく」とまとめた上で、「斯《かか》る時代に天皇の御深憂及重臣の如何に国事に誠忠を尽したるかを御聞き遊ばす事は、君徳御大成上多大の効果ある」として、「此種の進講は継続する事望ましく」と進講の継続を希望した。明治天皇の政治的判断力を賞賛する内容だったこと、牧野がこの進講に多大の効果を認めていたことがわかる。こうして裕仁摂政宮側近の好評を得た三上の進講は、三二（昭和七）年九月までの間に二三回行なわれ、そのうち二一回が明治天皇についてのものだった（高橋勝浩一九九七）。

これらの進講のうち、一四回分の原稿が発見されて公刊されている。ただし、右に紹介した一九二四年一月の進講の原稿は含まれていない（高橋一九九七、二〇〇三～〇五b）。これらは、『明治天皇紀』編纂事業の過程で発見された新史料を活用した内容となっているが、明治天皇の偉大さを賞賛したのは一八九一（明治二十四）年の大津《おおつ》事件（来日中のロシア皇太子を警官が切りつけた事件）についての進講（一九三〇年十月十三日）のみで、あとは政府高官や側近たちがいかに「君徳培養」すなわち天皇の徳育に努めたか、そうした助言や諫言をうけて、明治天皇が多くの場合これに従ったという話が中心だった。

しかも、「明治天皇は〔中略〕御剛情《ごうじょう》とさへ伺はるゝ節なきにも非らざりしが」（高橋勝浩二〇〇五b）、明治天皇がある時期から新聞を全く読まなくなったことを、「社会の実際に遠ざかり給ふの嫌《きらい》なきに非ざるべき歟《か》」（同右二〇〇四b）、不摂生で死期を早めたことを「明治天皇の如く〔中略〕不世出の君にして、尚《なお》此御衛生の一側面に於ては、遺憾」（同右二〇〇五b）など、研修活動上の問題点を指摘しただけでなく、私生活について助言に従わないなど、三上自身が「今日の進講は、題目の性質上、事実を無遠慮に言上すると同時に、言辞また時に忌諱《きい》に亘《〔ママ〕》るを避け得ざるべきにより、特に御寛仮《かんか》を願はん」（同右二〇〇四a）と述べたことすらあったほど、当時到底一般に公表できない、かなり率直な批判もみられる。さらに、最後の三回についても、陪聴した側近の記録によれば、明治天皇が日清戦争に反対していたにもかかわらず、開戦という政府の決定に従ったという、これもまた当時一般にはほとんど知られていない事実を述べたものだった（同右一九九五）。

全体として、三上は、当時名君として賞賛されていた明治天皇についての、当時判明するかぎりでの実像を裕仁摂政宮に伝え、君主という仕事の困難さを認識させようとしていたことがわかる。そして、牧野内大臣ら裕仁の側近たちが三上の意図に共鳴していたことは、そうした進講を九年も続けさせたことから明白である。

そして、当然といえば当然であるが、すでに摂政として政務に携わっている以上、眼前の政局もまた恰好《かっこう》の修業の題材だった（荒船二〇〇八、松田二〇〇九）。一九二二年五月、原敬暗殺の後を受けた高橋是清《たかはしこれきよ》内閣が与党政友会の内紛で退陣必至となった際、元老西園寺は「今日の如き時局紛糾の場合を摂政宮に御聞かせ申し聖断を仰ぐがよい〔中略〕宮様が政治に御経験遊ばさるゝ御学問ではないか、尤も下手の御決断あれば困るが、甘く行けば大変良い」（『大正デモクラシー期の政治』五月八日。以下『松本日誌』と略記）と内閣更迭を裕仁皇太子の政務訓練の場ととらえていた。これをうけて牧野宮相も「内閣の更迭問題は実に摂政政治開始の今日極めて慎重に取扱はざる可からず。可成《なるべ》く紛糾せず親裁に都合好き事情の下に行はるゝ様致度《いたしたき》」（『牧野日記』五月十五日）として、安全に「親裁」できるような配慮を閣僚に求めた。

生物学を趣味とする

なお、訪欧旅行直後から、服部広太郎を指導者として裕仁摂政宮の生物学研究が本格的に始められた。裕仁摂政宮は歴史学と生物学に興味を持っていたが、生物学の方が現実政治との関係が生じる可能性はないので趣味として無難という元老らの判断によるものである（右田二〇〇九）。しかし、実際にはすでに裕仁皇太子は天皇神格化を否定するにいたっていたのだから、元老らの判断は甘かったといえる。

裕仁摂政宮が生物学研究を趣味としていたことは、一九二二（大正十一）年から新聞や雑誌に報じられて広く知られるようになり、二四年十二月には、『進化論』と題するアメリカ製作の学術映画を大阪朝日新聞社が裕仁皇太子に見せ、「東宮殿下同妃殿下台覧《たいらん》記念」として一般公開した。つまり、進化論を説明する映画の公開に際し、裕仁摂政宮が見たことを宣伝文句として観客を動員するといったことまで行なわれたのである（同右）。

一九二五年には東宮御所敷地内（当時は赤坂離宮《あかさかりきゅう》に居住）に生物学御研究所が設けられ、週末はここで研究に没頭した（同右）。一九三二（昭和七）年には、服部が昭和天皇の研究にイギリス人学者の協力を求めたことがきっかけで、生物学の国際的団体であるリネアン(リンネ)協会の名誉会員にもなった(『宮中門前学派』)。趣味の生物学研究でも、国際的普遍的な視野を持つ機会があったことは注意しておいてよい。

大正天皇も成年式の後、引き続き国文漢文や日本史、フランス語の進講を受けており、天皇になってからも清水澄の憲法の進講を受けていくが、理科系を含むこれほど多様な分野についての定期的な進講や生物学研究は、昭和天皇の代からの特徴である。

こうした研修活動のほか、側近たちの日記を見ると、政務の合間には上奏のための閣僚や軍の高官、内外の外交官などの面会のほか、校長、税務署長、将校などのグループに姿を見せる「謁見」もあり、多忙な毎日だった。

一方、裕仁摂政宮の人気は依然高く、公衆の面前における立ち居振舞いも側近を満足させるものだった。一九二二年十一月十二日から十二月四日まで、四国、淡路島、和歌山県に巡《じゅん》啓《けい》したあと、同行した牧野宮相が帰京当日、「此度《このたび》の行啓《ぎょうけい》に付《つき》親しく殿下御態度を拝し、益々天職を尽す御自覚の出来させられたるを種々の場合に於て眼前に目撃し、前途の為め気を強くせり。此上にも慎重に物事を御熟思遊ばさるゝ御気風の御養成あらせらるゝに於ては、君徳愈々《いよいよ》高くならせらるゝ事なるべし」と日記に書いていることからわかる(『牧野日記』十二月四日)。このように、摂政就任後の早い時期から立場をふまえた行動ができたとみなされたことは、徳治主義に基づく杉浦の帝王学の成果が如実に現れている。

翌二三年九月一日に関東大震災が発生し、関東地方は壊滅的な打撃を受けたが、九月十六日、裕仁摂政宮は牧野宮相に対し、「今回の大地震に際し其程度範囲も甚大、見聞するに従ひ傷心益々深きを覚ゆ、就《つき》ては余の結婚も今秋挙行に決定したるも之を進行するに忍びず、故に延期したし」と、この年の秋に予定されていた自身の婚礼の延期を提案した。

牧野は「実に難有《ありがたき》御仰せにて感激」し、「重臣等其外、皇室並に殿下の御為めを誠意を以て考慮致す人々の意向は、大体此際御婚期に付ては殿下に被為置《おかせられ》何等かの御思召《おぼしめし》ある事と御期待申上」ているので、「彼等のみならず一般人民は斯くまでに国民の安否を気遣はせらる丶かと深く難有味を感戴可致《かんたいいたすべく》」と答え、「如此《かくのごとき》問題に付殿下御熟考被遊《あそばされ》、御自発にて御決心被為《あらせられ》候事は実に結構の事にて、将来総て天職を御尽し被遊候場合も御同様に御反省、十分御焦思《しょうし》被遊候御習慣を御養成被為候一端」と、裕仁皇太子の精神的な成長ぶりを日記に記した。もちろん、婚礼は延期され、翌年一月に行なわれることとなる。

さらに、一九二三年十二月二十七日、自動車で帝国議会開院式に向かう途中の裕仁摂政宮が、虎の門付近で無政府主義者の難波《なんば》大助《だいすけ》にピストルで襲われた（虎の門事件）際も、牧野宮相が、「幸ひ天佑《てんゆう》に依り何等《なんら》御障《さわ》りなかりしも、前途実に憂慮限りなき次第なり。後に至り追想するも余《あ》まりの大逆行為にて事実なりしとは思はれず、夢にてはあらざりしかと念想する位」と日記に記すほど動揺したのに、裕仁摂政宮は、「平常と毫《ごう》も御変はりなく」、「自分は空砲なりしと思ふ」、「如此《かくのごとき》場合には警衛はだめである」などと牧野に話しかけ、牧野は「御平生なる御態度、御高徳の程、実に感佩《かんぱい》の至り」と日記に記し、裕仁摂政宮への傾倒ぶりがはっきりしてくる。

ただし、裕仁摂政宮はなお皇室改革に積極的で、一九二四年六月二十一日、東宮職（天皇でいえば侍従職に相当）の人事異動を希望した裕仁摂政宮に対し、牧野は、「歴史を重んじ新時代に調和する様折合を付け進むこそ賢明の道〔中略〕国内のあらゆる分子、思想界の異説、又社会の各階級、少中老者の心裏状体等総《す》べて御包羅《ほうら》被遊、一部者の思潮に御偏頗《へんぱ》可被遊者に無之《これなく》」、すなわち、最高の地位になる者は一部の勢力や思想に偏ることはいけない旨を述べて裕仁摂政宮に自重を促した。これに対し裕仁摂政宮も納得した（『牧野日記』）。

アイドルとなる

延期していた良子女王との結婚式は、一九二四（大正十三）年一月二十六日に行なわれることとなった。新聞は裕仁摂政宮の人格を盛んに賞賛した。『東京朝日新聞』の場合、元旦から「人間愛への摂政宮」という題で生誕から結婚までの裕仁摂政宮の個人史を連載した。そして、婚礼当日の各紙には、背広姿の裕仁摂政宮の大きな写真が掲載された。

御成婚記念写真（1924年３月）

一九二五年十二月六日に第一子として女児（照宮《てるのみや》）が誕生したが、それを報じる新聞に掲げられた裕仁摂政宮の写真はやはり背広姿だった（『東京朝日新聞』十二月七日付朝刊）。

このころなお裕仁摂政宮のアイドルぶりはすさまじく、中野《なかの》重治《しげはる》が一九五三（昭和二十八）年に発表した小説「その身につきまとう」に「どういうわけか、この皇太子摂政に一種人気があった。〔中略〕皇太子の写真は絵ハガキになって〔中略〕絵ハガキ屋にならべられた。女学生たちがしきりにそれを買った」という一節があり（『定本中野重治全集』第三巻）、幸田《こうだ》文《あや》の一九五九年の随筆「よき御出発」（明仁皇太子の成婚が主な話題である）にも、「天皇陛下のお若かったころのことを思いだすのだが、陛下はなかなか人気がおありだった。悪口を言うようになるが、陛下はお若いときから少し猫背だった。それが少し女の子たちにとって残念だったが、眉《まゆ》が太くて、たしか縁なしだったとおもうが、その眼鏡が小粋で、頬《ほお》がしまって、美男子でいらした」とある（『幸田文全集』第十一巻)。

右田裕規氏は、これらの例をふまえ、「マスコミの皇室グラビアは、政府の「御真影」政策ではけっして生みだしえなかった、皇室にたいする「親愛の念」あるいは「憧《あこが》れ」を多くの人々のなかに育《はぐく》み、「スターとしての天皇家」を民衆が支持するという、「下からの天皇制」の確立に寄与し〔中略〕民衆はおうおうにして皇室グラビアの「不敬な読み」を実践したが」、それは「自らと皇室の距離を近づけたいという心情の発露であり」と大変適切な考察をしている(右田二〇〇一)。

実際、すでに指摘されているように(鈴木正幸二〇〇〇、伊藤之雄二〇〇五)、このころ裕仁摂政宮の近況を伝える新聞記事に添えられる裕仁の写真は背広姿ばかりであって、裕仁の訪欧旅行出発までは、皇族の男性は、幼少時は学生服、成人後は軍服の写真しか公開されていなかったことを考えれば、非常に平和的、平民的、かつモダンなイメージでマスコミに登場していたことがわかる。

これはまさに、一九二四年一月から第二次護憲運動が始まり、男子普選実施を掲げた護憲三派(憲政会、政友会、革新倶楽部《クラブ》)が総選挙で勝利、六月十一日に護憲三派内閣(第一次加《か》藤高明《とうたかあき》内閣)が成立し、一九二五年五月に普通選挙法が公布されるなど、政治的「民主化」が進行していた。さらに映画や大衆雑誌の拡大など、社会の大衆化も進行していた。裕仁皇太子のアイドル化が急速に拡大しつつあった状況を反映したものといえる。そしてまた、裕仁摂政宮自身、国際協調や大衆社会に適合した皇室を望んでいた。

また、このころ裕仁摂政宮の伝記本も出はじめた（梶田二〇〇五）が、なかでも何度か引用してきた後藤武男のものは、『われらの摂政宮』という、実に「平民的」な題名である。

牧野伸顕の内大臣就任

さて、一九二五（大正十四）年一月、体調を悪化させていた平田東助内大臣は辞意を固めた。元老西園寺は、後任の内大臣に牧野宮相を、宮相の後任には一木喜徳郎か平山成信《ひらやまなりのぶ》を推した（『松本日誌』一月十四日）。牧野については西園寺や裕仁摂政宮との深い信頼関係を考えれば当然の判断である。

一木はすでに述べたように憲法学者でもあった官僚政治家で、大正後期には武蔵《むさし》高校の校長や大日本連合青年団理事長など、学校教育や社会教育に関わっていた人物であり、平山は外交官などとして海外経験を積んだあと、大蔵省や枢密院の高官、第一次・第二次松方正義内閣の内閣書記官長（現在の内閣官房長官に相当、ただし当時は閣僚ではない）を歴任したベテラン官僚政治家だった。

結局、三月三十日付で牧野が内大臣に、一木が宮相に就任した。四月一日、就任挨拶のため面会した牧野に、裕仁摂政宮は、「特に宮内大臣在職中は誠に苦労であった、又内大臣として今後も世話になる」と声をかけ、牧野は「真に感激措《お》くところを知らざる」と日記に感慨を記した。また、西園寺は、一九二六年十月、裕仁摂政宮に面会した際、「西園寺も老衰致《いたし》、且つ将来の事も心配仕る次第に付、今後政変等の場合には内大臣にも御下問、又西園寺なき後《の》ちは内大臣へ主として御下問」するよう助言した（『牧野日記』十月二十八日）。裕仁皇太子、西園寺、牧野という三人の信頼関係の強さがうかがわれる。

なお、西園寺は、一九二六年十一月十五日、新任まもない河井弥八内大臣秘書官長（牧野の補佐役）に裕仁摂政宮の補佐上の留意点を説いている（「西園寺公望談話筆記」『河井日記』⑥）。まず、「此頃の憂国者には余程偽物多し」として、「妄《みだ》りに皇室の尊厳を語り、皇室をかさに着て政府の倒壊を策するものすらあり」、「国粋論者は動《やや》もすれば狭き見解に拘泥《こうでい》して他を見ず、固陋《ころう》甚《はなは》だしく却《かえっ》て有害なり。我国の文明は決して左様のものに非《あら》ざるなり。外国の思想文物の消化応用の跡を見るべし」と、いわゆる右翼を偏狭な人々として批判し、こうした人々の意見を採用したり、こうした人々を裕仁摂政宮に近づけないよう警告した。

その上で、「摂政殿下に対して英断を下させ給ふことを仰ぐ」、つまり聖断を求めることを、「殿下を政争の渦中に入らしめ奉る」ので「最憂慮すべき事態」とした。その上で「摂政殿下は親《みずか》ら政務を御指揮あらせらるべからず。各種官職に在る者をして、如何にして其全知全能を竭《つく》さしむべきかを御考案あらせらるべし」として、裕仁摂政宮に「努めて臣下の人物材能等を御知悉《ちしつ》あらせらるる」ことを希望した。

さらに、「摂政殿下には政務世事等に関し広く御通暁あらせらるるやう、各方面より啓沃《けいよく》し奉」るべきであり、それは「国務大臣、内大臣、宮内大臣等の重要任務」であるとし、「摂政殿下側近者は今少しく世の事情に通じ、所謂垢《あか》抜《ぬ》けしたることを希望」した。

西園寺は、裕仁摂政宮の側近の部下に対し、裕仁摂政宮が政争に介入するような状況に追い込まれないために、裕仁摂政宮自身の、人物や政治や世事に関する判断力を確固たるものに育てることが閣僚や側近の任務であると注意を促したのである。牧野が牧野なりに西園寺の忠告の実行に努めたことはあとで見るとおりである。

実際のところ、内大臣としての牧野の出勤は一週間か二週間に一回程度であったが、それでも前任者たちよりは出勤頻度は高く（松田二〇一〇a）、平田の時以上に裕仁摂政宮の資質向上に努めた。あるときは、「殿下の大観遊ばさるゝ御気分御養成」のため、「今日は現下の政局に対する所見」として、「政党内面事情の複雑なる事、英国に於ける「陛下の反対党云々」の政治上に適用せらるゝ意味ある言葉の事等を言上」（『牧野日記』一九二五年四月十一日）したり、加藤高明首相に、「殿下政治御練習の為め時々経過言上」を依頼したりしている（同右一九二六年一月三十一日）。

こうしたなか、大正天皇の病状は少しずつ悪化し、一九二六年十月末から重体となり、裕仁摂政宮は遠方への行啓をとりやめた。十一月十一日、宮内省は病状悪化を公表、裕仁も大正天皇が療養する神奈川県の葉山《はやま》御用邸に頻繁に見舞いに訪れ、十二月十四日以後は葉山に泊り込んだ。しかし、一九二六年十二月二十五日午前一時二十五分、ついに大正天皇はわずか四十七歳にして死去。三時十五分、葉山御用邸内で践祚の儀式が行なわれ、ついに裕仁皇太子は天皇となった(古川二〇〇七)。

政治思想の確立

昭和天皇の天皇としての最初の仕事は、昭和に改元することだった。新聞のスクープ合戦の末、元号誤報事件さえ起きた(猪瀬二〇〇〇)。「昭和」の出典は、中国古典の『書経』堯典《ぎょうてん》という中国古代の名君の一人とされる堯帝の業績を記した書物の「百姓昭明、協和万邦」(百姓昭明《ひゃくせいしょうめい》にして、万邦を協和す)という一節で、「世界平和、君民一致」を意味するとされた(『東京朝日新聞』一九二六年十二月二十六日付夕刊、当時の夕刊は翌日の日付)。

この一節については、中国哲学者の狩野直喜京都帝大教授が、一九二四(大正十三)年一月の講書始「尚書堯典首節講義」で論じている(『御進講録』)。それによれば、この本の冒頭の文章は、堯帝が、「上、天命を承《う》け、祖宗《そそう》の位を紹《つ》ぎ、下、万民を治められる御身(中略〕の大責任を遂げ」たいという「正直一途」の心情（「欽《きん》」）、「公平にして私《わたくし》なき故〔中略〕朝廷百官の賢否正邪より、下万民の真情」までわかること（「明《めい》」）、筋目を立てて判断すること（「文《ぶん》」）、「思慮広遠」に、「一時の小利に迷はず〔中略〕国家の大局」を知る心の働き（「思《し》」）の「四徳」を備えていたので、官僚や軍人たち（「百姓」）はお互いの職分を明確にして働き（「昭明」）、その結果周囲のすべての国と「親密に交際」して「太平」となり（「協和万邦」）、すべての庶民が喜んだという堯帝の業績を讃《たた》えた文章であり、この文章は中国のみならず日本でも帝王の心がけとされてきたという。これは徳治主義そのものである。

この思想を表す言葉が元号に採用されたことだけでなく、以後紹介する昭和天皇の言行にも現れてくる。したがって、昭和天皇の政治思想とは、政党内閣を前提とした大衆的な立憲君主制を実現するため、道徳的な君主として国民を感化させていくことだったことがわかる。こうした考え方は、興味深いことに、大正デモクラシーの代表的な論者である吉野作造の主張と軌を一にしていた。

吉野が「民本主義」を主張した代表的論文として有名な、『中央公論』一九一六年一月号掲載の「憲政の本義を説いて其有終の美を済《な》すの途《みち》を論ず」において、「民本主義」の「終局の目的」は、「一般民衆の為め」としながらも、「少数賢者」は、「陽に多数者の意向に随従しつつ、陰に多数者の精神的指導者として公事に尽す時、彼等は真の賢者としても役目を最も適当に尽す」(『吉野作造選集』②)と述べた。吉野は、政治は民衆のために行なわれるべきであるが、政治そのものは人格的に優れた指導者によって道徳的に行なわれるべきだと考えていたのである(古川二〇一一)。ただし、吉野は天皇を指導者として想定したことはなかった(田澤二〇〇六、第三章)。

昭和天皇が支持する協調外交は、吉野もまた道徳的見地から支持していた(松本三之介二〇〇八)。第一次世界大戦後における、軍縮、民族自決、民主化という時代のなかで道徳的な政治をめざすということは、すなわち、政党政治の確立、そして協調外交をめざすことであり、昭和天皇の立場からすれば、皇室の「民本化」も追求すべきものだったのである。

儒教に基づく徳治主義をとる昭和天皇と、キリスト教信者の吉野の考える道徳とはやや異なるかもしれないが、民衆のための政治を道徳的に行なうべきであるという方向性は全く同じだった。しかも、先に見たように、昭和天皇の愛読雑誌の一つは、吉野がしばしば寄稿していた『中央公論』だった。武田清子氏がかつて提起した、昭和天皇が「大正デモクラシー的天皇観」を持っていたという仮説(武田一九九三)は正しかったのである。

昭和天皇は、大正デモクラシーの空気をたっぷりと吸収した青年君主として位を継いだのである。

第二章　天皇となる

践祚を報じる新聞に掲げられた天皇・皇后の写真（『東京朝日新聞』一九二六年十二月二十五日）

一九二六（昭和元）年十二月二十五日、天皇の位を継いだ昭和天皇は、儒教の徳治主義と西欧、特にイギリスの政党政治と結びついた大衆的な立憲君主制の実現と協調外交を理想として、いかなる施政を展開しようとしたのだろうか。世間の大きな期待のなかで出発し、政治的に大きな判断を下すことにもなった治世の最初の五年間をみていく。

一　田中内閣への不信

施政方針を明示

践祚を報じる新聞の大部分は、背広姿の昭和天皇の写真を掲げ、政治の「民主化」と国際協調を象徴する天皇の登場を歓迎した。たとえば『東京朝日新聞』は、践祚当日の朝刊社説で「大国の任務を果し、世界の平和に貢献するあるを得るかは、実に新日本の命の分るゝところ〔中略〕この時にあたり、〔中略〕今上《きんじょう》天皇陛下を上に戴くのは、国体の精華たる君民同治を進むる上に、時運に順応する新日本を建設する上に、実に時会《じかい》の我が日本に幸《さいわい》するもの」と論じ、当時朝日と並ぶ二大有力紙の一つだった『東京日日新聞』(『毎日新聞』の前身)の翌日朝刊の社説などは「われ等の陛下」とまで書いている。新天皇の初の写真が背広姿というのはもちろん初めてのことであり、昭和天皇がいかに文民的な君主として演出されていたかがわかるが、実際に昭和天皇が文民的な指向の強いことはすでに見てきたとおりである。

十二月二十八日、昭和天皇は皇居の正殿において、政府・宮中・軍部の高官や貴衆両院議員参列のなか、朝見式を行なった。朝見式とは践祚後初めて公式の場に出て践祚を宣言する儀式である。なお、昭和天皇は政務は皇居でとったが、住居は依然東宮御所(赤坂離宮)であった。皇居の居住部分の改装が終わり、昭和天皇と皇后が皇居に住むようになるのは一九二八年九月十四日からである(『河井日記』)。

朝見式の際朗読した勅語は、事実上、昭和天皇の施政方針を示すものであった。その主な部分は次のとおりである(『増補皇室事典』)。

今や世局《せいきょく》は正に会通《かいつう》の運に際し、人文は恰《あたか》も更張《こうちょう》の期に膺《あた》る。則《すなわ》ち我国の国是は、日に進むに在り、日に新《あらた》にするに在り。而《しか》して博《ひろ》く中外の史に徴し、〔中略〕其の中を執る、是れ深く心を用ふべき所なり。

　夫《そ》れ浮華を斥《しりぞ》け、質実を尚《たっと》び、模擬を戒め、創造を勗《すす》め、日進以て会通の運に乗じ、日新以て更張の期を啓《ひら》き、人心惟《こ》れ同じく民風惟《こ》れ和し、汎《あまね》く一視同仁の化を宣《の》べ、永く四海同胞の誼《ぎ》を敦《あつ》くせんこと、是《こ》れ朕が軫念《しんねん》最も切なる所。

すなわち、今日のような国際交流が増進し、文化が発達する時代において、我が国の国是は進歩（「日に進む」）、革新（「日に新にする」）となるが、内外の歴史をふまえ、中庸を心がけるべきであると述べている。その上で、浮かれたり贅沢をせずに質実さを尊重し、単なる模倣ではなく創造を心がけ、進歩の時代（「更張の期」）を切り開き、民心も改良してみんなで仲良くし、外国ともさらに仲良くすることを希望している。

　要するに、世界の進歩に合わせて日本を改革し、「民主化」と協調外交を進めたいと述べているのである。当時の諸新聞は、この勅語を普選の実施による政党政治の進展を期待したものととらえていた（古川二〇〇五a）。昭和天皇自身にひきつけていえば、大衆的立憲君主制の実現を理想とし、そのために政党政治の確立を期すという意味になる。なお、進歩や革新といった言葉に相当する字句が頻出するところには、二十世紀における人類の進歩という観念がなお強い時代だったことがうかがえる。

　昭和天皇の勅語朗読姿は「実に立派にして、列席の文武百官 悉《ことごと》く感涙に咽《むせ》」んだ（『松本日誌』）。朗読ぶりがあまりに頼りないために泣き出す参列者もいた大正天皇の朝見式（古川二〇〇七）に比べると幸先《さいさき》良い施政のスタートとなった。勅語の内容としても、大正天皇の時は、明治天皇の業績を讃え、これを無にしないように努力するという受身的な内容であり、今回は国際関係を視野に入れた積極的な内容となっていると評価できる。ただし、国際協調の重視は、先に見たように、大正天皇が一九二〇（大正九）年に発した「平和克復に付浮華驕奢を戒めたまふ詔書」ですでに示されており、大正天皇の示した方針を継承したものということになるので、父親の数少ない業績はきちんと継承しているのである。

直訴頻発の意味

さて、「われ等の陛下」と新聞に書かれるほどの昭和天皇への世間の期待ぶりがわかるのが直訴事件の頻発である。昭和天皇への直訴事件は摂政時代にも少なくとも一件あった（『河井日記』一九二六年十一月二十九日）。践祚後の概要は原武史氏が表にまとめている（原二〇〇二）。一九二七年は八月から十一月にかけて三件、二八年は八件、二九年は十一月に二件、三〇年は九月と十二月に三件となっている。原氏の表から洩《も》れているものとして、奈良武次武官長の一九二八年五月二十六日の日記に出てくる近衛《このえ》歩兵第三連隊兵士の直訴内容不明の未遂事件、同年十月一日、東京府立第一中学校前での直訴内容不明のものがある（『奈良日記』)。二八年は一〇件も起きたことになる。もちろん、本人は現場で取り押さえられている(未遂の六件を除く)。

これらのうち、一九二七年十一月十九日、陸軍特別大演習後に名古屋で行なわれた観兵式における兵士の直訴事件は、軍隊内の部落差別の解消を訴えた事件としてよく知られており、直訴を試みた北原泰作《きたはらたいさく》は、以後部落解放運動の中心的な運動家の一人となる。

直訴内容は、不明の三件を除けば天皇や皇室を糾弾するものは一つもなく、個人的な問題や社会的、あるいは国家的な問題の解決を天皇に希望するものばかりである。践祚直後の時期に集中していることから、単に天皇という地位への期待だけでなく、昭和天皇という個人への期待も含まれていたことがわかる。

朝見式後、昭和天皇は、一九二七年二月七日から八日にかけての大正天皇の葬儀(大喪)をとり行ない、多摩《た》陵《まのみささぎ》(現在の東京都八王子市長房《ながぶさ》町に建設、現存)に葬った。三月三日には、東宮職を廃止し、奈良武官長を侍従武官長専任とし、東宮大夫の珍田捨己を侍従長にすえる(正式には五月から)など、東宮時代の側近をそのまま天皇としての側近とした。さらにこれと同時に、明治天皇の誕生日である十一月三日を明治節という祝日とした。

明治維新後、在位中の天皇の誕生日は天長節として祝日となっていたが、過去の天皇の誕生日が祝日となるのはこれが初めてであり、世間の明治天皇崇拝のひろがりがうかがわれるが、かといって昭和天皇は父大正天皇を軽視していたわけではなかった。

少し後のことだが、一九三四年二月八日、当時の侍従武官長本庄繁に対し「先帝の事を申すは如何がかなれども、其皇太子時代は、極めて快活に元気にあらせられ、伯母様の処《ところ》へも極めて身軽《みがる》るに行啓あらせられしに、天皇即位後は、万事御窮屈にあらせられ、元来御弱き御体質なりし為め、遂に御病気と為らせられたる、誠に、畏れ多きこと」（『本庄日記』）と述懐した。戦後も一九七八年十二月四日の記者会見で、「大正天皇とは、幼少の折、将棋を一緒にお相手したこともあるし、また天皇と一緒に世界一周の歌を歌った楽しい思い出も持っています〔中略〕記憶のいいということは本当に天皇として立派な方だと私は感じておりまして、お若くしてお亡くなりになったことを今なお、非常に悲しんでおります」（『陛下お尋ね』）、一九八六年四月十五日の記者会見で、「大正九年の詔書〔「平和克復に付浮華驕奢を戒めたまふ詔書」〕に「順応の道を講ずべき秋《とき》なり」ということを大正天皇が仰せられましたことを、私は常に感銘して、これを遵奉《じゅんぽう》して対処しています」（同）と述べている。昭和天皇は、機会があれば、世評の芳しくない父大正天皇を懸命にかばったのである。

こうして始まった昭和天皇の治世であるが、三月十四日の片岡直温《かたおかなおはる》蔵相の失言をきっかけに昭和恐慌が始まった。片岡の失言で、第一次世界大戦時による大戦景気の反動としての戦後恐慌や、関東大震災で生じた大量の不良債権の処理が行き詰まったことが明らかにされ、預金者が当時国内に多数あった中小銀行に殺到してこれらが次々に破綻《はたん》したのである。第一次若槻礼次郎《わかつきれいじろう》憲政会内閣は、破綻に瀕《ひん》した銀行のなかでも大手の政府系銀行である台湾銀行に緊急融資するための緊急勅令を出すことを天皇に申し出、憲法の規定により枢密院に天皇から諮詢《しじゅん》された。しかし、憲政会の対中融和外交に反感を持つ伊東巳代治《いとうみよじ》ら一部枢密顧問官の策動により否決され、四月十七日、若槻は退陣を決めた（『日本内閣史録』③）。

当然ながら、これを知った昭和天皇は「時局多難、殊に財界の危懼《きく》、対支外交等を軫念《しんねん》〔心配〕」していた（『松本日誌』四月十七日）。結局、元老西園寺は、政友会総裁の田中義一を後任首相として昭和天皇に推薦、四月二十日、田中義一政友会内閣が成立した。大命降下の際、昭和天皇は田中に対し、特に外交に留意するよう求めた（『牧野日記』一九二七年七月八日）。同内閣の高橋是清蔵相はモラトリアム（銀行の預金支払猶予）措置を講じ、とりあえず混乱は収拾された。

しかし恐慌自体はそう簡単に収まったわけではなく、昭和天皇は、自身の即位大礼の経費節減を宮相に指示している（『河井日記』一九二七年七月六日）。さらに、陸軍特別大演習統監のため愛知県に行幸の際に、関係者との会食の席で「国産奨励の御思召にて内国製時計御使用の旨御仰せられ、懐中より御取出被遊、其時計の代価まで御示し」（『牧野日記』十一月二十九日）したり、皇居で政府高官らと会食の際、国産奨励のため名古屋から取り寄せた洋服生地を一同に与える（『河井日記』十二月二十八日）など、産業振興にも配慮していた。

当時の日課

践祚後最初の天長節となった一九二七（昭和二）年四月二十九日の『東京朝日新聞』朝刊には昭和天皇の近況記事があるが、見出しに「おそれ多いほど御多忙の御日常」とあり、「僅《わず》かなお暇の折々は服部博士や土屋侍従をお相手として生物学の御研究」が「何よりのお楽しみ」とあるが、これは決して賞賛のための粉飾ではなかった。

河井と奈良の日記によれば、清水澄（週二回）、立作太郎（一九三一年九月末まで）、山崎覚次郎（一九三〇年五月六日まで）、加藤虎之亮《とらのすけ》の論語、フランス人講師によるフランス語などの定期進講のほか、政務や軍務の処理、多くの面会者があり、たしかに多忙であった。それゆえ、静養のために、夏の那須《なす》御用邸の長期滞在、秋から春にかけての葉山御用邸へのたびたびの滞在が戦争中も実行されていく。

なお、践祚後の清水の進講の内容は、内外の時事解説が中心となっていった。たとえば、奈良武官長の日記によると、普選法制定後初の総選挙関連（一九二八年一月三十一日、五月七日、十四日）、フランスの政情（六月五日）、総選挙での無産党議員選出状況の補足（六月八日）、枢密院で審査中の治安維持法緊急勅令（六月二十六日）、各国の婦人参政権（六月二十九日）、金輸出解禁に関する時事問題（九月二十五日）、イギリスの総選挙結果（一九二九年六月二十一日）などとなっている。選挙や民主主義国の政情がとりあげられていることから、昭和天皇の政党政治、議会政治への深い関心がうかがえる。清水の進講は、一九三九年四月まては確認でき（『東京朝日新聞』同年四月二十三日付夕刊）、太平洋戦争開戦前後まで続いたことは確実である（「清水澄自決の辞」国立国会図書館憲政資料室蔵「牧野信顕関係文書」書類の部五三〇）。

さらに、新たな恒例行事が増えた。それは田植えと稲刈りである。それを推進したのは一九二六年七月に内大臣秘書官長に就任した河井弥八であった。河井はその後まもなく東宮侍従の東久世《ひがしくぜ》秀雄《ひでお》に「東宮殿下水田御試」を勧めた（『河井日記』九月二日）。それは践祚後の一九二七年六月に実現した。河井は三月に侍従次長に転じていたが、「聖上陛下御親《みずか》ら田植を遊ばさる。真に恐懼《きょうく》とも歓喜とも名状し難き思あり」と日記に記した（六月十四日）。

これは新聞でも、翌日の『東京朝日新聞』朝刊が「聖上陛下御自ら　お田植を遊ばさる炎天下を離宮内苑の水田にて　かしこきこの大御心《おおみこころ》」という見出しで報じたように、天皇の農事への関心の大きさを示す行事として大きく報道された。一九三〇年十一月二十三日には天皇が収穫した米が新嘗祭《にいなめさい》（収穫を皇祖皇宗に報告する神事）に使われ、河井は日記に「万古未曽有《みぞう》のことなり。予は乏を以て陛下に奉じ、御稲植のことに聊《いささか》努めたり」と満足の意を日記に記した。昭和天皇も農業の重要性を認識し、「本年は気候不順に付、全国の米作如何あるべきや御憂念」を周囲に洩らす（『河井日記』一九二八年八月二十五日）ようになった。

田中義一首相への不信

昭和天皇はその後も精力的に政務に取り組んだ。その結果、時の首相田中義一を事実上叱責し、内閣の総辞職をもたらすという前代未聞の事態が起きることになる。それだけに、この田中義一内閣期の昭和天皇の動向とその意味は研究者の間でもさまざまな議論がある（古川二〇〇八a）。そこで、やや詳しく見ていきたい。

一九二七（昭和二）年六月十五日、昭和天皇は牧野内大臣に、「近頃事務官の進退頻繁にて、然《し》かも其人の能否に依らず他の事情にて罷免《ひめん》する場合多き感ありて面白からず」、すなわち、田中内閣による政治的な官僚の異動が多すぎるとして、牧野から田中に注意するよう要望した（『牧野日記』）。田中内閣が、来《きた》る総選挙に向けて自党に有利なように選挙取締りを担当する地方官（道府県の知事、警察部長など、内務省採用のエリート官僚が派遣された）の大量異動や更迭《こうてつ》を行なっていることは不公平な党色人事であるとして新聞や雑誌が批判していたこと（古川二〇〇五b）、官僚の任免は大日本帝国憲法第十条で天皇の権限（大権）の一つとなっており、特に道府県の部長以上の官吏は、首相の輔弼により天皇の名で辞令が交付される身分（勅任官）であることが昭和天皇の念頭にあったからである。

牧野は、田中が天皇の内閣不信任と誤解して政変につながりかねないとして、慎重に研究する旨を答えるにとどまった。しかし、牧野は、「近来官吏の進退如何にも無造作に取扱はれ、大権の発動を軽視する傾向ありて、心あるもの丶大に嘆息するところにして、屢々世の議論を耳にする」ので、昭和天皇が、「此点に御憂念のあらせらる丶事」は、「大権に関する事御責任に付御自覚あらせらる丶」として、「国事多難の際、国家、皇室の為め最も祝福すべき事」であり、「聖徳培養の為め側近者奉仕の功績も預りたる事」と日記に記した（『牧野日記』）。つまり、昭和天皇のこの発言を、牧野ら側近による指導の結果、昭和天皇の統治権総攬者たる責任感の現れとして歓迎したのである。結局、田中に対しての注意は西園寺から遠まわしに行なうかたちで実現した（『牧野日記』七月三日）。ただし、田中内閣が翌年九月に党色人事批判に対応して作成した官吏制度改正案について、昭和天皇は、不徹底であるとして牧野内大臣に不満を洩らした（『牧野日記』一九二八年十月十九日）。しかも、この案でさえ、その後の田中内閣の迷走のため実現しなかった（古川二〇〇五b）。

一九二七年十二月二十六日、田中内閣初の通常議会となる第五四議会が始まったが、与党政友会が過半数に達していないため、田中首相は二八年一月二十一日、衆議院を解散し、普選法下初の総選挙（第一六回総選挙）となった。ところが、政府は選挙取締りが与党に有利になるよう府県知事や警察関係者の大規模な異動更迭を行なったにもかかわらず、選挙情勢は二大政党たる政友会と民政党の伯仲となった。これに焦った鈴木喜三郎《すずききさぶろう》内相は、投票日前日の二月十九日、民政党の綱領に「議会中心政治」を掲げているのは日本の国体に反するという声明を発表した。国体論をふりかざして相手の失点を狙《ねら》ったのである。新聞各紙は皇室を政争の具にした議会否定の失言としてこれに一斉に反撥《はんぱつ》、声明は逆効果となり、政友会は定数四六六議席中二一七議席と、第一党とはなったものの、過半数には達しなかった。

憲法の規定に従い、総選挙直後の四月二十日に開かれた第五五特別議会では、倒閣を狙った野党が四月二十八日に鈴木内相の不信任案（処決決議案）を上程、政府は野党の切り崩しを図ったが失敗、五月三日に鈴木は辞職した。その後田中は、昭和天皇に、五月三日に発生した済南《さいなん》事件の出兵予算案否決の場合は再度議会を解散したいと申し出、昭和天皇はこれを裁可した。済南事件とは、中国山東《さんとう》省済南で、中国統一のため北上してきた国民党政府の軍隊と、日本人居留民保護のため駐屯《ちゅうとん》していた日本軍が衝突した事件である。

しかし、昭和天皇はそのあと牧野内大臣を呼び、「予算は国政進行の上に必要なれば許し置けり、不信任の方は同一のも〔の〕を再びするのであるから予算の場合とは違ふと思ふ」と述べた。実は一月二十一日の解散に先立ち、野党が多数の衆議院では内閣不信任案上程が可決されていた。審議前に解散となったものの、実質的には不信任決議案が可決されたも同然だった。つまり、もし再び内閣不信任案可決を恐れて政府が議会を解散することになると、政府は衆議院で与党が過半数を取るまで何度でも解散総選挙ができることになり、一般的な政党内閣の慣例と異なる異例の事態が生じかねない。昭和天皇はこれを危惧《きぐ》したのである。牧野は昭和天皇の危惧に同意し、河井弥八侍従次長を使者として田中首相に注意を喚起し、田中もこれを受け入れた（『牧野日記』五月五日）。

優諚問題

田中首相は、後任内相に望月圭介《もちづきけいすけ》逓相（郵政電信放送を所轄する逓信省の大臣）を、逓相には、田中の資金提供者で、実業家から代議士に初当選したばかりの久原房之助《くはらふさのすけ》をあてようとした。ところが久原は金銭問題でよからぬ噂《うわさ》があり、政友会内からでさえ強い反対が起き、五月二十二日、反対派の一人水野錬太郎《みずのれんたろう》文相は田中首相に辞表を提出した。

翌二十三日、昭和天皇は、牧野内大臣に、「人格者を退け、より劣等の人物を用ゆる事の不条理」から、田中がこの人事案の裁可を求めてきた場合は、久原の人柄について質問したいと述べた。しかし、牧野は、「其結果まで聖慮被遊るゝことの必要」、すなわち、天皇の異例の発言が倒閣の引き金となることを恐れ、裁可するよう助言した（『牧野日記』）。

この日、田中首相は昭和天皇に対し、望月の転任、久原入閣の裁可と、水野に対して留任を指示するよう求めた。昭和天皇はこれらを裁可し、水野とも会見して留任を指示した（優諚《ゆうじょう》）。これで一件落着のはずであったが、水野が昭和天皇との会見終了後、記者団に、天皇の優諚によって辞意を撤回したと発言したことが、政治責任を天皇に転嫁するものとして新聞で大きく批判された。この事態に驚いた田中首相は、自分は水野の辞意撤回を天皇に伝えただけで水野発言は虚偽であると声明したが、こんどは田中の不手際が混乱の元凶だとして田中首相に世間の批判の矢が向いた（古川二〇〇八a）。

結局、水野文相の辞職で事態は一応決着したが、田中首相は事態紛糾の責任をとるとして五月二十六日に進退伺を昭和天皇に提出した。首相の進退伺提出は初めてのことである。昭和天皇は困惑して牧野に対応を相談した。牧野は一木宮相や珍田侍従長と相談し、返却することにした。しかし、「首相の遣《や》り口にては今後必要の場合には或は顚末《てんまつ》を口外して責任解除の弁解に供するも計り難し。又今般の事件に付ては閣員の進退と大権の御発動と相牽連《あいけんれん》し、累を皇室に及ぼす憂慮すべき事体《じたい》を発生し居り、更に新事実の顕《あら》はるゝに至らば一層恐懼に堪へざる」として、昭和天皇から「絶対に外間《がいかん》の議題とならざる為め秘密の取扱を期待して、累を皇室に云々の御言葉」を田中にかけるよう昭和天皇に助言、天皇は助言を実行した（『牧野日記』五月二十七、二十八日）。しかし、この件は六月一日には新聞に出てしまった。

進退伺提出にいたる田中の行動は新聞で大きく批判されたのみならず、学界でも強い批判の声が現れ、五月三十日には、新渡戸稲造、三宅雪嶺《みやけせつれい》、美濃部達吉と上杉慎吉など計一七名の学者の連名で、田中の一連の行動を「軽率不謹慎」で「累を皇室におよぼすもの」として、田中の首相辞任を求める決議までなされた（『東京朝日新聞』五月三十一日付朝刊）。

さらに、治安維持法改正問題が紛糾した。内務省は、三月に全国で共産党員を大量逮捕した（三・一五事件）。田中内閣は、こうした事態をうけて、処罰に死刑を追加する治安維持法改正案を第五五特別議会に提出したが、野党多数のため否決されてしまった。そこで緊急勅令のかたちで改正を図った。これに対しては、議会で否決された法案をその直後に議会を通さずに実現するのは議会軽視にあたるとして閣内でも異論が出た（『東京朝日新聞』五月二十四日付朝刊、六月一日付夕刊など）。昭和天皇も、「首相の説明に付御満足不被遊点あり。条件付御裁可云々の御意向」を牧野に洩らしたが、牧野は「枢密院賛同の上は止むを得」ないとこれに反対した（『牧野日記』六月十五日）。

ところが、六月二十七、二十八両日の枢密院での審議では、顧問官一七名中反対者が五名出て、可決はされたものの全会一致とはならないという枢密院としては異例の展開となった。枢密院本会議は天皇の臨席が恒例であり、この時も昭和天皇は臨席していた（『河井日記』）。この時の議論を聞いた昭和天皇は再び牧野に条件付裁可を持ちかけたが、牧野が反対し、沙汰《さた》止《や》みとなった（『牧野日記』六月二十九日）。

中国の主権を尊重

ここまでの段階では、昭和天皇の政党政治に対する考え方は史料上には明らかではないが、少なくとも公正、公平な施政を望んでいたこと、田中の軽率ともいえる不手際に側近ともども不信感を増大させていたことはわかる。

さて、この間、六月四日に張作霖《ちょうさくりん》爆殺事件が発生していた。よく知られているように、当時日本が満洲、あるいは満蒙《まんもう》と呼んでいた地域（現在の中国東北部）は、日露戦争で日本が勝利した結果、関東州（遼東半島）と長春《ちょうしゅん》以南の鉄道の権利をロシアから譲り受けた。鉄道は半官半民の南満洲鉄道株式会社が運営し、これら諸権益の監督は関東庁（当初は関東都督府）が、警備は関東軍と呼ばれた陸軍の駐屯軍が行なった。その後、この地域の統治は、関東軍の応援を受けた地元有力者の張作霖が行なうようになった。ところが、張が支配地域を広げようと北京《ペキン》に進出したため関東軍と対立し、関東軍参謀河本大作《こうもとだいさく》は、張を暗殺して混乱を生じさせ、それを契機にこの満洲地域を日本領にしてしまおうとしたのである。

河本は張の乗った列車の爆破、張の殺害には成功したが、日本の策謀に気づいた張政権が平静を保ったため計画は失敗し、現地にいた日本人も関東軍の陰謀であることに気づいた。日本政府はとりあえず張の爆死以外の報道を差し止めたため、当時の日本では「満洲某重大事件」と呼ばれた。殺された父親から政権を引き継いだ張学良《ちょうがくりょう》は、これが関東軍の仕業であることを知っており、十二月末には蔣介石《しょうかいせき》政権への合流を宣言し、河本らの陰謀は大失敗に終わった。なお、済南事件の方も、武力衝突は五月十一日に終息し、六月七日から解決交渉が始まっていたが、日本側が蔣介石の謝罪を要求したため行き詰まっていた。

こうした状況を心配した昭和天皇は、「那須へ御避暑は支那との時局紛雑の際故、之を見合はすべきかとの御内意」と、恒例の避暑の中止の意向を側近に示したが、珍田侍従長が差し支えはないという判断を示したため予定通り行なわれた（『河井日記』七月十八日）。

柴田紳一氏が初めて紹介した（柴田一九九五）、このころの昭和天皇の対中政策論がわかる史料がある（「牧野文書」書類の部四六〇「支那問題其他秘密書類」）。昭和天皇はまず、日本権益が侵害された場合は「臨機相当の処置」をしてよいとしながらも、「満洲は兎《と》に角《かく》支那の領土であるから南北統一しても差支へない」と、中国の主権を尊重する考えを示している。

そしてその理由は、

国際連盟も九月には開かれることになつて居る、大国が小国を威圧する事は、伊太利《イタリー》が希臘《ギリシヤ》に対したる先年の実例の起りたる時、連盟の総会に於て非常な《ママ》面倒な光景を呈したることもあるのであるから、余程慎重に考へ、伊太利の先例も大に参照しなくてはならん。

と、中国の主権を侵害すれば国際連盟で問題にされる可能性が高いと考えたからであった。

さらに、「済南事件の交渉に付ては、区々たる地点を争ふは、日本が大国の態度面目としては面白くない、先方が上海《シャンハイ》を主張するならば之に応じても宜しい」と、日本が解決交渉の場所で争っていることを批判し、「地点如き小問題を争つて談判を遷延する時は、撤兵は何《い》時《つ》実現出来ぬ〔るの誤り〕か、前途気遣はしく甚だ心配」と、事件の早期決着を希望した。

昭和天皇が、協調外交の観点から、中国の主権と意向を尊重すべきで、日本国家の雅量がここで試されると考えていたことがわかる。一九二二（大正十一）年、ワシントン会議の席で、中国の主権尊重を主要国で取り決めた九ヵ国条約が締結され、日本も参加しているので、当然といえば当然の考え方であり、昭和天皇も右の史料のなかで、「田中も主義としては之を認めて居る」と述べている。張作霖爆殺事件といい、済南事件事後処理の不手際といい、陸軍や政府の一部にこうした国際条約を軽視する傾向が出はじめていたのである。

即位大礼

さて、こうしたなか、一九二八（昭和三）年十一月十日、当時の皇室典範第十一条の規定に基づき、京都で即位大礼が行なわれた。当日の『東京朝日新聞』朝刊は、「昭和維新のしるしもしるく、春二月。普通選挙は実行され、〔中略〕立憲国民として、務め励む道は広く開け、君民同体、〔中略〕智識を世界に求め給ひて、今上天皇陛下には、さきに御《おん》躬《み》親《みずか》ら、万里の外に、世界を視、世界に聴き給ひ、こゝに、天地の公道に基き、皇基を振起し、〔中略〕朝見式勅語にのたまひし如く、我国の国是は日に進むにあり、日に新たにするにあり」などと、日本が先進国としての普遍性を獲得しつつあることを、昭和天皇の皇太子時代の外遊にふれたり、朝見式勅語を引用しつつ、祝う「賀詞」を掲げている。そして、昭和天皇の写真を集めたページでは、六枚中二枚が背広姿で、近況記事には蔵書の充実ぶりや新聞の熟読ぶり、生物学研究の水準の高さ、ゴルフなどの趣味が報じられた。昭和天皇は、日本の先進国化の象徴となっていたのである。

しかし、こうした天皇像に対してはすでに昭和初期から右翼の反感が現れていた。一九二七年十一月、奈良武官長は憲兵隊から、陸軍少尉を退役した西田税《にしだみつぎ》が右翼結社天剣党《てんけんとう》を主宰し、秩父宮を擁立しようとしていたという情報を得、さらに彼らの奉じる北一輝《きたいっき》の著書『日本改造法案大綱』も憲兵隊から見せてもらっている（『奈良日記』十一月二十五日、十二月九日）。また、宮内省にはかねてから右翼から昭和天皇のゴルフについて批判が寄せられていた（『岡部《おかべ》長景《ながかげ》日記』一九二九年三月三十一日。以下『岡部日記』と略記）。ただし、これらの情報がこの段階で昭和天皇に伝えられた徴候はない。この段階ではこうした動きの政治的社会的影響力はほとんどないと判断されたためと考えるほかはない。

さて、即位礼の中心的な儀式である紫宸殿《ししんでん》の儀について、河井侍従次長は、「真に理想的以上の大効果を収む。勅語の朗々たる、感激に堪へず。殿上の諸員感泣す」と、感激を当日の日記に記している。その後、大嘗祭《だいじょうさい》、大饗《だいきょう》（披露宴に相当）、明治天皇陵、神武《じんむ》天皇陵、伊勢神宮参拝を経て十一月二十七日に東京に戻った。この間の人々の熱狂ぶりは、河井侍従次長を、「昨夜烏丸《からすま》通に群集せる大衆の至誠を見、本日名古屋市民の熱誠に遇《あ》ひ、真に感慨無量」と感激させ、「皇室に於かせられても亦《また》、大に感佩《かんぱい》の情なかるべからず」と、何らかの対応の必要を感じさせたほどだった（『河井日記』十一月二十六日）。結局、十二月一日、「今回の大礼に付、国民挙て至誠を罩《こ》め祝賀の意を表したることは深く満足に思ふ」という、田中首相を通しての国民への昭和天皇の伝言（御詞《おことば》）のかたちで実現した（『河井日記』）。

剛毅な昭和天皇像の誕生

その後も記念の観兵式、観艦式、東京市奉祝会など、諸行事が一九二八（昭和三）年十二月中旬まで続いた。そのなかで、剛毅《ごうき》な昭和天皇像をもたらす恰好の挿話が生まれたのは、十二月十五日に宮城前広場で行なわれた関東五府県（東京はまだ東京府であった）青年団親閲式でのことである。

この儀式は、関東近県の在郷軍人、中等学校以上の学生、生徒、青年団員、青年訓練所員ら数万人の分列行進を昭和天皇が観るという内容で、午後二時から三時十五分まで行なわれた。この日は朝から雨だったが、この時間は止んだ（『奈良日記』）。河井の日記には「陛下には寒天に天幕を撤せしめられ、又御外套《がいとう》を脱せさせ給ふ。七万余の青年男女、悉く感激す」とある。当時の新聞報道や当時侍従だった木下道雄《きのしたみちお》の戦後の手記（『新編宮中見聞録』。河井の日記と整合性が高いのでほぼ事実とみなせる）によれば、雨で寒いことから、テントの中でコートを着て立っていた昭和天皇は、参加者たちが雨中で立って開始を待っていたのを見てテントの撤去を命じ、さらにコートも脱いで親閲に臨み、参加者を感激させたという。

白馬に乗って陸軍大演習を視察
（1928年10月。毎日新聞社提供）

さらに、昭和天皇は親閲中足元を微動だにしなかったため、足元の絨毯《じゅうたん》にその足あとが残っていたのを見た大日本少年団（ボーイスカウト）の団長二荒芳徳《ふたらよしのり》が、これを記念に残したいと侍従に申し入れた。木下の回想ではすでにブラシであとが消されていたとされるが、石膏《せっこう》で型を取って軍人が各地で講演の際に披露したという話もある（藤樫一九五八）。石膏の型が披露された話は、一九四一年十一月の『ニューヨーク・タイムズ』掲載の東京特派員による昭和天皇についてのレポート記事にも出てくる（一九四一年十一月二十三日付日曜版第七部「神、皇帝、大司祭」）。

いずれにしろ、この挿話は、昭和天皇が、一般国民との距離を縮めようとしただけでなく、厳しい環境もものともしない強い天皇像を示すこととなったという点で、一般国民からの人気や信頼度を高めるのに貢献したと考えられる。

なお、このような親閲式は、昭和天皇が摂政時代の一九二五年、地方旅行の際、できるだけ短時間に、できるだけ多くの男女青年がその姿を見られるようにという配慮で始まったとされる（『新編宮中見聞録』）。先の事例以外の大規模なものとしては、一九二七年十一月十四日、名古屋での在郷軍人、学生、生徒、青年訓練所生、青年団員など八万余名への親閲（『河井日記』）、二九年六月五日、大阪の練兵場で、大阪、京都、兵庫、和歌山、奈良、三重、滋賀の七府県の学生、生徒、青年団員、青年訓練所員、在郷軍人など一一万三〇〇〇人への親閲（『奈良日記』）などがある。

二　首相叱責事件

張作霖爆殺事件

さて、張作霖爆殺事件は新たな展開を始めていた。一九二八（昭和三）年十一月十三日、小川平吉《おがわへいきち》鉄道大臣（政友会有力者の一人）は、白川義則《しらかわよしのり》陸相とこの事件の「暴露阻止」を協議した。そのなかで、「今もし張学良等に迎合の態度をとらば〔中略〕、将来彼等は益々勝手なる注文を提出して飽くを知らざるに至るべく〔中略〕米国亦之《またこれ》に和して始末におへぬ情勢に陥るの虞《おそれ》あり。此事陸相も亦同感なり。山本《やまもと》〔悌二郎《ていじろう》〕農相亦然《しか》り。依て万一首相にして前意を翻さずんば閣議に諮《はか》るの手順を執るの要あり。此意を簡単に陸相に通ず」と述べている（『小川平吉関係文書』一。以下、『小川日記』と略記）。この時点で田中首相は事件の真相を公表するつもりだったが、小川は日本の対満洲政策上不利だとして田中の意向を変えさせるべく行動を開始したのである。二十八日には白川陸相が小川に、陸軍が真相公表反対で固まったことを伝えた（同右）。

ところが、十二月四日、「奉天《ほうてん》の件暴露の事首相より内大臣、侍従長等に話せしに賛成せり、列国も亦好感を以て迎ふべしといへり」という話を白川陸相から聞き、「首相の軽妄」

を嘆いた（『小川日記』）。河井侍従次長の日記によれば、この会見は前日のことである。

十二月八日、小川は田中首相と会談して真相公表に反対し、「陛下に対し奉りて何等隠蔽《いんぺい》の要なし〔中略〕但《た》だ之れが措置に至りては内外に重大の関係あり、慎重考慮して善断すべき旨を上奏せば可」と、昭和天皇に対しては、真相を報告した上で非公表の許しを得ればよいと提案、田中も承諾した。さらに十一日、「奉天事件首相脳中の病は西公之れが原因をなせるならんと察知せしが為」、つまり、田中の真相公表論の黒幕を元老西園寺とにらんだ小川は西園寺を訪問した。小川は公表反対論で西園寺を説得しようとしたが、西園寺は「予は田中に賛したり、特に早きを貴ぶ」と主張、物別れとなった（『小川日記』）。西園寺は出先軍隊の勝手な振舞いは許されないと考えたのである。

十二月二十四日、田中首相は天皇に、「張作霖事件の顚末《てんまつ》に付、概要」を報告した（『河井日記』）。その内容については、永井和氏が、「日本軍人の犯行の疑いが濃く、放置できぬので真相を調査したい。その結果日本軍人の犯行とわかれば、真相を内外に公表し、厳格な処分によって軍紀を十分に正したい」という趣旨を述べたと考証している（永井二〇〇三）。二日後の『東京朝日新聞』朝刊に、田中の方針としてほぼ同じ内容が報じられていることは、永井説の正しさを裏づけている。

なお、このころ田中は、牧野内大臣と珍田侍従長に対しても、「事実明確になり、所謂調査結了せば、軍法会議を開設して大に軍紀を糾《ただ》し、内外に対し日本陸軍の名誉を回復すべしと非常の決心を述べ、又為めに一時は支那に於ても反感あらんも終《つい》には日本政府の公明正大なるを認め、感情改善の動機ともならん」と述べた（『牧野日記』一九二九年三月二十八日）。前後の経緯から見て、これは十二月二十五日のことと考えられる（『河井日記』）。しかし、白川陸相が真相調査の開始を昭和天皇に非公式に報告した二十八日（同右、十二月二十八日）に行なわれた閣議では、小川の主導により、軍法会議開設は調査結果次第という後退した決定がなされた。にもかかわらず、田中は年明けの議会で真相公表を明言した（永井二〇〇三）。

年明け早々の一九二九年一月十六日、珍田侍従長が病気で急死し、後任には軍令部長鈴木貫太郎が一月二十二日付で就任した（『河井日記』）。牧野内大臣の二十二日付の日記によれば、「君側の忠」すなわち誠実に仕えるであろう人柄であること、そして健康であることが選任理由だった。これに伴い、鈴木は海軍を退役（予備役編入）となった。

その後も、昭和天皇は張作霖爆殺事件の調査結果を大変気にしており、陸相や首相の拝謁時に調査内容を質問したり、早期調査終了を要望した（『牧野日記』一月十九日、二月二日）。しかし、通常議会を迎えていた田中内閣は議会審議の難航でそれどころではなくなった。

つのる田中首相への不信感

衆議院の方は、その後買収まがいの多数派工作によって辛うじて与党（政友会、新党倶楽部）の過半数を確保した。しかし、貴族院は、田中内閣への反感が強く、予算案以外の大部分の法案を審議未了で握りつぶし、一九二九（昭和四）年二月二十二日、前年の優諚事件における田中首相の不手際を批判する決議案（「内閣総理大臣の措置に関する決議」）を可決した。貴族院は解散総選挙がないことから、原則としては政府弾劾《だんがい》はすべきでないと考えられていたため、この種の決議案が可決されたのは貴族院史上初であった。

この決議が皇室カードをかざしての事実上の不信任決議案であったことは、次の二つの賛成演説からわかる。すなわち、阪谷芳郎《さかたによしろう》議員による、前年五月の学者たちの決議にふれながらの「少したりとも累を皇室に及ぼす虞のあることに付ては、十分に此処《ここ》で之を喰ひ止めて置かなければならぬ」という賛成演説、新渡戸稲造議員による「我国の〔中略〕西洋各国に比して、是が優ると云ふ点」は、「唯《ただ》国体あるのみ、若《も》し之に瑾《きず》がついたならば、我国は唯亡国に陥る〔中略〕所謂優諚問題に付て、総理大臣の措置は〔中略〕結果に於て国体に傷《きずつ》けることになりはせぬか」という賛成演説である。

翌日の『東京日日新聞』社説は、「田中内閣は潔く辞職せよ」と題して、「わが憲政史上、稀に見る悪政を重ね、恬《てん》として恥ずる所を知らない。〔中略〕口には国民思想の善導を高唱しながら、そのなす所は全然これを裏切り、国家生存の将来を、危殆《きたい》に陥れると見るべきものが多い。この間、衆議院にして有効にこれを窮迫弾劾し得ざる以上、等しく帝国議会の一部たる貴族院が、今回の如き挙にかりて、政府の進退を問ふのは、まことにやむをえない」と田中内閣への反感をむき出しにしてこの決議を歓迎した。他の各紙もほぼ同じ論調だった。

昭和天皇も田中首相への不信感を増大させていた。一九二九年二月二十八日、天皇が河井侍従次長を牧野内大臣の自宅に派遣して、「第一は総理より時々の言上に付兎角違変《いへん》多き事、第二は済南交渉事件は必ず決裂させずと一再ならず首相より申上居るところ、其後の経過に鑑み御心配被遊るゝに付、此際に処する見込如何」と尋ねたほどである。牧野は、第二点については首相に注意しておくとしたが、第一点は事実上、不信任の意思表示であり、牧野は西園寺に相談するとして態度を保留した（『牧野日記』）。なお、統帥権の独立があるのに、海外への出兵の件が首相に関わってくるのは不思議だと思われるかもしれないが、軍事に関わる財政措置は政府の仕事なので、海外出兵の可否は首相の管轄事項になるのである。

昭和天皇の政党政治観

さらに、三月に入り、田中内閣が選挙制度を中選挙区制から政友会に有利な小選挙区制に変えるという衆議院議員選挙法改正案を議会に提出した。これに対しては無産党（合法社会主義政党）議員やマスコミから反対論が噴出した。たとえば、無産党各派は、「普選の精神は比例代表制によつて始めて実現されるものであるから、現在の中選挙区制は比例代表制に向ふ前提〔中略〕小選挙区制に逆転するは明かに普選の真意を解せざるもの」で、「実際問題として無産党各派議員は〔中略〕小部分の特殊事情を除く外《ほか》当選の見込みが立たざることとなり、結局無産階級の議会進出を困難ならし」め、「事実上無産階級の合法的政治運動を弾圧する」と批判した（『東京朝日新聞』三月九日付朝刊）。

また、同じ日の同紙の社説は「吾人がこれ〔小選挙区制〕に反対するのは、それが一方の党派に便利であり、他の党派に不便であるといふ、公平不公平の立場からのみでなく、それが余りに選挙の本体であり主人である選挙民を馬鹿にしたものであるからである。〔中略〕ことに政府は小選挙区制によつて、無産党議員の進出を止め得るかに宣伝してゐるが〔中略〕小選挙区制による有産無産候補の明かなる対立は、選挙を階級闘争の舞台とし、工業都市や農村地方において、無産者運動は、広はん化し、深刻化することは、火を見るよりも明か」と論じている。もっとも、貴族院の態度を見れば成立の可能性はなく、政友会が新党倶楽部（床次《とこなみ》竹二《たけじ》郎《ろう》派）の同調を確保するためのジェスチャーと見るのが適当である（村瀬二〇〇三）。

こうしたなか、一九二九年三月十六日、田中首相が昭和天皇への政務報告のなかで小選挙区制案に言及すると、昭和天皇は、「一流人物の落選を見るが如き虞なきや」、「投票の効果を減殺するの結果、無産党の如きものの代表を阻み、之をして竟《つい》に直接行動を執らしむるに至るの虞なきや」、「比例代表の制を行ふの意なきや」と質問した（「牧野文書」C－九四「河井次長覚書」）。田中はいずれも否定したが、天皇の質問が、おおむね新聞論調をふまえたものであることは明らかである。この史料から、昭和天皇が議会政治自体は肯定しているものの、当面の田中政友会内閣には批判的であったことがわかる。

会見終了後、昭和天皇は、田中首相が小選挙区案審議のための会期延長を求めてきた場合の対応について牧野の意見を聞くよう河井に指示した（『河井日記』三月十六日）。これに対し、牧野は二十日に皇居に出勤して天皇に会い、「聊《いささ》かにても聖慮の一端を推し奉る事実の顕はるゝ事は甚だ恐れ多」いので、そうならないよう「予防の方法を講ずる」と意見を述べ、天皇も了承した（『牧野日記』三月二十日）。牧野は、これまでと同様、昭和天皇が個別の問題についての意思を表明することに反対した。その理由が、天皇を政争に巻き込まないためであることはいうまでもない。

三月二十五日、結局会期の延長は行なわれることなく議会は予定通り閉会したが、各新聞は、失策続きなのに買収まがいの多数派工作でようやく得た衆議院の過半数を根拠に政権の維持を図る田中内閣の行動を非立憲的として早期退陣を要求した。その典型は二十七日の

『大阪毎日新聞』朝刊の社説で、ずばり「政策に敗れた内閣　辞職あるのみ」と題し、「凡《およ》そ歴代内閣中この内閣の如く非難と軽侮を受けたものはない、即ち啻《ただ》に政治道徳の背反者であるばかりでなく、内閣として国民嘲笑《ちょうしょう》の的となる」と断じている。

論壇でも、吉野作造は『中央公論』二月号掲載の「現代政局の展望」において、政友会の「形式的優勢が何となく底力を欠き道義的根底の以て人を服するに足るものなきも亦明白」である理由を「一に国民的基礎を欠くからだ」と批判し（『吉野作造選集』④）、美濃部達吉も、『法学協会雑誌』四月号掲載の「貴族院の大臣問責の決議」（のち『現代憲政評論』に収録）において、貴族院の首相問責決議を「貴族院の本分に反するとは考へない」理由として、「現在に於いて政府を支持する衆議院の多数は、総選挙以後に於いて政府の術策に依り強ひて作られた多数で〔中略〕真に国民の多数を代表するものでない」と論じた。世論の田中内閣批判は絶頂に達していたのである。

張作霖事件の進展

一九二九（昭和四）年三月二十七日、白川陸相は張作霖爆殺事件について昭和天皇に報告した。白川は、河本大作単独の発意による事件であり、軍の規律を正すため関係者の処分はするが、公表すると国家に不利になるので公表はしないという方針を示した（永井二〇〇三）。

当然軍法会議にかけての処罰はできず、大臣の判断での処分（行政処分）ということになる。

これを知った牧野は、「事実不明と発表して数名の関係者を行政処分に付し、曖昧裏《あいまいり》に本件を始末し去ると云ふは驚愕《きょうがく》の至りなり。初めより其方針なれば意見の相違と云ふ他なきも、根本の違変を曝露《ばくろ》するに至つては言語同断」と怒り、さらに「目下は極秘の取扱にて少数者に止《とど》まるも、近来の経験にては「優諚問題の如き」早晩真相漏泄《ろうせつ》の恐れあり、其場合実に首相一人の面目に止まらざる」と今後の成り行きを危惧した（『牧野日記』三月二十八日）。

しかも、財界官界の友人たちの話は、「首相に対する識者間の深甚なる不信、軽侮の念殆《ほと》んど極端に達し、其思想界を悪化する事益々甚しく、此儘《このまま》にては取返へしの付かざる事あ る」というもので、牧野は「此事情は蓋《けだ》し各方面に行渡り居るもの」と判断した（『牧野日記』三月三十一日）。牧野は、新聞論調や知人の話から、田中内閣退陣論は国民的合意であると認識するようになっていたのである。

そして、牧野の予想通り、四月三日の『東京日日新聞』朝刊社説に、「田中総理は或る方面から、事件の真相を厳重に調査し、事実の如何によつては公正なる処分を施し、以て国家国民の信用名誉を維持すべきことを警告せられ、これに聴従《ちょうじゅう》した結果が即ち政府と軍部の抗争とな」り、「真相の調査をも、無限にこれを遅延し、司法権の発動問題をも決定することが出来ず、わが国家国民の全体をして永くその嫌疑を分《わか》たしめんとしてをる」と、やや不正確とはいえ、状況が暴露されてしまった。そしてこの日、田中首相は牧野に「満洲重大事件に付ては調査も出来〔中略〕其処置は陸軍部内にて始末する事に決定したり」（『牧野日記』）と明言しているので、この時までにこの方針で内閣と陸軍が合意していたことがわかる（永井二〇〇三）。

ここまでの昭和天皇の政治関与は、質問というかたちや、側近から当事者への注意など、あくまで間接的かつ非公式のかたちをとり、外部に現れることはなかった。しかし、日本軍の済南撤退延期問題の報道は、昭和天皇の非公式なかたちでの政治関与を暴露するものとなった。

一九二九年四月十七日、政府と陸軍は、日本軍の済南撤退延期の意思を固め、鈴木《すずき》荘六《そうろく》参謀総長が昭和天皇に許可を求めたところ、昭和天皇は、田中首相から聞いていないとしていったん保留し、急遽《きゆうきよ》田中を呼び出して政府と軍の合意を確認の上、裁可した（『奈良日記』、『牧野日記』、『時事新報』一九二九年四月十八日付朝刊）。これに関して、『読売新聞』四月十九日付朝刊は、「聖上の叡明に　首相恐懼す　国務に対する御軫念のほど　洩《も》れ承はるも畏《かしこ》し」という見出しで、「国務御熱心に渡らせられる聖上陛下には〔中略〕其の間の政治的経緯について種々御下問あらせられたので田中首相は恐懼して奉答申上げたと洩れ承はるが国務に関する御軫念の程かへすぐも畏き極み」と報じた。昭和天皇が下僚の助言を機械的に承認しているのではないという実態が世間に明らかとなったのである。

叱責を決意

このころ、昭和天皇は鈴木侍従長に対し、張作霖爆殺事件について、田中首相が、「行政事務として内面的に処置し」、「一般には事実なしとして発表」したいと申し出てきた場合、「責任を取るか」と質問をしてみたいと洩らした（『牧野日記』五月六日）。昭和天皇は田中の方針変更に納得できず、方針変更を認めるかわりに田中首相の辞職を求めたいという意向を側近に明らかにしたのである。白川陸相は問題となっていないことに注意したい。つまり、天皇への発言を変えたのは田中だけで、白川陸相は公表を確約するような発言は一度もしておらず、昭和天皇にとって責任をとるべきはあくまで田中なのである。

昭和天皇の意向を侍従長から聞いた牧野内大臣は、五月六日、元老西園寺を訪ねて意見を聞いた。西園寺は、「右様の事実実現して御下問を拝する場合に於ては、御差止めを御願ひする理由は無之」、つまり、実際そうなった場合、意見を求められれば同意するとした。昭和天皇の意向を是認したのである。ただし、「大元帥陛下と軍隊の関係上、内閣引責後本件を如何に処置すべきや、此点は実に重大事柄なるを以て聖徳に累を及ばざる様善後の処置を予《あらか》じめ考慮し置くべき」とも述べた（同右）。内閣についてはそれでよいが、陸軍に関しては、天皇の意向が通らない可能性があり、そうなると天皇の権威に傷がつくので、そうならぬよう注意せよという意味と考えられる。

西園寺の承諾を得た牧野は、五月十四日、「前後の内奏相容《あいい》れざる事ありては聖明を蔽《おお》ふ事となり、最高輔弼者として特に其責任を免がれず」という理由で、「聖慮のあるところ御尤《もっと》も」と、昭和天皇の意向に同意することを決意し、鈴木侍従長を自邸に招いて昭和天皇への伝達を依頼した（同右）。

このあと昭和天皇は五月二十八日から六月九日まで、八丈島、伊豆大島、和歌山県、大阪府、兵庫県を巡幸した。和歌山県田辺《たなべ》において、植物学、民俗学の研究で有名な在野の学者南方熊楠《みなかたくまぐす》と昭和天皇が対面して学問談議を交わしたのはこの巡幸中の六月一日のことであった（同右）。

牧野は巡幸中、大阪における人々の昭和天皇に対する歓迎ぶりを見て、「目《ま》の当《あた》り天職御履行に御専念の様を拝し奉り、敬慕の情弥々《いよいよ》脳裏に印せられ、其結果今日の如く崇拝気分の普及したるもの」、つまり、昭和天皇の政務の精励ぶりがその原因とみた（同右、六月六日）。そうなれば、ますます「前後の内奏相容れざる事ありては聖明を蔽ふ事となり、最高輔弼者として特に其責任を免がれず」と考えて不思議はない。

六月八日、牧野は昭和天皇に対し、「御帰還後は急速満洲事件〔張作霖爆殺事件〕の解決に到達すべく、本件に付ては御沙汰を当局へ賜はりたる事も有之、極《き》はめて慎重の御取扱を要する次第に付、前々より承知致居る事情等を為念《ねんのため》言上」した（同右）。

ここまで引用、紹介した『牧野日記』の内容が昭和天皇に語られたことは確実であろう。すなわち、田中首相の変説を容認することは、その事情が暴露されている以上、天皇の権威を傷つけることになること、世論はほぼ田中退陣論一色であること、ただし、内閣と陸軍の大勢は真相非公表論であることなどである。ここで昭和天皇と牧野内大臣の間で今後の方針について合意されたことはまちがいない。

ついに田中を叱責

一九二九（昭和四）年六月二十五日、田中首相は、張作霖爆殺事件の処分について二十七日に天皇に報告したいと申し出てきた。牧野は西園寺に面会、退陣を求める発言をしたいという昭和天皇の意向に再度同意を求めたところ、西園寺は「明治天皇御時代より未だ曽《かつ》て其例なく、総理大臣の進退に直接関係すべしとて反対」した。牧野は西園寺の変説に「驚愕《きょうがく》」したが、「党弊深甚の現状にては国民は唯々《ただただ》至尊の御聡明に信頼し奉」っているのに、「其聖明を最高の輔弼者が傷つくる如き状体とならば、静平隠忍の識者と雖《いえ》ども無為に看過する事能《あた》はざるべく」、つまり政党政治の弊害が深まるなかで昭和天皇だけが聡明と思われているのに、天皇の正しさが傷つけられれば世論が収まらない、「明治御時代とは時勢の変遷同日の論にあらず」だとして、「愈々《いよいよ》の時機に聖慮の顕はるゝ事あるも止むを得ざる」、つまり天皇の実力行使はやむをえないとし、「今日の状勢にては為めに累を皇室に及ぼす如き心配は起らざるのみならず、健全なる国論は難有《ありがた》く感佩するを信ずる」と、この状況であれば天皇の威信にむしろプラスであるとして、昭和天皇の意向実現を決意した（『牧野日記』）。

以下、二十六日と二十七日の状況については、時間経過は河井侍従次長の日記に詳しく、天皇側近が関与した各種会談の内容は岡部長景内大臣秘書官長の日記に詳しい。ただし、二十六日午後の牧野の見聞や心境だけは牧野の日記以外ではわからないので、それによる。

六月二十六日午前、一木宮相が西園寺を説得するため西園寺と会見した。憲法学者としての意見を西園寺に問われた一木は、「政府が非立憲なる態度を採る今日の如き非常時には之れ又已《や》むを得ざるべし」と答えた。この説明が、天皇の政治責任は問われ得るという彼の憲法学説に基づくことはいうまでもない。西園寺はこれに納得しつつもなお「心配」していた（『岡部日記』）。

午後三時、田中首相が宮中を訪れ、牧野内大臣と鈴木侍従長に対し、翌日天皇に報告予定の張作霖爆殺事件処理案を読み上げた。「責任者を行政処分に付す」という内容のみで、「単に上聞に達するまで」と、裁可を請わないことを明言した。しかし、鈴木侍従長から、昭和天皇が前日に「本件の取扱ひ振りに付ては余程御不満の御気色」を洩らしたことを聞いた牧野は「円満に落着する事は最早《もはや》絶望」と判断した。この後、鈴木は西園寺を訪ね、田中の上奏案を伝えた。西園寺は、鈴木から田中が裁可を請わないと述べたことを聞いて、「政府が其責任に於て処置することとならば、これ以上のことはなし」と述べた（『牧野日記』）。西園寺は、それならば昭和天皇が退陣を求める必要はないと判断して安心したのである。

しかし、翌二十七日午前、牧野、一木、鈴木で田中の上奏への対応を話し合った結果、田中の報告に対し「陛下よりは曩《さき》に奏上したる所と合致せざる点につき御指摘相成り、篤《とく》と考へるべき旨を以て厳然たる態度を採らるる」（『岡部日記』）、すなわち、昭和天皇は田中の報告をそのまま承認するのではなく、田中の変説を指摘した上で、判断を保留すべきであるという方針を固めた。そして、鈴木侍従長がこれを昭和天皇に伝えた。

昭和天皇の発言

一九二九（昭和四）年六月二十七日午後一時半、田中は昭和天皇に張作霖爆殺事件処理案を報告した。問題は、これに対する昭和天皇の発言内容である。昭和天皇自身は、太平洋戦争敗戦直後の回想で、「それでは前と話が違ふではないか、辞表を出してはどうかと強い語気で云つた」、「こんな云ひ方をしたのは、私の若気の至りであると今は考へてゐる」として

参内する田中義一首相
（1929年７月）

いる（『昭和天皇独白録』。以下『独白録』と略記）。

しかし、会見終了直後に昭和天皇が牧野に語ったところでは、昭和天皇が「夫《そ》れは前とは変はつて居る」と言ったのに対し田中が「誠に恐懼致します」と二度ほど繰り返して「云ひ分けせんとした」ので、昭和天皇が「其必要なし」と述べて話を打ち切ったという（『牧野日記』）。つまり、牧野らの助言通りの対応をしたとしている。どちらが正しいのか。

結論を言えば、牧野の記述が正しい。その理由は、昭和天皇の発言への田中の反応である。田中は昭和天皇との会見終了後、鈴木侍従長に、「憂色を帯びて拝謁の不始末を洩らし」たが、「陸相よりの言上不十分なりし為め陛下の御納得を得ざりしを遺憾《いかん》」と述べた。その夜、白川陸相が鈴木侍従長に、田中が白川に右と同趣旨の話をしたと告げたため、鈴木は「田中総理の誤解なり、陸軍の問題にあらず」と説明、二十八日の閣議の際、白川が田中に鈴木の話を伝えた（『牧野日記』六月二十七、二十八日）。

田中は二十八日午後、鈴木侍従長を訪れ、「昨日、陛下の御真意を拝察せり」と退陣の意思を示した（『河井日記』）。もし、昭和天皇が「辞表を出してはどうか」と明確に述べたのであれば、「御真意を拝察」する必要はなく、「御納得を得ざりし」などと白川陸相の不始末として片付けることもできないはずである。

結局、田中内閣総辞職は三十日に報じられ、七月二日に辞表が天皇に提出された。二十九日、宮中側近が集った席で、鈴木侍従長が、「首相は人を馬鹿にする」という昭和天皇の発言を、牧野内大臣が、「何とか辞職さす方法はなきや」という昭和天皇の発言を披露《ひろう》して、田中内閣の退陣を喜んだ（『岡部日記』）。

この話やこれまで見てきた一連の昭和天皇の言動から、田中の軽率な言動の連続によって昭和天皇の田中への不信感が増大し、張作霖爆殺事件処理問題の不手際でそれが頂点に達したことがわかる。その背景には、田中内閣の行動に対する新聞の厳しい批判があった。そして憲法学者たる一木宮相の、この状況に介入しなければ天皇に政治責任が生じるという判断が最終的なゴーサインとなった。それほどの危機とは、これ以上田中内閣の行動を放置すると政党内閣はテロやクーデターによって中断されてしまうかもしれないという危機であった。

いずれにしろ、今回の異例の事態は、昭和天皇の個人的好みや感情、あるいはその場の衝動で起きたことではなく、ここで政治に介入しなければ、政党政治を擁護するはずの昭和天皇の政治責任が問われるという事態になっていたためだったのである。いずれにしろ、天皇の意向、すなわち「聖断」により内閣が退陣したのは、これが初めてで、結果的には唯一の事例となった。そして、ここまで見てきた一連の史料から、その背景には昭和天皇の「統治権の総攬者」としての責任感があったことがわかる。

なお、『読売新聞』六月三十日付朝刊は、内閣が正式の総辞職理由を「臣義一が満洲某重大事件に関して輔弼の責を欠きたるものあり」としたことを報じ、昭和天皇の意向で退陣となったことが暗示されていた。以後他の各紙にもほぼ同内容の記事が出たので、天皇の意向により退陣したことはおおむね周知されたと考えられる。

一方、陸軍の具体的な処分案は二十八日昼前に白川陸相が昭和天皇に報告した。犯人の河本の停職、上司の村岡長太郎《むらおかちょうたろう》関東軍司令官の予備役編入（退役）などである。昭和天皇は「別に問然《かんぜん》する点なし」としてただちに裁可した（『牧野日記』）。四月末の鈴木侍従長への昭和天皇の発言を考えれば筋の通った措置である。この処分は七月一日に発表された。

田中叱責の意味

田中内閣発足からここまでの経緯を振り返ると、一九二八（昭和三）年二月の総選挙で過半数の獲得に失敗したころから不手際が続いたことがわかる。この失敗により、閣内や与党内における田中の威信が失われた。昭和天皇の田中への不信感もまた高まり、二九年春には頂点に達していたが、それは昭和天皇や昭和天皇の側近だけでなく、世論の大勢も同じだった。

たとえば、六月三十日の『東京朝日新聞』朝刊の社説は、「ほとんど空前に近い無責任政治を演じて、枢府の侮りを受け、責任を解せざるいよ〱甚だしきに至つて、元老宮中の介入発言をすら惹起するに至る、またやむを得ざる勢ひといはざるを得ない。要するに田中内閣不慮の崩壊は、憲政の破壊者が当然に到達すべき運命に到達したるもの、その報を聞いて国民の一せいに安堵《あんど》の色あるは正にそのところ」と論じ、七月二日付『報知新聞』夕刊のコラムは「天譴《てんけん》遂にその頭上に降りて、千載《せんざい》の下不臣《ふしん》の醜名《しゅうめい》を残すも、所詮《しょせん》は身から出た錆《さび》〔中略〕内閣瓦解《がかい》の報伝わると共に、至る所歓呼を以てこれを迎へ」と書いている。その他の各紙もほぼ同じ論調だった（古川二〇〇八a）。報知の記事が、「天譴遂にその頭上に降りて」と、真相を暗示している点にも注意しておきたい。

論壇に目を転じると、美濃部達吉は、六月一日付で発行された学術雑誌『国家学会雑誌』第五〇八号に掲載の「選挙制度に関する一の新提案」のなかの「田中内閣の唯一の大なる功績は、現在の制度のまゝでは政党政治の弊害が国民に取り実に堪へ難いものであることを、明示したこと」という記述を、ほぼそのまま翌年刊行の『現代憲政評論』に収録している（表題は「選挙革正論」）。これは事実上、天皇の叱責により田中が退陣したことを美濃部が肯定していることを意味している。

さらに吉野作造も、雑誌『経済往来』一九二九年九月号に掲載した「浜口内閣の前途」(『吉野作造選集』④)のなかで、「這般《しやはん》の田中内閣の没落に際して、国民が特に独り没落其事に狂喜して遡《さかのぼ》つて倒閣の理由を問はんとしなかつたのは〔中略〕その由来を問ふに遑《いとま》あらざる程田中内閣の存続に忍び難しとしたからではなかつたか」と、やはり今回の事態をやむをえないとしている。

いずれにしろ、今回の政変は、「聖断」によるという前代未聞の事態となったが、世論の大勢はこれを歓迎した。牧野の目論見《もくろみ》は成功したのである。ところが、昭和天皇は、太平洋戦争直後の回想録(『独白録』)で、「田中にも同情者がある。久原房之助などが、重臣「ブロック」と云ふ言葉を作り出し、内閣の倒《こ》けたは重臣達、宮中の陰謀だと触れ歩くに至つた。〔中略〕これを真に受けて恨《うらみ》を含む一種の空気が、かもし出された事は、後々迄《まで》大きな災《わざわい》を残した。かの二・二六事件もこの影響を受けた点が尠《すくな》くない〔中略〕この事件あつて以来、私は内閣の上奏する所のものは仮令《たとえ》自分が反対の意見を持つてゐても裁可を与へる事に決心した」と、この事件をきっかけに右翼運動が活性化し、自分の行動が制約されることになったとしている。

たしかに、田中内閣退陣時の各紙に、今回の政変を宮中の陰謀とする報道が若干ながらあり（古川二〇〇八a）、政友会の森恪《もりつとむ》が元老西園寺の秘書原田熊雄《はらだくまお》に対し、今回の政変を宮中側近の輔弼の不手際として糾弾の意思を示したこともあった（『岡部日記』七月六日）。

しかし、新聞にはその後その種の記事は出なかった。さらに、田中内閣辞職直後から田中内閣の汚職問題（鉄道疑獄）が表面化して政友会関係者が次々と逮捕される事態となり、さらに後任総裁問題も紛糾し、そのさなかに田中総裁が急死するなど政友会はトラブル続きで、糾弾運動をする余裕はなくなっていた。田中内閣退陣当時、政友会の世評は地に墜ちていたから、そのような策動を行なっても効果のほどは期待できない状況だった。しかも、久原が重臣ブロック排撃を唱えたのは翌一九三〇年四月の統帥権干犯《かんぱん》問題以後で（柴田一九九九）、同年九月結成された陸軍将校の秘密結社「桜会《さくらかい》」の結成「趣意書」、一九三二年の五・一五事件決起グループの「檄《げき》」、一九三六年の二・二六事件における「蹶起《けっき》趣意書」のいずれもこの事件に全くふれていないので、彼らの行動の原因ではない（『現代史資料』④）。

もっとも、一九三一年六月に元老西園寺に届いた天皇側近更迭を求める投書には、その理由として、統帥権干犯問題などとともに、「田中義一首相辞任の宸断《しんだん》」もあげられていた（『河井日記』六月十三日）。私が見たかぎり、この問題がのちにとりあげられた唯一《ゆいいつ》に近い事例であるが、これとても統帥権干犯問題以後のことである。

天皇の行動形態についても、もともと元老西園寺も、牧野内大臣や一木宮内大臣も、よほどのことがないかぎり天皇が政局に介入すべきではないと考えており、「聖断」直前の西園寺と牧野の判断の違いは、田中首相の行動がその「よほどのこと」にあたるかどうかという状況判断の差に過ぎなかった。そしてこの場合、世論の大勢が今回の政変を大歓迎したことから、牧野や憲法学者でもある一木の判断は適切だったということになるので、これをきっかけに上奏への天皇の対処方法が変わったということはない。要するに、昭和天皇の回想録のこの件に関する部分の内容は明らかに事実と異なっている。

そのようなことが起きた原因については、柴田紳一氏は記憶違いであるとしている（柴田一九九九）が、第五章で述べるように、『独白録』は東京裁判対策に作られたことを考えると、別の要因も考えられる。

道徳的な政党政治を追求

もう一つ考えておくべきは、昭和天皇はこの一件によって政党内閣の確立という方針を棄《す》てたのかという点である。一九二九（昭和四）年三月の小選挙区案問題のところで見たように、少なくともこの時点では政党政治自体には肯定的だった。さらに、田中の退陣表明後の昭和天皇の動向を見ると、七月二日、田中内閣閣僚の辞表提出に伴い、昭和天皇は牧野に処置を相談、牧野の意見に従い元老西園寺に後継首班人事を下問、西園寺は浜口雄幸《はまぐちおさち》民政党総裁を推薦した。牧野がこれを天皇に伝えると、昭和天皇は牧野にも意見を求めた。牧野が西園寺の意見に同意すると、昭和天皇は満足し、夕方浜口が閣僚名簿を天皇に示すと、ただちに裁可し、牧野に「良い顔触れなり」と満足そうに語った（『牧野日記』）。すなわち、昭和天皇は政党内閣の継続を喜んでいた。

一方、田中内閣の党色人事に批判的だったこと、田中内閣退陣直後、私鉄国有化をめぐる汚職事件（鉄道疑獄）が発覚し、九月二十六日に政府が田中内閣の鉄道大臣だった小川平吉の起訴の裁可を求めた際、昭和天皇が鈴木侍従長に、「小川に斯《かく》の如きありとは信ぜざりし」、「自ら御徳を修むることに努め」たのに「尚且斯《なおかつか》かる不祥事の発生するを奈何《いかが》せん」と述べたこと（『河井日記』）からは、政治に道義道徳を求めていたことがわかる。

以上を合わせて考えると、昭和天皇は、政党政治は支持するが、その施政が公正かつ道徳的に行なわれることを望んでいたことがわかる。すでに村井良太氏が示唆している（村井二〇〇五）ように、公正で道義的な政党政治を望むという昭和天皇の意思は、この一件で変わったわけではなく、むしろそうした政治思想が当時の世論に合致したために、異例の天皇独自の判断、いわゆる「聖断」が実現したのである。

三　ロンドン海軍軍縮条約問題

浜口を激励

一九二九（昭和四）年七月九日、浜口内閣は、対中外交の刷新、軍縮促進、財政整理、金解禁などの十大政綱を発表した。対中外交の刷新とはいうまでもなく中国に融和的という意味であり、軍縮とともども昭和天皇の意向と合致した政策だった。昭和天皇がこのあと一貫して浜口内閣を強く支持していく原因はここに求められる。

浜口内閣は、財政緊縮の一環として、十月十五日、官吏（国家公務員）の一律一割減俸（官吏減俸）を発表したが、官吏たちだけでなく一般世論から強い反対の声が上がった。これに対し、昭和天皇は、この問題を心配して、「金解禁其他重要の政務輻輳《ふくそう》の際、政変等来す如きは好ましからず」という意向を鈴木侍従長に洩らした。鈴木は、旧知の財部彪《たからべたけし》海相を通して浜口や井上準之助《いのうえじゅんのすけ》蔵相に内密に伝えた（『牧野日記』十月二十日）。その結果として、内閣は二十二日に減俸案を撤回したものの退陣はしなかった。もちろん、この措置が昭和天皇の意向と関連があることは一切報道されなかった。

昭和天皇は、すでに政府の財政緊縮方針に対応して皇室予算緊縮の意向を持っていた

(『河井日記』七月十五日)が、今回の事態に臨み、百万円の皇室費削減を一木宮相に提案した(『牧野日記』十月二十三日)。これは実現しなかったが、約二百万円の予算で主に生物学研究の臨海研究施設として神奈川県三浦《みうら》に新設予定だった初声《はっせ》御用邸(右田二〇一〇)の建設を当分延期するという意向は実現し(『河井日記』十月二十八日)、結局建設は立ち消えとなった。国家予算総額が十六億円程度の時代であるから、二百万円がいかに巨額であるかわかる。

さて、この内閣で昭和天皇に関して最大の問題となったのは、ロンドン海軍軍縮条約問題である(以下、この問題については、特に断らないかぎり、関二〇〇七による)。主要国の海軍補助艦軍備制限を目的とするロンドン海軍軍縮会議は、英米の提唱により一九二九年十月に会議開催が決定し、英米に加え、日本、フランス、イタリアが招かれて、三〇年一月二十一日から始まった。日本は若槻礼次郎元首相を首席全権、松平恒雄《まつだいらつねお》駐英大使と永井松三《ながいまつぞう》駐ベルギー大使、財部彪海相を全権とした。財部の不在中は、浜口首相が海相代理(海軍大臣事務管理)となった。日本は補助艦(巡洋艦、駆逐艦、潜水艦など)の対米七割維持を基本方針としたが、日本案が認められる可能性は高くないと見込まれていた。

この日本案の決定に関しては、財部海相が、「帝国の主張を決定して国論の統一を図るために御前会議を開いてもらひたい」と鈴木侍従長に要望し、鈴木も同意した(原田熊雄述『西園寺公と政局』①。以下『原田日記』と略記)。この場合、御前会議とは、天皇臨席のもと

海軍軍縮問題で若槻邸を訪れた浜口首相
（左。毎日新聞社提供）

での内閣と統帥部（参謀本部と軍令部）の合同会議のことを意味していると考えられ、要するに政府と軍部の意思統一を天皇の権威によって実現するために構想された会議なのである。

しかし、鈴木からこの話を聞いた元老西園寺は、「断じてならぬ、外交に背水の陣を布いてどうするか」と、反対したため実現しなかった（同右）。昭和天皇践祚後初の御前会議構想である（柴田一九九五）。結局、軍縮会議は難航し、若槻は日本の対米比率引下げを主張するアメリカ案の受諾やむなしと考えるにいたった。

海軍、特に軍令部では、ここで妥協して要求を引き下げれば、利権回収の動きが高まりつつある中国への押さえがきかなくなるとして反対論が強く、新聞論調の大勢も、国威に関わるとして妥協に批判的で、会議の決裂やむなしという空気が全体としては強かった。海軍部内でも海軍省は妥協的だったことから、ここから海軍内に条約反対の「艦隊派」、条約賛成の「条約派」の対立が生じたのは有名である。

しかし、元老西園寺は、英米との協調が国際社会における日本の地位強化に必要だという観点から妥結を望んでいた。浜口内閣としても、公約の財政緊縮を進めるために軍縮は必要である上、日露戦争戦費調達のために英米で募集した外国債の借り換えの時期に来ていたが、先方が軍縮条約締結を交渉開始の条件としていたことから早期妥結が必要だった。

一九三〇年三月十四日、若槻は、アメリカ案の受け入れを政府に求めた。浜口はこの若槻案でいく判断を固めた。二月二十日実施の総選挙で与党民政党が圧勝していたので、最終的には世論の支持を得られると見込むことは可能だった。しかし、軍令部がこの案に強く反撥、三月十七日には末次信正《すえつぐのぶまさ》軍令部次長が若槻案を新聞記者に漏洩《ろうえい》する事件が起き、新聞論調も譲歩反対論が大勢だった。そのため三月下旬になっても政府は意思決定ができず、新聞には日本全権団引揚論や会議休会論が現れる状況となっていた。

こうした状況のなかで三月二十七日、浜口首相は天皇に呼び出された。浜口の日記に「軍縮問題の経過大要を言上」とあるから、昭和天皇が軍縮会議の難航ぶりを心配して浜口を呼び出したことがわかる。浜口は経過説明のあと、「本問題解決に干する自己の所信」つまり、若槻案で早期妥結に踏み切りたいという意向を述べた。これに対し昭和天皇は、「世界の平和の為早く纏《まと》める様努力せよ」と、浜口を激励した。浜口は「恐縮」して「聖旨を体して努力す」と答えて会見を終え、会見内容を鈴木侍従長に報告した。そして日記に「於是《ここにおいて》自分の決心益々強固となれり」と記した。浜口は、昭和天皇の激励によって、海軍の反対を押し切って軍縮条約早期調印に邁進《まいしん》する決意を最終的に固めたのである。

反撥する軍令部

一九三〇（昭和五）年三月二十七日、この日の午後、浜口は、加藤寛治《かとうひろはる》軍令部長に若槻案で妥結する決意を伝えた。その気迫に押されたのか、加藤は反論できなかった。しかし、加藤の部下の末次信正軍令部次長はあきらめず、政府の行動を阻止するため、政府の意思が全権団に通知される前に軍令部の反対論を昭和天皇に正式に提案するよう加藤に働きかけた。

三月三十一日午前、加藤軍令部長は、軍縮条約に関しての天皇への正式会見を侍従武官府に申し込んだ。これを知った鈴木侍従長は、午後加藤に会見して、「訓電の発せらるるまでは、（1）上奏は時機に非ず、（2）政治運動に利用せらるるの虞ありとて、友人として之が延期を勧説」し、加藤はこれを了承した（『河井日記』）。

四月一日朝、浜口は、加藤軍令部長、山梨勝之進《やまなしかつのしん》海軍次官らと会見し、若槻案での条約調印を若槻に指示する決意を改めて伝えた。ここでも加藤は明確に反対の意思表示をしなかった。浜口はこれを同意と認識し、午前十時からの閣議で回訓案を正式に決定し、午後昭和天皇の裁可を得て、ただちに全権団に打電した。しかしなおひと波瀾《はらん》あった。奈良武官長の日記によれば、加藤は再び天皇への会見を申し出たが、「又侍従長よりの申込に依り延引」し、

「同日午後陛下に伺ひしに翌二日午前十時半拝謁を賜はる旨御沙汰あり、依て其旨軍令部長に通知」した。加藤の昭和天皇への会見は鈴木の意志によって再び阻止されたのである。普段の日記では事実を淡々と記すだけの奈良武官長が、珍しく、「侍従長の前日来の取計《とりはから》ひは余大《おおい》に不同意なるも侍従長は非常に熱心強硬に希望せらるゝ故《ゆえ》其意見を容れられども、侍従長の此処置は大に不穏当なり」、と、鈴木侍従長の越権行為に強い不満を記している。

五月初旬、加藤軍令部長が元老西園寺の秘書原田熊雄に対し、回訓案決定の閣議の二時間前に「かうするから……」というのは「あまりに軍令部を無視し」、「所謂統帥大権を無視したと同様」、「こんなことで国防が決まつて堪《たま》るものか」と憤懣《ふんまん》をぶちまけたこと(『原田日記』五月三日)からうかがえるように、ここに紛議の種がまかれてしまったのである。

鈴木侍従長の対応

史料上、この間、鈴木は加藤の会見希望に関し、昭和天皇や、牧野や奈良など他の有力側近の意向を聞いた形跡がない。昭和天皇に累を及ぼさないという方針に基づき、独断で行動したと判断せざるをえない。もちろん加藤の会見希望日時のことを考えれば、すばやい対応は必要であった。また、牧野はこの二日とも出勤していない。しかし、会見希望を延期させるというのは異例のことであり、しかも重大問題なのであるから、昭和天皇の日程を変更しても昭和天皇の意向はただちに確認すべきであり、奈良の話にもきちんと耳を傾けた上で対応を考えるべきであったし、その程度の時間をとることは可能であった。

もちろん、昭和天皇、元老西園寺、浜口首相の考え方は大局的に見れば適切な考え方だった。また、憲法論としても、清水澄も美濃部達吉も、政府宮中の関係者に対し政府の措置は合憲という見解を示した（『岡部日記』四月二十二日）。美濃部はこの見解を当時盛んに公表してもいる《『議会政治の検討』収録の諸論文》。ただし、今回は田中内閣の場合と違い、世論は浜口を全面支持していたわけではなかった。軍令部には、新聞という味方があり、野党政友会も政府与党の失点を虎視眈々《こしたんたん》と狙っており、奈良武官長に代表される、軍令部に対する陸軍の消極的支持もあった。

直接的には鈴木による、侍従長という職分を超えた（武官の面会や会見の管理は武官府の仕事である）行為が問題化したのであるが、こうした行為が発生した原因は、軍令部の反対姿勢を知りながら強行突破した浜口首相の政治手法の拙劣《せつれつ》さ、つまりは根回し不足である（古川二〇〇四、関二〇〇七）。

ただ、浜口の決意を後押ししたり、鈴木に二度も越権行為をなさしめた原因が、昭和天皇の意思表示であったことには注意が必要である。新聞を精読していた昭和天皇が、政府の意思決定が難航していることを新聞報道によって知った上で三月二十七日に浜口を呼び出したことはまちがいない。その意味で、三月二十七日の浜口との会見は、田中首相叱責の時とは異なった意味で、結果的に重大な権力行使となってしまったといわざるをえない。

四月二日午前、加藤軍令部長は昭和天皇に会見、「国防方針に基く作戦計画に重大なる変更を来《きた》すを以て慎重審議を要する」（『太平洋戦争への道』資料編）と、政府決定に事実上反対意見を述べたが、すでに事は決したあとであり、昭和天皇は「唯聞き置くに止《とど》め」ることにした（『奈良日記』）。もっとも、昭和天皇の意向を知る奈良武官長は、右の記述のあと、「仮令回訓前に上奏せるとするも唯御聴き置きの外なかるべし」と記している。

政府の妥協決定をうけて、四月十日、関係国の間で軍縮条約調印が合意された。浜口首相からの報告でこれを知った昭和天皇は、四月十三日、高松宮の外遊出発の祝宴のあと、出席したイギリス大使に向かって、軍縮会議が「特に日英米三国の協調により満足なる結果を期待し得る事態に至りたるは此上もなく悦《よろこ》ばしく」、「今後益々列国特に日英米の協力により世界平和の増進せられんことを希望す」と述べた（「英国大使、西班牙《スペイン》代理公使拝謁記」）。

天皇がその時点で政治的争点となっている問題にこれだけ具体的な意思表示を第三者に示すのは異例のことであった。この史料は四月十五日付の幣原喜重郎《しではらきじゅうろう》外相から全権への電報に添付されているが（外務省外交史料館「倫敦《ロンドン》海軍会議一件」第二巻）、その電報には、「貴官御《お》含《ふくみ》までに申進《しんしん》す。特に宮内大臣の注意もあり、新聞等に洩れざる様格別の御配慮を乞ふ」とあるのは、そのことを裏づけている。

統帥権干犯問題

政府の回訓後、新聞論調は一転し、これによって国民負担の軽減ができるとして歓迎ムードが大勢となった。外国債の借り換え作業も五月十三日に完了した。しかし、その一方で、四月中旬になると海軍軍令部の不満が表面化し、来る特別議会で「統帥権干犯」問題として野党政友会が問題化しようとする動きが新聞で報じられはじめた。政友会が過去の仕返しとばかりに天皇カードを切ることで浜口内閣を追い詰めようとしはじめたのである。

これに関し、先に見たように、法理論では政府が有利だった。しかし、同じ日、元老西園寺の秘書原田熊雄に会った浜口は、「美濃部博士の説を可とする」が、「露骨に〔美濃部〕博士のやうに言ひきつてはかへつて感情上からもあまり面白くない」ので、「軍部の意見を充分斟酌《しんしゃく》した」という言い方で「雰囲気を硬化させないやうに努めたい」と述べた(『原田日記』)。浜口は、無難に議会を切り抜けて早く批准《ひじゅん》の手続きに進みたいと考えていたのである。

ちなみに、大日本帝国憲法では、条約の締結は天皇の大権事項とされていたので、条約の有効性を認める批准は天皇が行なうことになっていた。そして枢密院官制で、天皇から枢密院に諮詢(諮問)すべきことの一つに条約の批准が含まれていた。つまり、条約の批准は、枢密院の審査と外務大臣の助言を参考に天皇が判断する事項だった。

こうした動きへの加藤軍令部長の不満は激しく、五月三日、原田熊雄に対し、「もう政党内閣なんかといふものはとても救ふべからざるもので、やつぱり賢臣内閣に限る。さうして天皇御親裁で行くよりしやうがない」と話した（『原田日記』）。加藤は、天皇親政であれば自分たちの主張が通ると考えていたのである。日本ではとかく陸軍と比較して善玉と考えられがちな海軍であるが、こうした視野の狭い独善主義者を重要な役職にすえるようでは、海軍もあまりほめられたものではない。もっとも、それは反面、海軍エリート軍人のプライドの高さの一つの現れでもあり、そうした要素に配慮せずに強行突破した浜口首相にも問題があったこともまちがいない。

四月二十二日、ロンドンで条約調印が行なわれ、全権団は帰国の途についたが、翌二十三日、第五八特別議会が始まり、野党政友会は統帥権干犯を問題にして政府を追及した。しかし、世論は一転して条約成立を歓迎しており、政府は事実上の「不答弁主義」（関二〇〇七）を貫いて五月十三日までの会期を切り抜けた。

五月十九日、財部が帰国、二十六日、天皇に会見して会議の状況を報告した。これに対し昭和天皇は、「最《もっとも》力強き御声にて」、「御苦労であつた、今後批准が出来る様努力せよ」と、慰労するとともに早期批准を指示した。財部は「御請申上げ升《ます》」と早期批准を天皇に誓った

（「財部日記」未刊）。しかし、軍令部は批准妨害工作を本格化しつつあった。この日加藤軍令部長は天皇に提出する辞表を書いたが、それは、統帥権干犯の論理を用いた事実上の政府弾劾書であった（『太平洋戦争への道』資料編）。

すなわち、憲法第十一条は「統帥大権の不可侵を宣し」ているので「国防用兵の籌画《ちゅうかく》は天皇の親裁を経ずして妄《みだ》りに政務機関の干与するを許さ」れないという前提のもとに、「憲法第十二条に所謂常備兵額を定むるは政務の大権にして責任大臣之が輔弼の責に任ずと雖《いえども》、国防用兵の計画にして策定せざれば〔中略〕常備兵額を定むることの不可能」、つまり軍事予算の決定は国務であるが、軍事予算は国防計画が決まらなければ決められないとした。

そして、今回のロンドン海軍軍縮条約のように「帷幄籌謀《いあくちゅうぼう》の大権と交渉することなく常備兵額の変更を致すが如き重大事項を専断上奏する事」、つまり軍令部の合意なしに軍事予算の変更をもたらすような決定を行なうことは、「大元帥陛下の統帥大権を壅蔽《ようへい》し」、つまり天皇の統帥権を犯し、「国防方針は常に政変に随ひて動揺改更せらるるの端を発《ひら》き」、国防方針が政権交代ごとに動揺することとなり、「国家の危殆《きたい》」、つまり国家が重大な危機にさらされるというのである。五月三日の原田への発言に通じる独善的な内容である。

さらに六月五日、末次軍令部次長が再び行動した。海軍の軍事学の定例進講は軍令部次長が行なう慣例（陸軍の場合は参謀次長）で、この時は末次が担当していたが、この日の進講で、「倫敦《ロンドン》会議の経過並に軍令部の主張を有の儘《ありのまま》」話したのである（『奈良日記』）。その直後、奈良武官長がわざわざ昭和天皇に「此御進講は研究的に申上げたるものにして事務的に奏上せるものとは全然別個」（同右）と言い訳しているので、昭和天皇が末次の進講に不快感を抱いたことはまちがいない。

加藤軍令部長の辞意

そしてついに六月十日午前、別件で昭和天皇に謁見した加藤軍令部長は、「軍縮経過を上奏し骸骨《がいこつ》を乞ひ奉れり」、つまり、用意していた辞表を読み上げた（『奈良日記』）。加藤は謁見直後、財部海相に「自分はいま上奏をして来たが、陛下は何ともおっしゃらなかったがどうしよう」と語ったので、昭和天皇が無言で対応し、加藤が動揺したことがわかる（『原田日記』）。

昭和天皇は、鈴木侍従長と奈良武官長を呼び、辞表の扱いについて意見を求め、結局、「聖断」により海相にゆだねることになった（『奈良日記』）。軍令部長は天皇が任命式を行なう親補職《しんぽしょく》という最高ランクの官職ではあるが、これまで軍令部長が直接天皇に辞表を出したことはなく、更迭の際は、海相が天皇に裁可を求め、辞令には海相が副署するなど、事実上の人事権者は海相であったことから、昭和天皇はこうした決断を下したのである。

午後、財部海相は昭和天皇に会見して、「軍令部長交迭《こうてつ》を内奏し後任に谷口《たにぐち》〔尚真《なおみ》〕大将を奏薦」した（『奈良日記』）。すなわち、加藤の辞表を受理したいという意向を非公式に伝え、後任に谷口尚真を推薦した。これに対し、昭和天皇は、「元帥の同意ありしや」、「新任者の意見如何」を財部に質問し、財部は「元帥へは了解を求むべし」、「新任者の意見は条約上の兵力量にて国防に任ずるを得」と答えた（『河井日記』）。

海軍の元帥はこの時点で東郷平八郎一人であることを考えると、一つ目の質問は、遠回しにこの人事が海軍全体の同意を得られるよう努力せよと指示したものであり、二つ目の質問は、後任者が条約批准に適した人材か否かを確認したものであると考えられる。東郷に関しては、昭和天皇の命により奈良武官長が東郷を訪問して意思を確認することとなった。その際、昭和天皇は「若《も》し元帥に於て不同意の節は極力説《とき》て同意せしめ来れ」と指示した。奈良に対し、東郷は人事には同意したが、「余談」として、「条約内容の不可」と「軍令部同意を得ずして回訓を発したる件に就て大に遺憾」、「財部全権の行動に不満」などと述べ、「参内拝謁し時局に就て奏上」したいが風邪のためできないのは残念という旨を述べた。翌日軍令部長人事は裁可された（『奈良日記』六月十日）。

しかし、海軍最長老の東郷が不満である以上、これで一件落着とはいかなかった。六月十七日、『中央新聞』夕刊（十八日付）に一面トップで「軍令部長の帷幄上奏を　殊更に遷延

して執奏　鈴木侍従長の専断により　従来の慣例を破り問題となる」という見出しの記事が載った。上奏の日付は五月三十日と六月一日になっているが、内容は三月三十日と四月一日の話であることが明らかである。『中央新聞』は、紙面を見れば誰でもわかる政友会系の新聞なので、これは明らかに海軍艦隊派と政友会が仕掛けた記事である。宮中でもこの報道に気づき、河井侍従次長は関屋貞三郎《せきやていざぶろう》宮内次官と対策を協議した（『河井日記』六月十八日）。

六月二十日、昭和天皇は全権団を食事に招き、彼らに「卿等曩《きょうらさき》に全権委員として倫敦《ロンドン》海軍会議に列し今茲《ここ》に復命を聴く。累月の間慎重克《よ》く謀り精励事に従ひ、以て其の任務を了《お》へたり。朕深く其の労を嘉《よみ》す」という勅語を下賜した。長期間の難航した交渉の末、条約締結に成功したことを慰労する内容である。ところが、まもなくこの勅語について、「これは〔宮中〕側近が政府を庇《かば》ふ意味で極めて鄭重《ていちょう》な勅語を賜はつたので、枢密院はこのために非常にやりにくい。けしからぬ話だ」という声が出た（『原田日記』）。

右翼の宮中側近攻撃

六月二十三日、今度は『時事新報』朝刊に、「統帥権に絡《から》まる海軍の喧嘩《けんか》沙汰　真か、偽か――問題の「極秘」印の一文書から」という見出しで、三月から六月にかけての経緯を記した文書が紹介された。その中に「政府は、政府軍部が夫々《それぞれ》の意見を上聞に達して聖断を仰ぐが如きは宸襟《しんきん》を悩まし奉るものであると云ふが如き宣伝を以て、表面国民を惑はすと共に裏面大いに策動して〔中略〕宮中に手を延ばし、宮中の重臣亦之れに応じ」とか、軍令部長更迭に関し、まず元帥に下問すべきなのに牧野が海相を呼び出すことを天皇に助言したなどと書かれており、明らかに政府宮中批判の内容であった。宮中では当然「虚妄も亦甚し」として同紙に取消しを要求した（『河井日記』六月二十三日）。

そして、内務省警保局特高課は、七月上旬以降、天皇側近批判の怪文書が次々と各方面に郵送されている事実をつかんでいた。いずれも、鈴木侍従長による加藤軍令部長の上奏阻止や加藤更迭時の手続き、六月二十日の全権団への勅語発出を牧野内大臣らの陰謀として批判したり、三月二十七日の昭和天皇の浜口首相への発言を嘘であるとするなどの内容だった（外務省記録「倫敦海軍会議一件　条約批准関係　日本ノ部　輿論《よろん》並新聞論調」第一巻）。

極めつきは七月十四日の『国民新聞』夕刊（十五日付）の第三面に、紫雲荘《しうんそう》という右翼結社が紙面の半分を使って掲載した意見広告「牧野内大臣に呈するの書（其一）」である。これは、「宮中府中の重臣等交々《こもごも》其《その》輔翼《ほよく》の道を誤るが如きことあらば、聖明の徳も為めに掩《おお》はれ〔中略〕皇室の御運にも通塞《つうそく》のあることは日本歴史の証明する処《ところ》」、つまり、牧野を「君側《くんそく》の奸《かん》」とみなす立場から、牧野が軍縮条約賛成派の斎藤実《さいとうまこと》を次期首相にしようと「画策」しているという事実無根の話を根拠に、牧野を「好む処に偏して私心を挟み」と批判し、最後に「単なる流言に依るに非ざるを立証するがため」、「海軍々縮問題に対して為したる策動」を「列挙する」として「以下次回」と結んでいる。

紫雲荘の主宰者は橋本徹馬《はしもとてつま》という人物で、橋本は二日前に鈴木侍従長に牧野攻撃を予告していた（『河井日記』）。宮内省からの警告により、意見広告の続きは出ずに終わったが、十一月二十九日の小川平吉主宰の右翼新聞『日本』に「君側の宦臣《かんしん》聖明を塞《ふさ》ぎ天徳私照あるが如き」の宅野田夫《たくのでんぶ》の投書が載った（同右）。ただし、こうした天皇側近批判は一部の右翼新聞にとどまり、世論全体の動向に影響を与えることはなかった。

しかし、右翼の側近攻撃が続くなか、翌年七月には、勇退希望の奈良武官長の後任として、荒木貞夫《あらきさだお》第六師団長が擬せられた。荒木は、司法官僚出身の復古的傾向の思想を持った国家主義者平沼騏一郎《ひらぬまきいちろう》元法相が主宰する右翼結社国本社《こくほんしゃ》の有力メンバーだった（伊藤隆一九六九）。荒木後任説を新聞記者から聞き込んだ元老西園寺は、秘書原田熊雄を通じて一木宮相に注意、一木が奈良を説いて勇退を一年延期させることで荒木武官長実現を阻止した。平沼がかねてから宮中入りを画策していたことから、これを平沼の宮中入り工作の一環として警戒したのである（『原田日記』一九三一年七月十三日、十四日）。

これらはいずれも、昭和天皇の側近の行動を批判する論法なので、間接的なかたちをとっているけれども、実質的には昭和天皇の施政方針に対する右翼の批判攻撃ということになる。

徳治主義の発露

さて、軍縮条約批准の枢密院審査は難航の末、十月一日可決され、二日裁可された。ところが、十一月十四日、岡山・広島両県での陸軍特別大演習に向かうため東京駅で特急列車に乗ろうとしていた浜口首相が狙撃《そげき》され、重傷を負った。岡山に先着していた昭和天皇は、その知らせをきいて「憲法政治妨害的行為」と述べて容態を心配した（『牧野日記』）。有力紙にも、「聖上大演習地に　御心を悩ませ給ふ　内相、文相の上奏を聞召《きこしめ》し　いとも畏き御言葉」という見出しで昭和天皇が心配している旨の記事が載り（『東京朝日新聞』）、「御言葉」そのものは掲載されていないものの、昭和天皇の浜口首相への好感ぶりが公になった。浜口は長期間の入院が必要となったため、幣原外相が首相代理となった。

新聞によれば、浜口の狙撃犯人佐郷屋留雄《さごやとめお》は右翼結社愛国社《あいこくしゃ》の構成員で、ロンドン条約だけでなく、金解禁による大恐慌も襲撃の動機としていた（同右、十二月十一日付朝刊）。よく知られているように、一九二九（昭和四）年十月から世界恐慌が始まっていたが、そのさなかに金解禁が行なわれたために、日本は深刻な恐慌となり、倒産が相次ぎ、失業者が溢《あふ》れ、農産物も売れず、社会不安が起こっていた。

一九三〇年七月三十一日、昭和天皇が、静養中の葉山御用邸に井上準之助蔵相、俵孫一《たわらまごいち》商

相、安達謙蔵《あだちけんぞう》内相を招いて会食の後、彼らに恐慌対策について質問した（『奈良日記』）ことは、昭和天皇が恐慌についていかに心配していたかを示している。そして、三大臣の返答がいかに深刻なものだったかは、翌日葉山御用邸に顔を出した牧野内大臣が返答内容を河井侍従次長から聞き、昭和天皇に「経済界不振に因《よ》る時局の険艱《けんかん》容易ならず、或は時に応じて聖断を仰ぐに至るなきを保せず、今は唯容易ならざる時局に際会せる状を御了解を仰ぐに止む」と進言したことによく現れている（『河井日記』）。しかし、浜口内閣は、財政緊縮や金解禁を看板政策として掲げていた以上、恐慌に対しては事実上無策だった。

そうしたなか、年末から始まった第五九回議会（通常会）は、ロンドン海軍軍縮条約問題が尾を引いて大混乱に陥った。三一年二月三日、衆議院予算委員会で、政友会の中島知久平《なかじまちくへい》議員との質疑の中で、幣原首相代理が「此条約は御批准になつて居ります、御批准になつて居ると云ふことを以て、此倫敦条約が国防を危くするものでないと云ふことは明か」と、天皇を引き合いに出して答えたことに対し、政友会が、天皇に政治責任を押し付ける失言であるとして幣原を批判した（『議事速記録』）。三年前の優諚事件の意趣返しのようなものである。これにより議場では乱闘が発生して大混乱となり、けが人も出て数日間審議が止まった。昭和天皇も、河井侍従次長に「議会の議事、暴力によりて停頓《ていとん》せるに付御下問」するなど、この状況を心配していた（『河井日記』二月六日）。

浜口は一時は登院したものの結局体調は回復せず、議会終了後の四月十三日に辞意を表明した。後任総裁は若槻礼次郎となった。昭和天皇はさっそく元老西園寺に首相人事を下問した。依然民政党の政策を支持する西園寺は、民政党内閣の継続を昭和天皇に助言した（同右）。翌日、浜口内閣の閣僚の多くを引き継いで第二次若槻内閣が成立した。

六月上旬、第二次若槻内閣で初入閣した原脩次郎《はらしゅうじろう》拓相が、特赦で出獄したとはいえ、過去に懲役刑で服役していたことが明るみに出た。昭和天皇は、河井侍従次長に「首相が原拓相を奉薦したる事情を糺《ただ》さん」と述べたが、河井に相談を受けた牧野の意見によりそれは行なわれなかった（『河井日記』六月十二日）。これまでの例から、牧野は政局への影響を懸念して昭和天皇に若槻呼び出しをやめさせたのである。

しかし、九月十日、江木翼《えぎたすく》鉄相の病気辞任の後任に原を転任させることを若槻が申し出てきた時、昭和天皇は、「この人は刑余の人ではなかつたか。少し待て」として、若槻を控室に待たせて牧野に意見を求めた。牧野は、拓相になる段階で問題にしなかったのに今問題にして不裁可となれば内閣総辞職を招くとして、「時局頗《すこぶ》る重大なる今日、政変は如何か」と裁可を求めた。昭和天皇は裁可したものの、牧野に対し「大赦とかなんとか言ふが、道徳上の問題は残るぞ」となお不満気であった（『原田日記』）。昭和天皇の徳治主義の側面と、若槻首相への不信感がよく現れた事件であったが、もちろん報道はされていない。

なお、これに先立つ一月二十日、牧野内大臣に対し、昭和天皇が、日本統治下の台湾で起きた霧社《むしゃ》事件に関連して、「由来、我国の新領土に於ける土民、新付《しんぷ》の民に対する統治官憲の態度は、甚しく侮べつ的圧迫的」なのは「統治上の根本問題なり」と述べた（『木戸幸一日記』。以下『木戸日記』と略記）。霧社事件とは、前年十月二十七日に起きた事件で、山地の先住民が小学校の運動会に集まっていた日本人を襲撃、一三〇人以上が殺害され、二一五人が負傷した。襲撃グループは現地を三日間占拠し、武器弾薬を奪って退去した。台湾総督府は、二七六人を殺害するなどして年末までに鎮圧した。日本の台湾統治が軌道に乗ったと考えられていた時期のことであるために、日本側に与えた衝撃は大きかった（伊藤潔一九九三）。

これに対し、牧野は「多年の病弊」と同意しつつも、「此際右の点につき仰出さるるに於ては〔中略〕首相並に拓務両大臣も亦その責任を感じ、重大なる結果を招来するの虞なしとせず」と、政変を恐れて勅語等の権限行使には否定的な意見を述べた。昭和天皇は「それもそうだね」と答え、具体的な措置はとられなかった（『木戸日記』）。

ただし、七月二日、宇垣一成《うがきかずしげ》朝鮮総督の新任挨拶の際には、宇垣に対し、「内地人にして朝鮮人に対して侮蔑《ぶべつ》の言動を為す者多しと聞くが夫れは宜しくないことであるが、どうか」と注意を促している（『宇垣一成日記』）。この場合は責任者の辞任につながらない状況での非公式発言ということで側近も許容したものと考えられる。

これもまた徳治主義的発想からの発言ではあるが、そもそも朝鮮の場合は独立運動、台湾の場合も自治要求運動が当初から続いており、第一次世界大戦後のパリ講和会議の後は民族自決という観念も国際的に広まっていた以上、こうした植民地と本国の軋轢《あつれき》は徳治主義で解決できるような問題ではなかった。しかし、昭和天皇としては、明治天皇や大正天皇から受け継いだものを維持発展させるべき立場にいたため、両者を独立させることはとりあえず考慮の外にあり、この程度の対応が精一杯だったのである。

クーデター未遂

こうしたなか、右翼や軍部の反政党内閣運動は激しさを増していた。二月の幣原失言に起因する議会の混乱は、新聞各紙によって大きく、かつ批判的に報道された。乱闘の現場に居合わせた、建川美次《たてかわよしつぐ》参謀本部第二部長や小磯国昭《こいそくにあき》軍務局長など陸軍のエリート将校の一部や、新聞報道を見た大川周明《おおかわしゅうめい》らの右翼や、合法左翼（無産政党）の一部は、ただちに政党政治打倒を決意、連携しながらクーデターを画策し、三月中旬から下旬にかけては右翼の動きが始まった。しかし、首相に擬せられた宇垣一成陸相が計画から離脱したため、陸軍グループの工作は未遂に終わり、計画は失敗した（『日本議会史録』③、小林二〇一〇）。これが三月事件と呼ばれるクーデター未遂事件であるが、事件は秘匿《ひとく》され、昭和天皇がこの事件に気づいたのは九月になってからのことである。

九月八日、昭和天皇は奈良武官長を呼び出し、「陸海軍大臣に軍紀の維持に就き注意を喚起遊ばさるゝ思召」の可否について奈良の意向を問うた。奈良は「近頃の状況を申上げ、暫時御猶予を願ひ退下し熟考したる上」、「御思召然るべき旨」、すなわち陸相海相への質問を承諾した。奈良はこの下問を牧野内大臣の助言によるものと考えた（『奈良日記』）が、実際には、三月事件を知った元老西園寺が牧野に指示したものだった（『原田日記』九月十五日）。西園寺は三月事件を重大事態ととらえ、昭和天皇から軍部に注意させたのである。

九月十日、昭和天皇は、まず安保清種《あぼきよかず》海相を呼び出し、「近頃青年将校団結の噂あり、軍紀の維持確実なりや」と質問したが、安保は「何等不軍紀の行為等なく」と答えた（『奈良日記』）。翌十一日、次に南次郎《みなみじろう》陸相を呼び出したが、会見冒頭に南の方から、「近頃若き陸軍将校が外交軟弱を攻撃するの声あり。其言葉が足らざる故、誤解を招きたり。斯の如きは軍紀上許し難きを以て、十分の取締を為すべし。陸軍にては、外交は外務当局の国策遂行に依るべきものと認むるを以て、将来注意すべし」旨を述べ、昭和天皇が「厳に軍紀の粛正《しゅくせい》を命」じた（『河井日記』）。南は奈良か安保から質問内容を知り、自分から状況を報告することで少しでも昭和天皇の対陸軍感情を良くしようとしたのである。

しかし、統帥権干犯問題の矛先《ほこさき》は宮中のみならず昭和天皇にも向かいつつあった。牧野内大臣のもとには、「陸軍の若い連中のどの団体だか知らないけれども、秩父宮が汽車に乗つて何所《どこ》かに行かれる時に、その汽車に陸軍の大佐が入つて来て、殿下を担ぎたいといふことをぢかに申上げたといふ事実がある。殿下は無論御承知にならなかつた」という情報が入つた（『原田日記』八月二十二日）。秩父宮を天皇に擁立する計画が軍部にも共感を得つつあったのである。さらに元老西園寺のもとにも、近衛文麿《このえふみまろ》貴族院副議長から、「陸軍の一部の者が「今の陛下は凡庸で困る」と言つてゐるさうだが、その意味は、つまり陸軍の言ふことをきゝにならないからだらう」という情報が入り、西園寺は秘書原田に、「事宮中に関して、頗る憂慮すべきものがある」と心配を語っていた（同九月四日）。

それでも、一九三一年の天皇誕生日（四月二十九日）の新聞には昭和天皇の近況が載った。「聖上の御日常　御親らタイプで　カード御作製　御体重も御増加」という見出しで、生物学研究については自分でタイプライターを打ち、分類カードを作っているなどその熱心さが報じられ、スポーツについても、乗馬、水泳、ゴルフなど従来も報じられていた種目に加えてスキーを楽しんでいることも報じられた（『東京朝日新聞』一九三一年四月二十九日付朝刊）。少なくとも一九三一年春までは、実像に近い文民的な昭和天皇像が報じられていたのである。

しかし、こうした昭和天皇像の報道はこれが最後となる。九月十八日に満洲事変が勃発したからである。

第三章　理想の挫折

二・二六事件　道路を封鎖する反乱軍（毎日新聞社提供）

一九三一（昭和六）年九月の満洲事変勃発を機に、昭和天皇を取り巻く政治環境は急変し、昭和天皇は試練の時を迎える。端的にいえば政党政治の衰退と陸軍の政治的擡頭《たいとう》、協調外交の退潮である。そうしたなかで昭和天皇はいかに対処していったのだろうか。

一　満洲事変

不拡大方針の挫折

一九三一年九月十八日深夜、奉天（現瀋陽《しんよう》）郊外の南満洲鉄道（満鉄）の線路が何者かによって爆破された。満蒙地域の日本権益守備のため駐屯していた日本の陸軍部隊である関東軍は、これを抗日ゲリラの仕業として出兵した。満洲事変の勃発である。

蔣介石率いる国民党政権に合流した張学良政権は、満蒙地域から日本勢力を追放するため、満鉄に並行して独自に鉄道を建設したり、同地域最大の貿易港大連《だいれん》にかわる港湾を建設したりした。日本の浜口内閣、第二次若槻内閣は、幣原外相を中心に平和裏に日本権益を擁護しようとしたものの、張政権の対日不信感は強く、交渉は行き詰まった。さらに一九三一年七月には満洲の万宝山《まんぽうさん》で日本国籍の朝鮮人と現地住民や警察が衝突して死傷者が出る事件（万宝山事件）や、六月には満洲地域で変装して偵察中の中村震太郎《なかむらしんたろう》陸軍大尉が何者かに殺害される事件（中村大尉事件、八月公表）も起き、陸軍や現地日本人社会には強硬論が擡頭し、日中間の緊張が高まっていた（『太平洋戦争への道』①）。

昭和天皇は、万宝山事件について報告に来た若槻首相に「満蒙問題についても、勿論日支親善を基調として行くのであらうな」と述べた（『原田日記』）。しかし、関東軍参謀の板垣征四郎《いたがきせいしろう》と石原莞爾《いしはらかんじ》は、張学良軍を撃退し、満蒙を日本領にしようと謀略を計画、現地人に満鉄線路を爆破させ、これへの対応を口実に出兵したのである（『太平洋戦争への道』①）。

実は、九月十一日の昭和天皇の陸軍への注意喚起により、陸軍では、強硬論に傾きつつあった関東軍を危険視し、自重させるため参謀本部から人を派遣した。しかし、派遣されたのは三月事件の首謀者の一人で、八月に参謀本部第一部長に栄転した建川美次であった（『原田日記』九月十九日）。これでは関東軍を抑えられるはずがない。

事変勃発直後の翌十九日朝、新聞号外で事件を知り、出勤した奈良武官長は、昭和天皇に「事件の余り拡張せざるべきを信ずる」と見透しを述べた。さらに、昭和天皇に状況報告に来た南陸相に対し奈良武官長は、追加派兵は「或は御前会議を要すべし」、つまり、海外派兵は軍だけの判断ではできないと注意した。済南事件のところでも述べたように、出兵の財政措置は政府の仕事だからである。しかし、この時すでに関東軍の要請により、朝鮮軍（朝鮮駐屯の陸軍部隊）の混成旅団が、林銑十郎《はやしせんじゅうろう》朝鮮軍司令官の独断で満洲に向け出発していた。午後三時、金谷範三《かなやはんぞう》参謀総長が、朝鮮軍の行動を止めたことを天皇に報告し、「恐懼の意」を表した。事実上陳謝したのである。このころ閣議では事変不拡大方針を決定し、ただちに若槻首相はそのことを天皇に報告した（『奈良日記』）。

このことについて、元老西園寺は、二十一日、秘書原田熊雄を通して牧野らに、内閣総辞職を防ぐ一方、「御裁可なしに軍隊を動かしたことについて、陸軍大臣或は参謀総長が上奏した時に、陛下はこれをお許しになることは断じてならん〔中略〕一度考へておく、と保留しておかれて、後に何等かの処置をすることが必要」という意見を伝えた（『原田日記』）。

しかし、同じ日、朝鮮軍の混成旅団は林司令官の独断で満洲へ入った。南陸相は閣議で派兵承認を求めたが拒否され、金谷参謀総長は統帥部として派兵承認を昭和天皇に求めようとした。金谷自身は特に強硬派ではないので、違法状態を早く解消したかったためと考えられる。しかし、奈良武官長が、牧野らの意向をふまえ、天皇は首相の承認なしに許可を出すことはないと金谷に警告したため、金谷は越境の事実を昭和天皇に報告するにとどめた（『奈良日記』）。この日、中国（蔣介石政権）は関東軍の行為を国際連盟に侵略行為として提訴した。三十日、連盟理事会は日本の早期撤退を求める決議を採択することになる。

翌二十二日朝、昭和天皇は若槻首相に、「満洲事件の範囲の拡大を努めて防止すべしとの閣議の方針を貫徹するやう」と、不拡大方針の堅持を指示し、さらに陸相にもこれを伝えるよう指示した。若槻は感激して帰った（『河井日記』）。昭和天皇は、内閣と陸軍が対立するなかで明確に内閣を支持する行動をとったのである。

二十二日午後、昭和天皇は奈良に対し、「行動を拡大せざる様総長に注意したるや」と聞いた。奈良は、「注意も致したり、又注意を待たず総長は能《よ》く閣議の主旨も御意図も承知し夫々処置を執り居れり、但し出先きの軍隊は騎虎《きこ》の勢もあり脱線少からず」、つまり参謀総長は昭和天皇の意向をふまえて対処しているが、遠方で戦闘中の部隊を統制するのは難しいと参謀本部を弁護した。この日の閣議は朝鮮軍派兵問題で紛糾したが、結局、「朝鮮の増兵は賛成せざるも」、「増兵の事実は之を認め」、経費の支出を認めてしまった。若槻首相は午後四時これを昭和天皇に報告した。

その直後金谷が派兵承認を天皇に求め、昭和天皇は「此度は致方なきも将来十分注意せよ」と注意を与えた上ではあるものの、これを裁可した。「朝鮮より増兵の問題は合法的に解決」してしまったのである（以上『奈良日記』）。政府は二十四日に事変不拡大方針を声明するが、派兵を認めてしまった以上、事態の主導権は結果的に陸軍が握ることになった。

最善を尽くしたか

こうした状況に対して、昭和天皇はもう少しなんとかできなかったのであろうか。昭和天皇が政府の派兵決定に拒否権を発動することは権限上は可能だが、それは自動的に第二次若槻内閣の退陣を引き起こし、協調外交路線の維持も困難となる。さらに、現地では戦闘中であるから、派兵中止は事実上、戦場にいる兵士たちを危険に陥れることになりかねない。現実的に可能だったのは、軍紀違反を犯した林朝鮮軍司令官の即時罷免《ひめん》だった。実際、林は二十一日に独断越境に踏み切った際、「大命を待つこと無く越江を命じたるは恐懼に堪へざるも、友軍の再三再四に亙《わた》る援兵の要求に応ずることは国軍伝来義気の発揮にして、司令官個人の毀誉《きよ》の如きは問ふ処にあらざる」と、処分を覚悟していた（『満州事件日誌』）。

九月二十二日の段階で、天皇が首相や陸相に不拡大方針を支持したことについて、「側近者の入智慧《いれぢえ》と見て、軍部は憤慨し居れり」という情報をつかんだ木戸幸一内大臣秘書官が、「今後は不得止場合《やむをえざる》の外は御諚《ごじよう》等はなき方よろしかるべく」と牧野や鈴木に進言する（『木戸日記』）という状況が生じていたので、昭和天皇が林罷免を指示しても陸軍内部の抵抗により実現しなかったかもしれない。だが、陸軍の独断専行の悪弊を防ぐためにはその程度の措置は試みられるべきだった。そもそも、昭和天皇は関係者の処分について、「総長は此間の訓戒的御錠にて此上別に処分せずとも可ならん、軍司令官は軽度の処分をなすべし」と軽くする意向を奈良武官長に示し（『奈良日記』十月一日）、しかもそれさえなぜか実施されなかった。その意味で、昭和天皇のこの時の行動は最善を尽くしたとはいいがたい。

それどころか、参謀本部は、有事の際の朝鮮軍の満洲派遣はあらかじめ天皇の承認を得ており、さらに、戦闘時の行動規範である陣中要務令を根拠に「徒《いたずら》に命令の到るを待て機を失するが如きは陛下の統率し給ふ軍隊の列伍に加ふることを得ざる」という理由で朝鮮軍司令官の行動は合法だと主張する文書を作成し（「朝鮮軍司令官の処置は大権を干犯したるものに非ず」『太平洋戦争への道』資料編）、九月三十日の枢密院本会議で石井《いしい》菊次郎《きくじろう》顧問官から朝鮮軍越境問題について質問が出た際の南陸相の反論に利用された。会議に臨席していた昭和天皇は、会議終了後、奈良武官長に南発言の当否を質問した。南陸相の発言に満足できなかったのである。奈良は、陸相の弁明は誤りだが、大権干犯とはいえないと、やや陸軍を弁護する返答をした（『奈良日記』）。

十月四日、関東軍司令部は声明を出し、張学良政権を「同等の位置に立脚して国際正義を論じ得べきや、外交交渉を談じ得べきや」と批判し、九月末から現地で始まっていた新政権樹立に好意を示した（『太平洋戦争への道』資料編）。新政権樹立とは、実際には、関東軍が現地有力者を使って進めていたものであった。こうしたなか、昭和天皇は、十月五日、中華民国（蔣介石政権）駐日公使蔣作賓《しょうさくひん》の信任状捧呈の際、異例にも中国語通訳を使った。対中融和姿勢を示したのである。昭和天皇は、翌六日、奈良武官長に対し「関東軍司令官の声明及布告が稍《やや》穏当を欠く」として「何とか軍の行動を制限し得ざるや」という意向を洩らしたが、奈良は「此事は仲々六ヶ敷《むつかしき》事」とやんわり拒絶した（『奈良日記』）。

しかし、八日朝、昭和天皇は奈良武官長に再び、関東軍の声明を「内政干渉の嫌ひあり、今後は此の如きことなき様」と指示し、さらに、この年四月二十三日から外交定例進講を行なっていた（『河井日記』）白鳥敏夫《しらとりとしお》外務省情報部長から関東軍の新政権樹立工作の情報を聞いた昭和天皇は、「陸軍の意見適当ならざる」として、陸軍当局へ注意するよう奈良に指示した。たびたびの昭和天皇の陸軍への不満発言に、やむなく奈良も二宮治重《にのみやはるしげ》参謀次長に天皇の意向を伝えたが、陸軍の意向が変わることはなかった（『奈良日記』十月八日）。

それどころか、この日、関東軍は、張学良軍が反撃の準備をしているのを妨害するため、錦州《きんしゅう》を爆撃した。これに対し、昭和天皇は翌九日、定例軍事進講役の二宮参謀次長に対し、「関東軍の錦州爆撃は当時の情況上当然」と述べ（参謀本部「満洲事変機密作戦日誌」十月十日『太平洋戦争への道』資料編）、奈良武官長にも、「錦州付近に張学良軍隊再組織成れば事件の拡大は止むを得ざるべきか、若し必要なれば余は事件の拡大に同意する」と述べた（『奈良日記』）。派遣部隊が危険にさらされ、昭和天皇も戦線拡大を容認せざるをえなかったのである。張学良政権はその後も錦州にとどまり続け、陸軍は錦州占領を望むようになる。

揺らぐ昭和天皇の権威

さて、満洲事変は、中国蔑視《べっし》を前提として日本の満蒙権益が侵されることに反感が強かったことから日本の世論の支持を得つつあり、昭和天皇や昭和天皇を支える側近たちへの軍部や右翼の批判が強まっていた。一九三一（昭和六）年十月六日、元老西園寺は原田に対し、陸軍青年将校の結社の状況や、西園寺のもとにくる投書や情報から、「陸軍の中に赤が入つてゐはしないか」として、近衛兵が皇居内を巡回中、「陛下の御部屋に遅くまで灯がついてゐる。これは陛下が政務御多端の折から非常に御勉強のことだと思つて畏れ入つてゐると、豈図《あにはか》らんや皇后様等をお相手に麻雀《マージャン》をやつておられた」とか、「参謀総長や陸軍大臣が御前に出た時に、また来たか、といふやうな嫌な顔をされた」とか、「今度のこの結社の行動には皇族方も御賛成」などの話が広まっていると語っている（『原田日記』）。これらの話は関東軍内でも広まっていた（同右、十一月二日）。文民的君主として登場した昭和天皇の権威は、軍事的緊張の高まりとともに著しく揺らいでしまったのである。

九日には東京日比谷のレストラン松本楼《まつもとろう》で右翼による満洲事変支持の集会があり、牧野以下天皇側近の自宅に警官が派遣された。十日には右翼新聞の一つ『第一新聞』に天皇側近攻撃の記事が多数載った（『河井日記』）。また、「陸軍の統制も種々噂さある」状態だった（『奈良日記』十月十三日）。十二月下旬にも右翼新聞『日本』に宅野田夫による「宮中側近改革の一文」が載り、天皇がこれを見て「其無稽《むけい》の記事に付、深き御軫念《しんねん》〔懸念〕」を抱いたため政府に処置を交渉した（『河井日記』十二月二十一日）。宅野は翌三二年六月にも『日本』に再び内大臣暗殺を示唆する記事を載せたのが昭和天皇の目にとまって検挙され、刑法の不敬罪で禁錮《きんこ》四月、罰金五十円、執行猶予三年となった（同右、一九三二年六月七日、八日、三十日）。これらもまた、右翼による間接的な昭和天皇攻撃である。

さらに、奈良武官長は、陸軍関係者から、「士官生徒中天皇非認論を認《したた》て配布せるものあり、士官生徒二名退校せられたること」を聞いている（『奈良日記』一九三一年十二月三十日）。現実の天皇の意向を無視あるいは否認する動きが水面下で高まりつつあった。

こうしたなか、十月十七日、十月事件が起きた。橋本欣五郎《はしもときんごろう》参謀本部ロシア班長が主宰する陸軍エリート将校の秘密結社桜会のメンバーによる、満洲事変に呼応した軍事政権樹立のクーデター計画である。未然に情報が洩れて関係者が憲兵隊に拘束されたため未遂に終わった（刈田一九八二）が、三月事件をしのぐ大規模な事件であった。

この事件も三月事件同様陸軍の権威に関わる不祥事であり、報道は差し止められたものの、さっそく十九日に昭和天皇は奈良武官長に対しこの事件について質問し、奈良は自分の得た情報を報告している。奈良武官長の得た第一報は十七日の関屋宮内次官からのものであるから（『奈良日記』）、同じ経路で昭和天皇も知ったと考えられる。奈良に続き、南陸相も同事件について報告したが、その際昭和天皇は、「満洲の方は大丈夫か」と質問した。南は「大丈夫なり、唯満洲軍部独立行動を採るとか関東軍司令官が部下に抑制され居るとかの噂あるも、何《いず》れも事実にあらざる」と答えた（同右）。

しかし、これらの噂はほぼ事実であった（小林二〇一〇）。二宮参謀次長が、奉天に出張中の橋本虎之助《はしもととらのすけ》参謀本部第二部長に対し、十月十四日に、最近満洲からの帰国者がこれらの話を国内に伝えて国民を不安にさせているとして、関東軍幕僚に注意するよう電報を出しており（『太平洋戦争への道』資料編）、十月中旬までだけでも状況視察や取材のため政治家や記者たちが多数往来していた（『本庄日記』）ため、こうした情報が昭和天皇に伝わっており、昭和天皇が危惧を抱いていたことがわかる。

なお、十月事件の処分については、十月三十一日に南陸相が昭和天皇に報告したが、いずれも謹慎などの軽い処分であり、昭和天皇は奈良武官長にも詳しく質問したが、「御満足に思召す程奉答」できなかった（『奈良日記』）。昭和天皇はこの処分に不満だったのである。しかし、未遂ということもあり、この処分案を認めざるをえなかった。

西園寺公望（興津駅にて、1931年）

連盟との対立を心配

国際連盟で日本の早期撤兵論が高まるなか、十月二十六日、日本政府は「満洲事変に関する第二次声明」を出したが、撤兵は中国の対応次第という趣旨であった（『日本外交年表並主要文書』下。以下『主要文書』と略記）。翌二十七日、昭和天皇が牧野内大臣に、「経済封鎖を受けたるときの覚悟、若《も》し列国を対手《あいて》として開戦したるときの覚悟、其準備等に就き武官長をして陸海軍大臣に問はしめん」と述べた（『奈良日記』）のは、昭和天皇が、日本と国際連盟の対立が深まった結果、連盟規約により日本は侵略国と認定され、連盟加盟国による経済制裁発動の恐れがあることを認識していた証拠である。

昭和天皇はさらに牧野内大臣に首相や陸相を呼んで説明を受けたいと希望したが、「責任者に対してあまり立入った御指図はよくない」と考えた天皇側近は、興津《おきつ》（現静岡市）の別荘にいた元老西園寺に上京して天皇に会ってもらうことにした（『原田日記』十月三十日）。

西園寺は十一月二日に天皇と会見した（『奈良日記』）。昭和天皇が西園寺に、「国際連盟の問題は気になる。或は経済封鎖でもされたり、それからそれへと考へると、日本の立場は非常にデリケートであつて、この際どうなるか頗《すこぶ》る心配」なので、首相、陸相、外相を「一緒に呼んで、一つ訊《たず》ねてみようか」と問うた。西園寺は各責任者の意見が違うとよくないとしてこれをしりぞけ、非公式に幣原外相に聞くのがよいと助言し（六日に実現、『河井日記』）、さらに「明治天皇の欽定憲法の精神に瑕《きず》をつけないやうにすることと、それから国際条約の遵守といふことが、今日自分の陛下に尽す途《みち》」と述べて、昭和天皇も同意した（『原田日記』）。

昭和天皇と西園寺の外交政策が一致していたことが改めてわかる一方で、局面打開の手段については意見の違いがあったことがわかる。昭和天皇は権限の行使を望んだが、西園寺はそれに否定的だった。昭和天皇の責任感の強さと、西園寺が昭和天皇の威信低下を痛感していたことがわかる。

しかし、第二次若槻内閣は行き詰まりはじめていた。外交面では満洲事変不拡大を声明しながら、関東軍が十一月十九日にチチハルを占領したため連盟の態度はさらに硬化した。二十七日にはアメリカのスティムソン国務長官が、日本が錦州攻撃を行なった場合は黙認できない旨を声明したなかで、幣原外相がスティムソンに内密に伝えた錦州不攻撃の確約を誤って公表したため、幣原が軍事機密漏洩や統帥権干犯といった疑惑を受けて威信を失った（小林二〇一〇)。内政面では恐慌は依然深刻で、井上財政への批判が高まりはじめ、陸軍高官が政党政治否認論を公言するような状況となっていた(『日本議会史録』③)。

疲れ果てた若槻を見た安達謙蔵内相は、局面打開のため十月下旬から、政友会と民政党の連立政権工作を開始した。いわゆる協力内閣運動である。一時は成功するかに見えたが、状況は錯綜《さくそう》し、十一月二十一日に安達が協力内閣運動推進を表明すると政界は混乱状態となった(小林二〇一〇)。これを倒閣の危機と見て心配した昭和天皇は、十一月二十四日、牧野内大臣に、「政界動揺、人心不安(安達内相声明書発表より生じたる政情)の為め各方面に悪影響を与へる様なるが、西園寺若しくは内大臣より何とか落付く様に注意する手段なきや」と質問した。昭和天皇は倒閣を望まなかったのである。牧野は西園寺にも相談した上で、三十日に、「外より手の付け様あるまじく」と回答した(『牧野日記』)。結局、一時は協力内閣運動に賛意を示した若槻首相が、金本位制と緊縮財政の堅持を主張する井上蔵相の要請で翻意したため、第二次若槻内閣は閣内不一致で十二月十一日総辞職した。

犬養内閣の成立

昭和天皇は興津の別荘にいた西園寺の上京を促した。十二月十二日に上京した西園寺は後任首相に政友会総裁犬養毅《いぬかいつよし》を推薦、十三日、犬養内閣が成立した。この際、西園寺は犬養に、政界の浄化、人格者を閣僚にすること、外交方針の継続などを要望し、犬養も承認した(『河井日記』十二月十二日)。しかし、閣僚人事の例として第二次若槻内閣の原脩次郎に言及したこと(『原田日記』②)からも、これが昭和天皇の意向をふまえた措置であったことがわかる。外交方針継続のため、外相は犬養の女婿《じよせい》にあたる芳沢謙吉《よしざわけんきち》駐仏大使が任じられ、帰国までは犬養が外相を兼任した。犬養内閣はさっそく金輸出再禁止を行なったが、その際の為替差益で三井をはじめとする財閥が暴利を得たとして、既成政党(政友会、民政党)による政党政治や財閥への批判が世論で一気に高まった(『日本議会史録』③)。

十二月二十二日、関東軍は遼西地方の匪賊《ひぞくとうばつ》討伐を宣言した(『太平洋戦争への道』資料編)。錦州攻撃の意思表示である。翌日、昭和天皇は犬養外相に、「錦州不攻撃の方針を下」し、「国際間の信義を尊重すべきを諭」した(『河井日記』十二月二十四日)。しかし、匪賊討伐という名目では、天皇も犬養も止められず、二十八日、陸軍の錦州攻撃が開始された。

十二月三十一日、犬養首相が政務報告に訪れた際、昭和天皇は、「支那の云ひ分も少しは通して遣《や》る方可然《しかるべく》」と、蔣介石政権に融和的な態度を示した。犬養はこれに同意した。会見後昭和天皇は鈴木侍従長に対し、「局に当れば在野時分とは自《おのず》から改まり幣原と別に代〔変〕はる事なし」と満足の意を表した(『牧野日記』一九三二年元旦)。

一九三二年一月三日、関東軍は錦州を占領、満洲全土を占領下に置いた。これを機に現地

軍への勅語発出が計画され、昭和天皇による修正を経て（『奈良日記』一月五日、七日）、八日発表された。勅語の末尾は、

皇軍の威武を中外に宣揚せり、朕深く其忠烈を嘉す。汝将兵益々堅忍《けんにん》自重、以て東洋平和の基礎を確立し、朕が信倚《しんい》に対《こた》へんことを期せよ。

となっていた（『増補皇室事典』）。前段が関東軍の行為の賞賛となっているため、従来、この勅語は、昭和天皇が関東軍の行動を是認した証拠とされてきた。しかし、後段の「堅忍自重」という語句から、関東軍の行動抑制を意図した勅語であることは明らかである（小林二〇一〇）。

なお、これと前後して参謀本部人事が行なわれ、十二月二十三日、関東軍からその消極性を批判されていた金谷参謀総長は皇族の閑院宮載仁《かんいんのみやことひと》に代わり、金谷を補佐していた二宮参謀次長も、一月九日に真崎甚三郎《まさきじんざぶろう》に代わった。

桜田門事件

一九三二（昭和七）年一月八日、桜田門の警視庁前で、朝鮮人の李奉昌《りほうしょう》が、恒例の陸軍観

兵式から帰る途中の昭和天皇の車列に爆弾を投じる事件が起きた（桜田門事件）。車列への被害は軽微で、昭和天皇も無事だった。鈴木侍従長が元老西園寺に伝えたところでは、昭和天皇は、皇居に到着して昼食後、鈴木が事件の状況を報告すると、微笑しながら「あゝ、それは独立党だな」と述べ、普段と変わらない態度だった。これを聞いた西園寺は「大変結構」と喜んだ（『原田日記』）。いくら徳治主義で臨んでも、植民地支配は所詮本国の利益が最優先であり、しかも民族自決権が高唱されるようになった第一次世界大戦後にあっては、こうした植民地支配に対する反撥の動きを抑えることは不可能であった。

牧野内大臣も、「平生と何等御変はり不被為在《あらせられず》、泰然たる御態度を拝し、難《あり》有《がたき》感激」と日記に記し、さらに、昭和天皇が、「此れは外の事なるがとて、満洲問題に付御軫念の程を種々被仰出《おおせいだされ》」、つまり、満洲問題についての心配を述べたので、「一層恐懼」した。自分の一身より国家のことを心配した昭和天皇の態度は、側近の昭和天皇への敬意を増す結果をもたらした。

なお、満洲問題への心配とは、河井のこの日の日記にある昭和天皇の発言に「米国の通牒《つうちよう》如何」とあることから、一月七日にスティムソンが日本に対し、九カ国条約についての注意を喚起する声明を発したことを気にしていたのである。昭和天皇の心配ぶりは、のちに昭和天皇が外交進講役の白鳥外務省情報部長に「条約違反の御心痛」を洩らした（『河井日記』二月十九日）ことからもわかる。

犬養首相は、不祥事の責任を取って内閣総辞職の意向を示したが、犬養の外交方針を支持する昭和天皇は留任させたいという意向で、牧野や西園寺も同意したため、九日、昭和天皇は犬養首相に留任を言い渡した（『牧野日記』）。

一月二十一日、重光葵《しげみつまもる》駐華公使の「支那の現状」についての進講があった。交代による帰国や一時帰国中の大使や公使の進講は、昭和天皇践祚後、恒例となっていた。進講後、昭和天皇は重光に「それでは日支親善と云ふことは当分出来ないかね」と問い、重光は、「満洲問題の存する限り、親善の実を挙ぐるは困難」と答えた（『木戸日記』）。

一月二十八日、上海で、上海駐屯の日本海軍陸戦隊と中国軍の衝突が始まった（第一次上海事変）。これは、満洲国建国を進めつつあった陸軍が、列強の目を満洲からそらすために起こした謀略であったが、史料を見るかぎり、当時の昭和天皇がそれに気づいた形跡はない。中国は連盟に、この問題および満洲問題に関し連盟が紛争の審査に当たるという連盟規約第十五条の適用を求め、連盟理事会は三十日にこれを認めた（『太平洋戦争への道』②）。一方、陸軍は上海への派兵を主張した。

犬養首相は二月二日、昭和天皇に対し陸軍の満洲国建設に反対の意向を示した。四日、芳沢外相から、上海事変に対する米英仏の態度が楽観できないことを聞いた昭和天皇は、五日、牧野内大臣に、御前会議開催を提案した（『河井日記』）。御前会議構想は満洲事変初期から一部で話題になっていたが、決定を現地軍が実行しない場合に天皇の権威が損なわれるという理由で具体化しなかった（『原田日記』一九三一年十月十五日）。

昭和天皇は、上海事変により日本が国際的に孤立するという危機感から、御前会議、すなわち昭和天皇臨席の会議で意思決定することによって、陸軍を、昭和天皇と犬養首相の考える協調外交路線に従わせようと考えたのである。しかし今回も、犬養首相が、米英仏の対日態度は悪化しないとの見通しを示したため、昭和天皇は御前会議構想を撤回した（『河井日記』一九三二年二月五日）。

「日支親善は出来得るや」

昭和天皇は、なお協調外交路線を追求した。一九三二（昭和七）年二月六日、荒木貞夫陸相と真崎参謀次長に、「張学良を満洲に復活（勿論新政権主脳《ママ》者として）せしめるには陸軍は何処《どこ》までも不同意なるべきや」と述べて、遠回しに陸軍の満洲国構想を批判した（『奈良日記』）。そして、八日の元満鉄副社長の政友会代議士松岡洋右《まつおかようすけ》の進講「日満関係と満蒙外交史の一斑《いっぱん》」、さらに中国通として知られた予備役陸軍中将坂西利《ばんざいり》八郎《はちろう》の翌九日の進講「支那政局の変遷に就て」の際、再び「日支親善は出来得るや」と質問した。ただし、松岡も坂西も否定的な答えだった（『木戸日記』）。

また、二月十五日、天皇は奈良武官長に対し、ここまでの間一切動かなかった天津駐屯軍《てんしん》の香椎浩平《かしいこうへい》司令官に「褒詞《ほうし》」、つまり賞賛の勅語を下したいと述べた。奈良は「当惑」し、「軍隊の勇猛邁進の必要ある旨」を説明した（『奈良日記』）。昭和天皇がいかに現地軍の暴走を懸念していたかがわかる。しかし、実際には、香椎が何度も参謀本部に出兵を希望したのを参謀本部が止めさせていたに過ぎなかった（小林二〇一〇）。

二月九日、高橋蔵相は、昭和天皇に上海事変戦費調達がきわめて困難だと訴えた（『河井日記』）。高橋はかねてから財政難のため出兵阻止を主張し、軍に対する勅語発出を西園寺に提案していた。西園寺は首相の判断でやってもよいとの意見を牧野内大臣に伝えていた（『木戸日記』二月四日）が、しびれを切らして直訴したのである。昭和天皇は高橋の意見に納得し、翌日、奈良武官長に「満洲事変に付き成るべく金を費さゞる様大臣、総長に話せ」と指示、奈良は真崎参謀次長に指示を伝えたが、真崎はこれを拒否した。翌十一日、奈良は真崎との会談内容を昭和天皇に報告、「大体参謀総長に御任せになる様」助言したが、天皇はなお「財政関係に付き深く御心配」だった（『奈良日記』）。

二月十六日、日本を除く連盟の一二ヵ国の理事は、上海の戦闘中止を日本に求め、日本の責任を追及する姿勢を示したが、陸軍は上海への派兵を検討中だった（『太平洋戦争への道』

②)。十七日、昭和天皇は牧野に、「愈々日支開戦の端を開くに至るべく、事は極めて重大」と心配を語った(『木戸日記』)。

二月十九日、犬養首相は、昭和天皇に対し「上海に増兵せず」と決意を示した(『河井日記』)。しかし、真崎参謀次長は、この日、就任直後の伏見宮博恭《ふしみのみやひろやす》海軍軍令部長に対し、大臣たちが昭和天皇の「御威徳」で軍を抑えようとしているが、陸軍も上海戦早期終結のために「一大打撃」を与えたいに過ぎないのに昭和天皇に部隊増派を願い出れば「又宸襟《しんきん》を悩まし奉る恐ある」、つまり心配させてしまうので、昭和天皇に陸軍の意図を理解させるように依頼した(『真崎甚三郎日記』。以下『真崎日記』と略記)。

真崎は、天皇の権威によって軍を抑えようとする内閣を批判し、皇族の長老としての伏見宮に昭和天皇の説得を依頼したのである。本来ならば上司でもある閑院宮に依頼すべきであるが、病気のため、事態切迫の折から伏見宮に依頼したのである。伏見宮は同意した(同右)。この話を聞き込んだ原田熊雄は、首相による軍への勅語発出要請構想への軍の反撥の強さを危惧して同構想の撤回を西園寺に進言、西園寺も了承した(『原田日記』二月二十日)。

心労たまる昭和天皇

一九三二(昭和七)年二月二十一日、昭和天皇は「稍《やや》御疲れの御模様にて」、奈良武官長に、「上海の陸軍を連盟総会の期日たる三月三日までに引揚る様」と述べた。これに対し、奈良は、「御諫《いさ》め申上げ且つ御安神《あんしん》遊さるゝ様御願ひ申上」げた（『奈良日記』）。昭和天皇の要望は到底実現不可能なものであり、奈良はもはや昭和天皇の協調外交路線についていけなくなったのである。

二月二十三日、政府も追加派兵やむなしという判断となり、閣議で追加派兵が決まり、天皇も裁可した（小林二〇一〇）。ただし、二十五日の増派部隊（上海派遣軍）の司令官白川義則の任命式（親補式）の際には、特に「条約尊重、列国協調、速かに事件解決」を指示した（『奈良日記』）。なお、この白川への指示と二月六日の荒木らに述べた張学良帰奉説は、陸軍内部に広まり、昭和天皇批判の論拠となった（『原田日記』七月二十九日）。

ただし、奈良武官長は昭和天皇の心労ぶりを心配し、牧野内大臣に相談した。その結果、二十三日午後、「臨時側近者会議」が行なわれ、「聖上御深憂を除去するを得ずとするも、適当なる対策なきやを攷究《こうきゅう》」した。その際に昭和天皇の「不眠」も問題になった。昭和天皇は心配のあまり不眠症となって疲労がたまっていたのである。対策としては、「皇后陛下の御奉仕」、「内親王御帰京」など家族との団欒、「デッキゴルフ、玉突、ブリッヂ」などの娯楽が検討された（『奈良日記』、『河井日記』）。

しかし、むしろ昭和天皇が希望したのは、「儒学御聴講」だった（『河井日記』三月八日）。

徳治主義の考え方に基づき、自分の徳を高めることで、事態の早期打開の一助にしようとしたのである。その結果、まず中国文学の専門家塩谷温《しおのやおん》東京帝大教授の進講が計画された（同三月十五日）。一回目の題目は不明であるが、五月十七日の二回目の進講の題目は「唐太宗《とうたいそう》と王道政治」だった（同五月十八日）。さらに、四月中旬から翌三三年六月中旬まで、大正天皇の侍従として漢詩作りの相手をしていた落合為誠《おちあいためのぶ》（古川二〇〇七）が儒学者元田永孚《もとだながざね》の明治天皇への進講録や孔子の『論語』を講義し（『奈良日記』、『本庄日記』）、六月には前にも進講した京大の狩野直喜が「儒学の政治原理」を二回にわたって講じた（『河井日記』、『御進講録』）。また、三月十四日には西園寺が上京して天皇に会見し、「あまり余計な御心配のないやう、落付いてをられることが最も必要」と慰労した（『奈良日記』、『原田日記』）。

この間、関東軍は清朝最後の皇帝だった溥儀《ふぎ》を担いで満洲国を一九三二年三月一日に建国した。この国家の傀儡《かいらい》性は、関東軍の占領下で進められたことから明白であり、日本が満洲国の独立を承認することは、中国、ひいては国際連盟との関係を決定的に悪くする恐れがあった。そのため、犬養首相は三月十二日、昭和天皇に「満洲国承認は容易に行はざる」と決意を述べた（『河井日記』）。しかし、陸軍はもちろん、首相の側近たる森恪内閣書記官長すら積極承認派で、世論の大勢も同様であり、犬養の立場は苦しかった（古川二〇〇四）。

三月下旬、近衛文麿は元老西園寺に対し、「陛下が非常にリベラルな考をもつてをられることが、主として陸軍と衝突する原因になつてゐはせんか」（『原田日記』②二四八頁）と述べたように、昭和天皇の協調外交路線は日本国内の支持を失いつつあったのである。

二　五・一五事件

政党政治を見放す

昭和天皇の協調外交路線を支えるはずの犬養内閣も機能不全に陥りつつあった。犬養はもともと反政友会の立場にあり、一九二五（大正十四）年、普選案成立を機に政友会に合流、田中義一総裁急死の際、その知名度などから総裁に起用されたに過ぎず、党内に自己の勢力をほとんど持たなかった。そのため、一九三二年二月の総選挙で大勝したものの、党や政府の人事の紛糾が続いて内閣は機能不全状態となり、世論の政党政治批判はさらに高まった（『日本内閣史録』③、古川二〇〇四）。

折から清水澄の定例進講でも、「選挙の実状、無記名の弊」や「選挙の結果棄権率の増進」、「議会政治否認の傾向及其原因」など、政党政治の短所がとりあげられつつあった（『奈良日記』二月十九日、二十六日、五月十三日）。天皇の周囲でも、木戸内大臣秘書官長は、原田熊雄や近衛文麿らと政情を語り合い、「政変の場合〔中略〕結局斎藤〔実〕子〔爵〕の下に挙国一致の内閣と云ふことになる」と、政党内閣に見切りをつけていた（『木戸日記』四月四日）。四月中旬、昭和天皇も、新聞報道により、犬養内閣が行なった満鉄副総裁人事の党派性にあとから気づいて、「人事に関する予《かね》ての御持論にてもあり、政党政治は駄目だ」と周囲に洩らした（同四月十四日）。ついに昭和天皇は、道徳的な政治をめざす立場から、そうした期待にこたえない政党政治を見限ったのである。

こうしたなか、五月十五日、犬養首相が首相官邸で暗殺された。五・一五事件である。牧野の自宅にも爆弾が投げ込まれた（『牧野日記』）。襲ったのは陸海軍人を含む極右テロ集団血《けつ》盟団《めいだん》の残党だった。井上日召《いのうえにっしょう》率いる血盟団は井上準之助前蔵相や三井財閥の総帥団琢磨《だんたくま》の暗殺事件を起こし、井上らは逮捕されていた。犯行グループが用意した檄文には、「国民よ！天皇の御名に於て君側の奸を屠《ほふ》れ　国民の敵たる既成政党と財閥を殺せ！」とあった（『現代史資料』④）。政党や財閥だけでなく、「君側の奸」、すなわち天皇側近も批判対象であることに注意したい。

天皇側近は極右勢力の動きを知っていた。奈良武官長は一月十八日に牧野から、「不穏の計画」があると聞いており、極右陸軍青年将校グループの一員だった山口一太郎《やまぐちいちたろう》からも青年将校の動静について詳しい話を聴いている（『奈良日記』）。山口は本庄繁関東軍司令官の女婿で、奈良は山口の結婚式に参列したことから山口と知り合いだった（同一九二九年四月一日）。

奈良は五月八日にも山口から「北一輝の意見」を天皇に取り次ぐよう依頼され、さらに「近頃青年将校中に暗殺手段に依り政党を打破し側近を粛清する等の企てあるやの話し」を聞いている。奈良は天皇への取り次ぎは拒否したが、青年将校の動きについては、教育総監、陸相、憲兵司令官らから心配ないと聞いていたため（同一九三二年一月二十日、二十五日、二月十六日）、楽観していたのである。

軍人が参加していたため、軍上層部が昭和天皇に陳謝した。しかし、武藤信義《むとうのぶよし》陸軍教育総監が「将来注意する様」と注意されただけで、処分は行なわれなかった（同五月二十一日）。軍の組織的行動ではなく、軍人の個人的行動にとどまったためと考えられる。

昭和天皇は、後任首相選任のため、元老西園寺の上京を促した。西園寺は十九日上京し、昭和天皇は鈴木侍従長を通じて選任にあたっての条件を西園寺に指示した。すなわち、

一、首相は人格の立派なるもの
二、現在の政治の弊を改善し、陸海軍の軍紀を振粛《しんしゅく》するは、一に首相の人格如何に依る。
三、協力内閣、単独内閣等は敢《あ》へて問ふところにあらず。
四、ファッショに近きものは絶対に不可なり。
五、憲法は擁護せざるべからず。然らざれば明治天皇に相済まず。

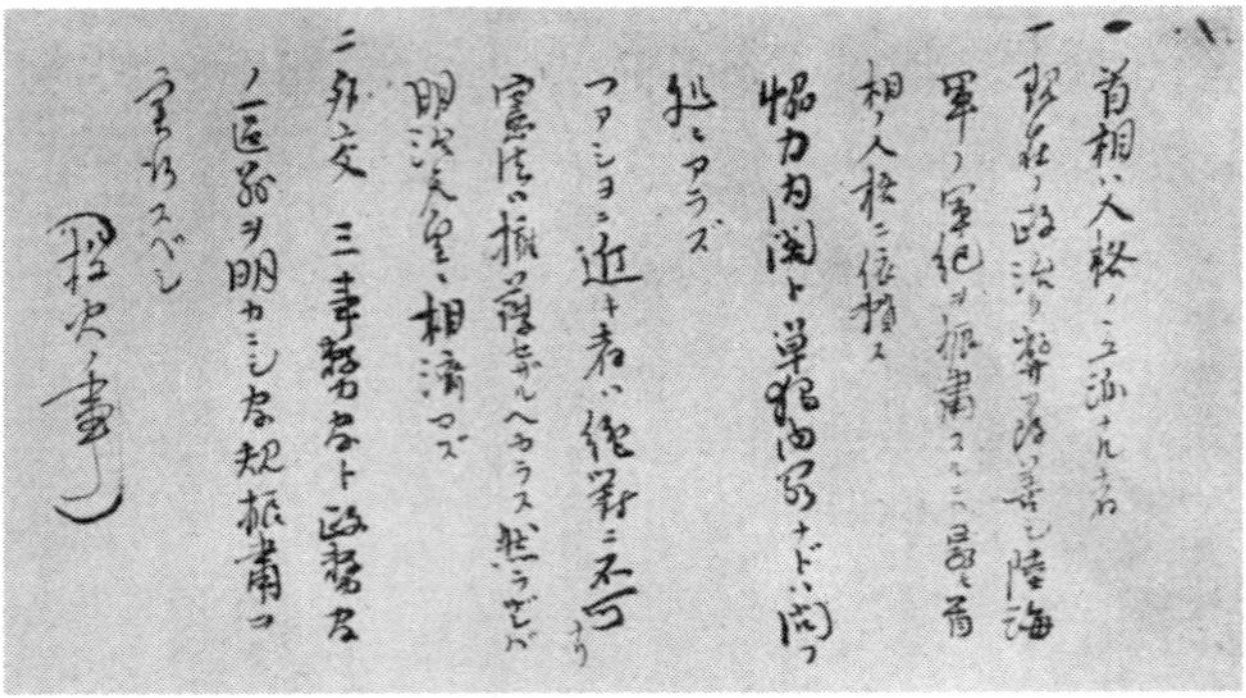
一、首相ハ人格ノ立派ナルモノ
一、現在ノ政治ノ弊ヲ改善シ陸海
軍ノ軍紀ヲ振粛スルハ一ニ首
相ノ人格ニ依頼ス
協力内閣ト単独内閣ナドハ問フ
所ニアラズ
ファショニ近キ者ハ絶対ニ不可ナリ
憲法ハ擁護セザルベカラズ然ラザレバ
明治天皇ニ相済マズ
ニ外交　三事務官ト政務官
ノ区別ヲ明カニシ官紀振粛ヲ
実行スベシ

西園寺によって残された昭和天皇の指示

六、外交は国際平和を基礎とし、国際関係の円滑に努むること。

七、事務官と政務官の区別を明かにし、振粛を実行すべし。

というものだった（『原田日記』②）。政党内閣を絶対条件としなくなったこと以外は、徳治主義的傾向もうかがえ、従来の昭和天皇の方針の集大成といえる内容である。

西園寺は、政情をふまえ、政党内閣の継続を断念、前朝鮮総督斎藤実を首相に推薦、二十六日に斎藤実内閣が成立した。斎藤は海軍出身ながらロンドン海軍軍縮条約問題で浜口内閣を公然支持した人物で、当然昭和天皇の条件に十分合致していた。同内閣は、政友会、民政党のほか、官僚勢力からも入閣したので、「挙国一致内閣」とも呼ばれた。

これまで、昭和天皇は、「君臨すれども統治せず」という理想実現のための政党政治の確立や協調外交の進展に向けて権限を行使してきた。しかし、政党政治を見限った結果、以後は、憲法の停止や日本の国際的孤立化を防ぐために権限を行使していく。だが、以後の内閣は常に各勢力の寄せ集め内閣となったためにまとまりに欠ける上、国際関係の緊張が軍部の発言力を高めたため、昭和天皇が国政を掌握するのはますます困難になっていく。

秩父宮との対立

一九三二（昭和七）年五月二十八日、昭和天皇は、奈良武官長に対し、「朝香宮《あさかのみや》〔歩兵第一旅団長〕、秩父宮〔歩兵第三連隊第六中隊長〕両殿下の御話に依れば青年将校の言動意外に過激なるやに感ぜらる、秩父宮殿下を他に転補の必要なきや陸軍大臣にも相談せよ」と、秩父宮の転勤を指示した。奈良は鈴木侍従長と対応を協議した（『奈良日記』）。昭和天皇と朝香宮の会談日時は特定できないが、秩父宮との会談は五月十八日だった（『河井日記』）。

会談内容の記録は、一九三三年四月に奈良の後任の侍従武官長となった本庄繁が、着任後に奈良か鈴木から聞いたものしかない。それによれば、秩父宮が、「陛下の御親政の必要を説かれ、要すれば憲法の停止も亦止むを得ずと激せられ、陛下との間に相当激論」となった。天皇は会談後鈴木侍従長に「親政と云ふも自分は憲法の命ずる処に拠り、現に大綱を把持《はじ》して大政を総攬せり。之れ以上何を為すべき。又憲法の停止の如きは明治大帝の創制せられたる処のものを破壊するものにして、断じて不可」と述べた（『本庄日記』一六三頁）。先にも見たように、秩父宮はかねてから青年将校と交流があり、極右的な考え方に共感を示していたのである。

昭和天皇は六月二十一日にも奈良と鈴木を呼んで「秩父宮殿下の御意見に就き」話をした。奈良は翌日、昭和天皇に対し、「御意図を誤解し居る者ある為めの反影〔映〕にあらざるか」と、秩父宮の周囲の青年将校の責任として秩父宮を弁護した（『奈良日記』）。しかし、結局秩父宮は九月に参謀本部に転勤となった。その後、一九三三年三月五日、昭和天皇は久しぶりに秩父宮と会談し（『木戸日記』三月八日）、鈴木侍従長に「従来秩父宮は政治等に就ても所謂軍部の見るが如き軍本位のかたよれる御考へが多かりしが、昨今は大分変られて御眼界も広くなられし」と感想を述べた（同右）。両者の関係は修復されたのである。

しかし、昭和天皇の穏健路線に対する批判は続いた。六月九日、国際連盟帝国（日本）事務局次長だった伊藤述史《いとうのぶふみ》が帰朝外交官として進講を行なった（『河井日記』）が、帰途立ち寄った満洲国で関東軍の軍人たちに影響された伊藤は、「陛下におかせられても神武天皇御東征当時の御気分で天下を治められることが必要」などと天皇親政論を述べ、不快に思った昭和天皇は、「伊藤の外交意見といふものを文書にして出せ」と指示した（『原田日記』七月二十一日)。しかし、その後、この話が関東軍で「陛下の御態度云々」という昭和天皇批判の話として広まった(『河井日記』七月二十八日)。

さらに、十月に入り、牧野内大臣は、原田熊雄から、昭和天皇の外交進講役の白鳥敏夫外務省情報部長が、昭和天皇について、「恐乍《おそれなが》らパシフィスト〔平和主義者〕に被為在《あらせられ》、夫《そ》れは西園寺、内大臣が其方の論者なるが為めなり」と批判したことを聞き、「高遠なる大御心《おおみこころ》を会得せざるの致すところにして、毎週咫尺《しせき》し奉る事も考慮を要する」と進講者としての適格性に疑問を抱いた(『牧野日記』十月八日)。実際、白鳥は陸軍に接近して革新外交を唱えるようになっていたのである(戸部二〇一〇)。

結局、翌一九三三年六月、外交進講役は松田道一《まつだみちかず》に代わった。松田は、第一次大戦後のパリ講和会議終了後、外務省条約局長に就任、立作太郎らとともに日本における国際連盟協会の設立に尽力し、一九二〇(大正九)年九月に駐仏大使館参事官に転出するまで同会の中心人物の一人だった(『国際連盟』創刊号「国際連盟協会々報」)。その後一九二一年から五年間国際連盟帝国事務局長を務め、一九三〇年十月から再び外務省条約局長として幣原外交の末期を支え、一九三三年五月待命、七月に退官した。

松田は経歴からもうかがえるように、国際連盟を重視し、協調外交路線を支持していた。一九三二年九月、水交社《すいこうしゃ》(海軍将校の社交団体)における講演「日支問題と国際連盟」で、日本は連盟設立の中心勢力の一つであり、常任理事国であるから、「之〔国際連盟〕を指導致しまして、日本は此の世界の大勢を率ゐると云ふ大任を有《も》つて居ると考へなければならない」と述べ、さらに、連盟脱退直後、『外交時報』に掲載された論文「連盟脱退通告迄の経過並に其の意義」でも、日本の連盟脱退は、「日支事件の処理に関して、連盟と其所信を異にしたと云ふ点に基くのであるから、連盟の真の精神と云ふものを根本から否認するのではない」と述べており（『外交論叢』）、昭和天皇と外交思想では一致していたことがわかる。当然、この人事に「宮内省側も非常に満足してゐた」（『原田日記』一九三三年五月二十六日）。

そして、松田がその後も協調外交路線を支持していたことは、「一国の経済不況の脱却にしても、又一国の政治上の国際的安定にしても、国際的協力なしには維持は出来ない」（「今後に展開し来るべき国際情勢の新傾向」一九三五年一月『国民新聞』連載）、「欧州の平和を世界大戦以後今日まで兎にも角にも維持し来たるを得たのは、国際連盟の組織に負ふ所大なるものがあるを何人も否まぬであらう」（「欧州平和の将来と国際展望」『外交時報』一九三六年元旦号）といった論述（『外交論叢』）から明らかである。松田は、以後、敗戦直後に死去するまで、昭和天皇の外交進講役を務める傍ら、外交評論家としても活動していく。

話をもとに戻すと、一九三二（昭和七）年十一月ごろから、熱河《ねっか》省問題が浮上していた。関東軍が、熱河省の満洲国編入を主張して中国側と対立し、軍事的緊張が高まったのである。一方国際連盟では、十一月十一日から、リットン調査団作成の事実上満洲国を全面否認する内容の報告書に基づき、理事会で日本への勧告案審議が始まり、日本は、特別代表松岡洋右を送り込んで会議に臨んでいた。もし熱河攻略が実施されれば、連盟の対日勧告が厳しいものになることは当然である。ところが、一九三三年一月三日、日本軍が山海関《さんかいかん》を占領した。これは実は熱河省攻略の口実を作るための関東軍の謀略だった。中国はただちにこの事態を国際連盟に提訴した（『太平洋戦争への道』③）。

一月九日、昭和天皇は牧野に「出先きの不時の出来事より事端を発するの恐れあり」として「御前会議を開く事も有効ならんか」という意向を洩らした。しかし、牧野は、すでに昭和天皇が斎藤首相に「彼我交渉に臨みては多少支那側の面目を考慮する事も必要なるべく」と対中融和を指示し、政府もそれをふまえて交渉しているとして消極的だった（『牧野日記』）。また、西園寺も、「もし御前会議で決まつたことがその通りに行かなかつた場合には、陛下の御徳を汚す」として反対だった（『原田日記』一月十日）。

しかし、関東軍は政府の意向に反して挑発を続けた。「出先軍部の行動に御不満」（『奈良日記』一月十日）の昭和天皇は、一月十四日、閑院宮参謀総長に対し、「熱河侵入に就て慎重の態度を採る様注意」した。奈良が「実に聖上より総長殿下に公然左様の御注意あり」と日記にわざわざ記したことから、昭和天皇のこの行動が異例だったことがわかる。

一月十九日、内田康哉《うちだやすや》外相は昭和天皇に、「最早峠は越したり、〔連盟〕脱退等の事はなかるべし」と報告したが、昭和天皇は、「全然御納得」せず、牧野内大臣に、「内田も自分の本心にもなき事を余儀〔なく〕せらるゝこともあるべし」と述べた（『牧野日記』）。結局、三十日、内田外相は、日本の譲歩という英国大使の仲介案では国論が収まらないと昭和天皇に報告した。これについて昭和天皇は牧野に、「又内田は国論云々を頻りに云ふが、其国論は如何なる顕はれを云ふか不明なり、只《ただ》国論云々を何《い》つまでも心配する時は遂に折合ふ時機はなかるべし」と不満を洩らした（同右）。

二月四日、閑院宮参謀総長が熱河作戦の裁可を求めてくると、昭和天皇は万里の長城を越えないという条件で裁可した。ところが、二月八日、斎藤首相が昭和天皇に、「熱河攻略は連盟の関係上実行し難きこととなれば内閣としては不同意」と申し出てきたため、昭和天皇は奈良武官長に、熱河攻略の裁可取消しを閑院宮に伝えるよう指示した。しかし、十日、閑院宮は天皇に対し、熱河作戦は閣議でも承認済みなので中止できないと反論した。

翌日午後、「御機嫌大に麗しから」ぬ様子で奈良武官長を呼び出した昭和天皇は、「本日総理大臣は熱河作戦を敢行すれば連盟規約第十二条に依り日本は除名せらるゝ恐れあり、夫故《それゆえ》中止せしめんとするも既に軍部は御裁可を得居るとて主張強く中止せしむるを得ずと申居れり、就ては統帥最高命令に依り之を中止せしめ得ざるや」と「稍興奮《やや》遊ばされて」指示した。奈良は、国策の決定は内閣の仕事なので、「陛下の御命令」で中止しようとすれば政変の原因になるとして反対したが、昭和天皇は「仲々御承知あらせられ」なかった。

しかし、二月十二日に、万里の長城を越えないという条件を参謀本部に再確認させることで決着した。二月二十日、昭和天皇は奈良に「陸軍大臣は熱河作戦は既に御允《おゆるし》を得たる故中止出来ずと主張せるらしい」と述べたが、奈良は「御允しの有無に係《かか》はらず熱河作戦は結局止むを得ざるものと考へます、決して陛下の御責任では御座いません」となだめた（以上『奈良日記』）。昭和天皇がいかに国際連盟の動向に気を使っていたか、またこの事態に関して天皇としての責任をいかに感じていたかがわかる。熱河作戦は二月二十三日発動され、三月四日に熱河を占領したが、七日に関東軍が長城線を突破する一幕もあった（『主要文書』、『太平洋戦争への道』③）。

結局、二月二十四日、連盟総会で事実上満洲国を否認する対日勧告案が圧倒的多数で可決され、松岡洋右以下の日本全権団はこれを不服として退席し、日本の国際連盟脱退が事実上確定した。三月八日、昭和天皇は、脱退に際して詔書を出す場合には、脱退を遺憾とすることと脱退後も国際協調を保つことを書き入れるよう、鈴木侍従長を通じて首相と外相に指示した（『木戸日記』）。しかし、牧野内大臣に対しては、「熱河も一段落済みたる以上、脱退に付更に一応の再考を加ふる余地なきや」と、なお連盟残留の可能性を探りたい意向を洩らし、牧野は、「国際関係に付如何に御焦心被遊る〻を拝聴し恐懼」した（『牧野日記』同日）。

さらに三月二十四日、昭和天皇は牧野に、「連盟脱退の際渙発《かんぱつ》せらる〻詔書につき、従来武を宣揚することに就ては充分効を挙げ来りたるところ、文に就ても此際督励の意味を顕はすの要あり」と述べた（『木戸日記』）。「国際連盟脱退の詔書」は三月二十七日に発表されたが、昭和天皇の諸要望が生かされ、「国際平和の確立は朕常に之を冀求《ききゅう》して止まず」、「爾《なんじ》臣民克《よ》く朕が意を体し文武互いに其の職分に恪循《かくじゅん》〔きちんと守る〕し衆庶各其の業務に淬励《さいれい》し」などとあった（『増補皇室事典』）。

三月二十九日、昭和天皇は奈良武官長に、「世論と云ふも現今の如く軍人が個人の意見を圧迫するが如きことありては真の世論は分らず」と述べた。松岡全権が熱狂的な歓迎のなか帰国するなど、満洲事変への肯定的雰囲気が日本に広まっていることについて、昭和天皇は不思議でならなかったのである。しかし奈良は、「大体目下の世論が満洲独立を支持しあることは疑ひなき所」を説明せざるをえなかった（『奈良日記』）。昭和天皇の協調外交路線は時流からすっかり外れた考え方になってしまっていたのである。

この直後の三月十八日、道徳的な側面から政党政治の確立や協調外交を主張してきた吉野作造が病死した。享年五十五歳。すでに吉野の論は論壇でも孤立した存在になっていた（三谷一九九六）。昭和天皇が政治思想的に孤立しつつあったことを象徴するできごとだった。

本庄侍従武官長の登場

この間、九年弱にわたり天皇側近の一人であった一木喜徳郎宮相が、田中光顕《たなかみつあき》元宮相の反対を押し切って高松宮の結婚を推進したため田中の執拗《しつよう》な中傷を受けた結果、一九三三（昭和八）年二月十五日に辞任した。後任には内務官僚として一木の後輩にあたり、一木と親しい湯浅倉平《ゆあさくらへい》会計検査院長が就任した（茶谷二〇一〇）。ただし、一木は翌年五月三日に枢密院議長となり、昭和天皇を喜ばせた（『原田日記』一九三四年五月九日）。

さらに、十一年以上にわたって、昭和天皇の摂政時代から武官長を務めてきた奈良も、ついに勇退の意向を固めた。二月二十一日、奈良は、昭和天皇に勇退の希望を述べた上で後任に前関東軍司令官で当時軍事参議官だった本庄繁を推薦したが、昭和天皇は本庄に「御懸念」を示した。その後、別件の報告に訪れた閑院宮参謀総長は、この件について昭和天皇に質問されると、経歴人格の他、「本庄を推薦するは満洲事変の功績にも依る」とも述べた。これについて昭和天皇は翌日奈良に、「其理由には不同意なり」と不満を示した（『奈良日記』）。本庄が満洲事変勃発時の関東軍司令官だったことから、昭和天皇は事実上拒否の姿勢を示したのである。

満洲事変が一段落し、関東軍司令官を武藤信義に譲って凱旋《がいせん》した本庄繁は、一九三二年九月八日、幕僚たちと天皇に挨拶に出向いた。天皇はその功績をたたえる勅語を与え、昼食をともにしたが、食後の歓談の場での天皇の本庄への質問に「稍適当ならざる点」があった（同右）。その内容は同席していた前関東軍参謀片倉衷《かたくらただし》の戦後の回想でしかわからない（『戦陣随録』）。それによると、昭和天皇は、「満洲事変は一部の者の謀略との噂もあるがどうか」というきわどい質問をした。昭和天皇は少なくともこの時点までに謀略の事実を知っていたのである。満洲事変の勃発や拡大を防げなかった本庄への不満がうかがわれる。

これに対し本庄は、「一部軍人、民間人によって謀略が企てられたということは、私も後で聞きおよびましたが、関東軍ならびに本職としては当時断じて謀略はやっておりません」と答えた。この答えはまちがっているわけではないが、本庄は「一部軍人」、すなわち板垣征四郎と石原莞爾を処罰するどころか重用しており（小林二〇一〇）、関東軍からそうした「一部軍人」を出したことを天皇に詫《わ》びたわけでもなかった。すなわち、本庄武官長を認めることは、満洲事変以後の陸軍の行動を認めることを意味する。昭和天皇が本庄武官長案に反撥したのは当然だった。

注目すべきは奈良の態度である。奈良はこの件で昭和天皇の意向を反映させるような努力を行なった形跡がない。すでに見てきたように、奈良は昭和天皇が満洲事変勃発後もあくまで協調外交路線を貫こうとする態度についていけなくなっていたのである。

しかし、三月六日、荒木陸相は正式に本庄の武官長就任を昭和天皇に求めた。昭和天皇は認めたものの、「尚幾分御不安の様子にて本庄に能く話し置く様」と奈良に指示し、八日に閑院宮に会った際も「本庄に付ては稍不満足なるも採用する」と不満を述べ、翌日荒木陸相にも不満の意を示した（『奈良日記』）。この件の輔弼者である陸相本人にまで不満を洩らすほどであるから、昭和天皇がいかにこの人事に不満であったかがわかる。本庄は、四月六日に侍従武官長となった。荒木陸相が本庄に対する不満を昭和天皇から聞いた三月九日の夜、本庄は荒木から「侍従武官長就任の件」を聞いている（『本庄繁日記』）ので、本庄は昭和天皇の気持を承知の上で就任したことはまちがいない。

四月十七日、本庄は、鈴木侍従長から、次の話を聞いた（『本庄日記』）。日付は『本庄繁日記』②補遺欄）。かつて昭和天皇は「箕作元八氏の大部の歴史（『西洋史講話』）を、詳細読了」の後、ナポレオンについて、「前半生は、仏国の為に尽せるも、後半世は自己の名誉の為に働き、其結果は仏国の為にも世界の為にもならざりき」、ロシア帝政の崩壊について、「露帝室が自己の栄華の為を計りて、其国民の為を思はざりしに因す」、ドイツ帝政の崩壊について、「独乙《ドイツ》のみのことを考へて、世界の為を思はざりしに由る」と述べた（同右）と。

さらに鈴木は、昭和天皇が、『論語』の「国家に不足の事起れば　先づ兵を去れ　次に食を去れ　国家の信義に至りては、遂に去る能はず」という句について、「国家の信義の特に重ずべきを説くところ、深く味ふべきなり」と述べたことを紹介した。この句は東宮御学問所での杉浦重剛の倫理学でも講じられた（『倫理御進講草案』）が、先に紹介したように、落合為誠も一九三二年四月から『論語』を進講中なので、ここでも講じられた可能性が高い。

なお協調外交を追求

いずれにしろ、この鈴木の話は、昭和天皇が、道徳的な政治を求める立場（徳治主義）から、いかに協調外交の正しさを確信しているかを本庄に説明したものである。この翌日、関東軍が中国領内に進出したのを知った昭和天皇が本庄に、「外国に対し関内に進出せざるべく声明しながら、続々京津《けいしん》に向ひ前進するは信義上宜しからず」という理由で前進中止命令を関東軍に出すよう指示した際、本庄がただちに真崎参謀次長にこれを伝えて数日後に撤退が実現したこと（『本庄日記』）は、本庄が前日に鈴木の話を聞いていたためと考えられる。

ただし、真崎は、その直後、東久邇宮稔彦《ひがしくにのみやなるひこ》（参謀本部付）に、「どうかしてもう少し陛下が参謀本部から申上げることに対して御嘉納《ごかのう》あらせらるるやう、殿下のお力添を願ひたい」と依頼したので、昭和天皇の意向に相当不満を抱いたことがわかる。東久邇宮は、「自分の如き責任の衝にない者からさういふことを陛下に申上げては、まづ第一に官紀を紊《みだ》し、軍律を破壊することになる」、「元来、陛下は〔中略〕全般から見ての判断を下される」ので、「陸軍のみに偏した御嘉納を期待するが如き申し条は、甚だけしからん」と拒否したところ、真崎は、「皇族としてぢきぐ陛下にお仕へになる以上は、普通の官吏のやうなことをおつしやるべきではない」と「非常に憤慨して帰つた」（『原田日記』四月二十七日）。

もっとも、本庄も昭和天皇の意向に共感していたわけではなく、湯浅宮相に「どうも陛下が軍事に御熱心でない」と不満を洩らし、湯浅宮相が、「元来、陛下は、文武両方のことを御支配なさるのであつて」などと本庄を説得する一幕もあった（『原田日記』八月二十八日）。

昭和天皇の協調外交への心酔ぶりを示す挿話は他にもある。八月末か九月初めのこと、『明治天皇紀』編纂の責任者だった金子《かねこ》堅太郎《けんたろう》が、編纂終了と一般向け冊子（「御年代記」）の内容について昭和天皇に報告した際、明治天皇が日清戦争、日露戦争の開戦に消極的だったことは入れないという意見を述べたところ、昭和天皇は鈴木侍従長に、

明治天皇が戦争になることをお好みにならず平和裡《り》に解決したいといふ思召こそ、天皇の平和愛好の御精神が現はれてゐて、これこそ後世に伝ふべきであり、寧《むし》ろ御年代記の中に特に書き入れた方がいゝ。

と述べた（『原田日記』九月五日）。結局、宮内省は一般向け冊子を出版しなかった。

また、一九三三（昭和八）年十月十日、清水澄の定例進講で、北一輝の『国家改造法案大綱』がとりあげられた（『本庄繁日記』）。講義で北の思想が講じられたことはいうまでもないが、この講義に同席した本庄武官長が、十一月十四日、女婿で青年将校運動に関与していた山口一太郎を招き、「状況を聞き、又注意を与」えたこと（同右）から、北の思想の極右勢力や青年将校への影響についても講じられたこと、清水の思想的立場から考えてこれらに対し否定的な論評が加えられたこと、そして昭和天皇もそれに同意していたことはまちがいない。

昭和天皇はこうした極右の思想や運動にきわめて批判的であった。やはり清水の進講で、一九三三年一月末のドイツのヒトラー内閣の成立事情や、二月末のヒトラー内閣による事実上の憲法停止について話を聞いていた（『奈良日記』二月十日、三月三日）。昭和天皇は、八月十日、ナチスの突撃隊員が逃亡するドイツ共産党員を追ってスウェーデン国内まで入ったという新聞記事を読み、本庄武官長に、「彼様の乱暴は自らを滅すに至る恐あり」と述べているのである（『本庄繁日記』②補遺欄）。道徳的な政治を求める昭和天皇にとって、ナチスの行動はおよそ理解しがたかったのである。

こうしたなか、十二月二十三日、昭和天皇に初めての男子が誕生した。牧野は「是迄皇位継承問題に付ては万一の場合を慮《おもん》ぱかり種々の臆測《おくそく》被行《おこなわれ》〔中略〕人心不安の一大原因をなしつゝありたるに、今はすべての此種の禍根は解決せられ」と安堵《あんど》の気持ちを記し（『牧野日記』）、後継者の誕生に新聞各紙も喜びの記事を掲載した。母子ともに健康で、男の子はまもなく継宮明仁《つぐのみやあきひと》と名づけられた。いうまでもなく現天皇である。

軍の政治化に批判的

一九三三（昭和八）年十一月、来年度予算をめぐり、荒木陸相が、徴兵の主な供給源である農村が大恐慌から未だ脱出できない状況をふまえ、農村対策予算の増額を主張したのに対し、高橋蔵相は、工業化進展のための投資を景気回復策としたため、閣内対立が生じた。昭和天皇は、新聞報道から「軍部当局が対内問題に対し、政府を強要するにあらずや」と心配し、本庄を通じて荒木に「余りに軍部が威力を以て他を強要するの感を与ふるは宜しからず」と妥協を指示した（『本庄日記』十一月六日）。

斎藤首相にも、別件で会見した広田弘毅《ひろたこうき》外相を通じて「予算は、この際だからどうか纏めるやう」要望し、おおむね高橋蔵相案でまとまった（『原田日記』十一月二十七日）。昭和天皇は、全体としては高橋財政の方向性を支持していたとみてよい。昭和天皇は、大局的見地から工業化の促進を優先する方向を選択したのである。

荒木陸相は、自らの主張が予算案に十分反映されなかったことから、病気を理由に退任し、一九三四年一月二十三日、林銑十郎が後任陸相となった。昭和天皇は、斎藤首相や本庄武官長を通じて林に、軍人勅諭の「精神を遵奉し」、「5・15事件の如き事をなからしむる様」指示した（防衛省防衛研究所戦史部図書館蔵「本庄繁大将日誌」。以下「未刊本庄日記」と略記）。さらに、一月二十六日、議会で陸相と海相が「軍人の政治を論じ研究するは差閊《さしつかえ》なしと答弁」したことについて、「研究も度を過ぎ、悪影響を及すことなからしめざるべからず」と述べた（『本庄日記』）。昭和天皇の軍への警戒感の強さがわかる。

二月二日、昭和天皇は本庄武官長に、陸軍のソ連に対する方針について、「其思想が相容れずとも、只之れあるが為め排斥すべしとせず、寛容以て彼をして日本に対し、異図を挿はさましめざる如く、高処大処より彼を遇する方適当〔中略〕疑心暗鬼は遂に不祥事件にまで推進するの嫌なき乎《か》」と述べた。これと関連して、三月十七日、林陸相と閑院宮参謀総長が陸軍の関東軍軍備増強案の裁可を求めた際、「在満軍備強度を加へたりとて、隣邦に対し積極行動に出づるが如きことなきや」と質問のかたちで指示した。本庄武官長は、これについて、「出先軍隊の志気に関せしむる様のことなからしむる為め、一般部下に通達することなく、単に上司が聖旨を奉戴して、之を実行上に表はせば可」と林らに注意した。本庄は、昭和天皇の意向の徹底より軍隊の志気を優先したのである（同右）。

なお、この時昭和天皇は、「予算は通過せりと雖、皆国民の負担なり、針一本と雖ども無駄にすべからず」とも注意している。昭和天皇が国民負担に配慮していることがわかるが、こうした点は、一九三五年九月、台風により関東地方に大水害が発生した際、「御運動にゴルフを遊ばす思召はあつたのだが、水害の為に人民の困つてゐる時に運動をしてどうだらうか」としてとりやめた（『入江相政《いりえすけまさ》日記』一九三五年九月二十七日。以下『入江日記』と略記）など、いくつか見られる。

この間、陸軍内のいわゆる皇道派と統制派の対立が始まり、昭和天皇も広田外相から「軍部に派あり、甲派の申出により企図に考慮を加ふるや、乙派は復《ま》た反対の提言を為す」と派閥対立の事実を聞き、「左様の事実ありや」と本庄武官長に注意している（『本庄日記』三月二日）。本庄は、五月に入り、荒木とともに皇道派の中心人物で、三四年一月に教育総監に転じていた真崎甚三郎に、「陸軍の不統一に就て宸襟を悩まされあること」について注意を促した（『真崎日記』五月十四日）。

しかし、真崎は六月二十六日の陸軍校長会議で、青年将校運動に関して、「軍人は実際の政治に干与するは不可なり。然れども予は聖諭（軍人勅諭）には法規的に絶対禁止しあるとは解せず。実際政治の限界は事実問題によらざれば一般的には明確に区別し難し」という理由で、「青年の将校の集会を一概に禁止しあらず」、つまり事実上運動を黙認した（同右）。昭和天皇はこれについてさっそく本庄武官長に「総監の地位にあるものにして不可解」と批判した（「未刊本庄日記」七月六日）。

この間、政府高官の汚職疑惑（帝人《ていじん》事件）が起きたため、七月三日、斎藤内閣は退陣を表明した。後任首相選定にあたっては、元老死後のことを考えて、元老西園寺と首相経験者の会議が行なわれ、昭和天皇の「憲法の精神を守ることは勿論、内外時局多端の折柄なれば決して無理のない様」という指示をふまえ、岡田啓介《おかだけいすけ》元海相が選ばれた（『木戸日記』七月四日）。岡田はロンドン海軍軍縮条約問題の際、軍事参議官として条約の調印や批准に尽力したこともあり、昭和天皇は、西園寺に対し、「岡田ならば、自分も最も安心」と喜んだ（『原田日記』同日）。七月八日、議会、財界、官界から閣僚をとって岡田啓介内閣が成立した。

その直後、木戸幸一内大臣秘書官長は、天皇が閣議の内容を新聞で初めて知り、側近を通して首相に確認することがしばしばあり、「かういふ風なことが誤り伝へられて、宮中の側近者がかれこれ非難を招く」として、閣議のたびにその内容を首相が天皇に報告してほしいという宮中の希望を岡田首相に伝えた（同右、七月九日）。

これに元老西園寺も同意していたことは、十月末に原田熊雄が高橋蔵相に、「陛下御自身にも統治上の重大な責任をもつてをられる点からいつても、陛下と大臣の間は極めて密接に何でも御承知になつてゐるやうに申上げておくことが必要だといふのが、公爵の大臣に対するかねての希望」と述べていることからわかる（同右、十月三十一日）。なお、「陛下御自身にも統治上の重大な責任をもつてをられる」という部分には、天皇には統治権総攬者としての政治的責任があるという認識がうかがえる。

一九三四年六月、ロンドンで第二次海軍軍縮会議の予備会議が始まった。七月二十五日、岡田首相は、協定成立に努力する旨報告して昭和天皇を「大変よいこと」と喜ばせた（同右）。しかし、海軍では艦隊派の勢力が強く、八月下旬、やはり決裂やむなしの状況となった。そのことを岡田首相から聞いた昭和天皇は、「軍部の要求もあることとなれば、其辺にて落付けるより仕方がないと思ふが、ワシントン条約の廃棄は列国を刺激せざる様にしたし」、翌年の本会議が「決裂するにしても日本が悪者とならざる様に考へよ」と岡田首相に指示した（『木戸日記』八月二十四日）。

こうした昭和天皇の協調外交的態度について、近衛文麿貴族院議長は原田熊雄に対し、「宮中には、外から見て多少右傾的に思はれるやうな人を一人配しておかないと〔中略〕「欧化主義」の人ばかりで宮中を固めるといふことは、一部の者に変な感じを与へやしないか」と述べた（『原田日記』九月一日または二日）。これに対し西園寺は、「右傾」は「大体ファナティック」として、「さういふ風な者を宮中或は宮内省に入れることは絶対に困る」（同右、九月二十二日）とこれを批判した。

さらに、少し先のことになるが、翌三五年九月、中国の幣制改革の援助と対中借款供与のため中国に向かう途中のイギリス特使リース＝ロスが、協力を求めるため日本に立ち寄り、十七日天皇に面会した。その際、リース＝ロスは日本との協力を希望する旨のイギリス国王の親書を提出した。昭和天皇は返信について、鈴木侍従長に「英国皇帝陛下の思召は予《かね》て、朕の考慮しある処と全く一致するものなる意味を加へよ」と指示した。ただし、この旨を陸相に伝えるよう指示された本庄武官長は、「英国宮廷外交が相当深長なるものにして、必ずしも単純ならざるもの」と鈴木侍従長に釘《くぎ》を刺した（『本庄日記』）。

中国の幣制改革は中国政府の自主発展を助けるので、元来中国の自主性を認める立場の昭和天皇にとっては合理的な正しい政策であったが、華北の実質支配を策する日本、特に陸軍にとっては、イギリス権益を温存し、日本の政策遂行を妨害する悪しき政策だったのである。

満洲問題

一九三四（昭和九）年九月、在満機構改革問題が発生した。在満日本権益については拓務省が管轄する関東庁が、満洲国の運営に関しては事実上関東軍が、外交関係については外務省が管轄していた。関東軍はこの三元状態を関東軍のもとに一元化すべく在満機構改革を計画し、九月十四日に閣議決定の運びとなった。しかし、関東庁の強い反対で紛糾の末、十二月末にようやく実施となった（馬場一九八三）。

これに関し、十二月二十一日、本庄武官長が機構改革の概要を昭和天皇に説明した際、昭和天皇は、「満洲国内面指導の如き政治に関する事を軍司令部に於て為すは適当ならず」と述べ、本庄が「日満共和の真目的を遂行せんが為には、威力を伴ふ軍司令官に於て内面指導に当るを宜し」と弁解しても、「此は一時的のものと解し差支なきや」と「駄目を押」してきたので、本庄は「将来の為め困難」と困惑を翌日の日記に記した（『本庄日記』）。

さらに、一九三五年四月に満洲国皇帝溥儀《ふぎ》が来日することとなった。現職国家元首の来日は史上初のことである。その準備過程で、天皇と皇帝同席の観兵式が計画されたが、陸軍は軍旗を天皇には敬礼させるが皇帝には敬礼させないという方針をとった。これは国際慣例に違反するものであり、昭和天皇は、本庄に対し、「軍旗は朕の敬意を払ふ寛容〔賓客〕に敬礼せずとせば、軍旗は朕より尊きか」と苦情を述べた。これに対し本庄は、「軍旗は平戦両時を通じ、天皇の表徴として〔中略〕国軍の忠勇は実に崇厳なる軍旗に負ふ所多し、従て軍旗に対する信仰を、幾分にても減ずるが如き事は御許を願ひたし」と反論し、天皇も引き下がった（同右、一九三五年二月二十二日）。

法令上の天皇の強大な権限を考えれば、この程度のことでなぜ昭和天皇が引き下がってしまうのかと疑問が残る。その謎を解く鍵は、一九三三年十月二日の荒木陸相に対する、「斯様な、大きな宮殿に沢山の人を使つて居住するよりも、更に閑素《かんそ》な処に在ることを望む。併し明治大帝の御造営遊ばされし此宮殿以外に移るが如きは無論出来得べきにあらず。即ち宗祖の建てられたる宮殿の現存と云ふ事実、其他諸種の慣習と云ふことに制せられざるを得ない」という昭和天皇の発言（同右）にある。

勅語や詔書で歴代天皇の施政の成果を継承拡大すると宣言されていることも考えると、昭和天皇は、従来の経緯を重視せざるをえないと考えていたことがわかる。宮殿と同様、明治天皇の代に作られ、かつ方向性が定まった陸軍の現状を変えるのも簡単ではないと考えていたのである。ただし、それでもそれ以外に選択肢がなかったかという問題は残る。

さて、昭和天皇の協調外交的、融和的な姿勢は実現しなかっただけでなく、一般に報道されることもなかった。むしろ、昭和天皇の権威主義的な一面が拡大していった。一九三四年十一月十六日、昭和天皇の群馬県行幸中、桐生《きりゅう》町において先導車が道をまちがえたため、行幸順序が狂い、不祥事として大きく報道された。そのため、二日後、先導車の責任者だった警察官が自殺未遂を起こし、これも大きく報じられた（宮崎二〇〇三）。

警官自殺未遂事件についての昭和天皇の見解は残念ながら史料がないが、これまで昭和天皇の代ではあまり表面化してこなかった、天皇という制度的存在の不可侵の権威という側面の恐ろしさが示された事件だった。そして、大正デモクラシーの風潮のなかで文民的理性的な色彩を示していた天皇について、その権威の不可侵性、神格性を決定的に高める事件が起きた。天皇機関説事件である。

三　天皇機関説事件と二・二六事件

天皇機関説事件

事件は一九三五（昭和十）年二月十八日、貴族院本会議で、貴族院男爵議員の菊池《きくち》武夫《たけお》（退役陸軍軍人で右翼活動家）が、三二年から貴族院勅選議員となっていた美濃部達吉（前東京帝大教授）の憲法学説は天皇機関説をとっているので天皇の神聖さや絶対性を損なう不敬な学説であるとして糾弾したことに始まる。

美濃部は二十五日に反論演説を行なったが、不敬という殺し文句の影響はすさまじく、三月四日には岡田首相が議会で天皇機関説を否認、三月二十三日に衆議院で国体明徴決議案が可決され、四月二十三日に在郷軍人会が天皇機関説反対のパンフレット『大日本帝国憲法の解釈に関する見解』を会員に配布、八月三日に政府は天皇機関説否認を声明した（第一次国体明徴声明）。しかし、学問研究については不問としたため、なお右翼、陸軍、野党の批判がやまなかった。そのため、政府は十月十五日に再度声明を出し（第二次国体明徴声明）、学問上もこれを否定した。天皇は国家を超越する絶対的な存在であることが確認され、事実上、天皇の名を借りた権力行為には一切批判が許されないこととなった（長尾二〇一〇）。

事件勃発翌日の清水澄の定例進講では、「貴族院に於て菊池〔武夫〕中将のなした質問、美濃部達吉博士憲法上の書〔中略〕の誤謬《ごびゅう》指摘の御説明に少し入られ、この続きは次回」と、さっそくこの問題が講じられ（『入江日記』）、続きは二十二日に行なわれた（「未刊本庄日記」）。

昭和天皇はこのあと本庄武官長に、「自分の位は勿論別なりとするも、肉体的には武官長等と何等変る所なき筈《はず》なり。従て機関説を排撃せんが為自分をして動きの取れないものとする事は精神的にも身体的にも迷惑」と述べたが、本庄は「軍に於ては、天皇は、現人神と信仰しあり、之を機関説により人間並に扱ふが如きは、軍隊教育及統帥上至難」と反論した（『本庄日記』三月十一日、二十九日）。

四月六日、真崎教育総監は、師団長会議での訓示で、「万世一系の天皇かしこくも現人神として国家統治の主体」という前提のもとに、「行蔵進止《こうぞうしんし》一《いつ》に大命に出づ、是れ即ち建軍の本義」なので、「国家は以て統治の主体となし、天皇を以て国家の機関となすの説」、すなわち国家法人説に基づく天皇機関説は、「国体の大本に関して吾人の信念と根源において相容れざるもの」と述べた（『現代史資料』④）。

四月九日、昭和天皇は、本庄武官長に対し、真崎の「天皇は、国家統治の主体なり」という文言を「即ち国家を法人と認めて其国家を組成せる或部分と云ふこと」と批判し、国家法人説の否定についても、「天皇を国家の生命を司《つかさど》る首脳とせば、天皇に事故あらば国家も同時に其生命を失ふ」、「若し主権は国家にあらずして君主にありとせば、専制政治の謗《そし》りを招くに至るべく、又国際条約、国際債権等の場合には困難なる立場に陥る」と批判した。

さらに、「君主々権説に於て専制の弊に陥らず、外国よりも首肯せらるゝが如き、而《しか》も夫れが我国体歴史に合致するものならば、喜んで之を受入れるべきも、遺憾ながら未だ敬服すべき学説を聴かず」とする一方、「信念なるものは世上の憲法学説抔《など》の上に超越するものなるが故に、右主旨は固より結構」とし、美濃部説について、「憲法学説に於て、論難の的となるが如き字句（「機関」を指す）は之を用ひざるを要す」などと述べた（『本庄日記』）。一方、鈴木侍従長には、「美濃部のことをかれこれ言ふけれども、美濃部は決して不忠な者ではないと自分は思ふ。今日、美濃部ほどの人が一体何人日本にをるか。あゝいふ学者を葬ることは頗る惜しい」と述べた（『原田日記』四月二十三日）。

在郷軍人会パンフレットを批判

在郷軍人会パンフレットについても、昭和天皇は本庄に、「在郷軍人として遣り過ぎ」、

「此の如き、自分の意志に悖《もと》る事を勝手に為すは即ち、朕を機関説扱と為すもの」と批判したものの、「思想信念を以て科学を抑圧し去らんとするときは、世界の進歩は遅るべし。進化論の如きも覆《くつが》へさざるを得」ないが、「思想信念は固より必要なり、結局思想と科学は平行して進めしむべきもの」と述べ（『本庄日記』四月二十五日）、数日後さらに徹底的な批判を展開している（同右、四月二十七日）。

1　国家主権説即ちデモクラシーなりとするの議論は敢て然らざるべし。

2　欧米の個人主義より発達し来れることは正に然らん、去りながら今日悉くが個人主義なりと看るは誤れり。米国に於て彼の禁酒法が成立せしが如く、英国に於て戦時貴族の多数が国家の為に殉ぜしが如き、之を如何に見るべき乎。

3　〔中略〕英、仏其他の憲法を論ぜるも、帝国憲法御制定の参考となりし独乙憲法の由来及同国に興りし「ボルン」の天皇主権説、「エレクリック」の国家主権説等に対する研究猶充分ならざるが如し。

4　自然科学は証明し得ると云ふも其生活、生命と云ふ段に至れば結局証明し得るものにあらず〔中略〕。

5　〔略〕

6　日本天皇は政治の外、文芸其他国民生活万般の中心にあらせらるゝと云ふ。然り、去りながら之が為欧州其他の君主を目して、政治のことのみと云ふは当らず、現に英国皇帝の如きは文化の方面にも大に努力せられあり。

以上のような、昭和天皇の天皇機関説問題に関する発言と、これまでの昭和天皇の受けた教育、清水や美濃部の憲法学説、在郷軍人会のパンフレットを比較検討してみると、昭和天皇が憲法学についてかなり深い知識と理解を持っていたことがわかる。「結局根本に於て同一に帰す」、「憲法学説に於て、論難の的となるが如き字句は之を用ひざるを要す」などは明らかに清水説の受け売りであるが、「未だ敬服すべき学説を聴かず」と、清水説の問題点を的確に把握しており、「主権は国家にあらずして君主にありとせば、専制政治の謗りを招くに至るべく」などと、明らかに美濃部説を引用した発言もあり、「美濃部ほどの人が一体何人日本にをるか」と美濃部を賞賛する発言さえある。これらの発言から、昭和天皇ができるだけ普遍性の高い概念で物事を考えようとしていたことが改めてわかる。

孤立した昭和天皇

しかし、五月二十二日、出光万兵衛《いでみつまんべえ》海軍侍従武官に、「陛下は、暫《しばら》く臣下の論議を高処より静視遊ばされ、此等の説に超越して大観あらせらるゝを必要なり」（『本庄日記』）と意見されて以後、昭和天皇はもはや天皇機関説問題について影響力を行使しようとはしなかった。そして一連の発言も表に出ることはなかった。事実上、昭和天皇は国体論を認めたかたちとなってしまったのである。

その理由は、「信念なるものは世上の憲法学説抔の上に超越するもの」、「自然科学は証明し得ると云ふも其生活、生命と云ふ段に至れば結局証明し得るものにあらず」などの発言に見られるように、論理だけでは世界を理解したり動かすことはできないという認識や、本庄に「勿論国防は重要にして大に強固ならしめざるべからず、近時の如く世界各国共、国家主義に傾けるに於て益々然り、只財政との関係を顧慮するの必要あるべきのみ」と述べたこと（同右、五月十八日）からわかるように、国際情勢がもはや協調外交を許さない状況となりつつあるという認識などであった。

いずれにしろ、昭和天皇はこと国内政治に関する思想・政策に関しては、もはや完全に孤立してしまったのである。今回の事件をふまえて、文部省が編纂し、一九三七（昭和十二）年五月に刊行して全国の学校や官公庁に配布した『国体の本義』は、国体論に関する政府見解というべき内容で、以後の論壇や教育界に大きな影響を及ぼしたことは周知に属するが、その冒頭には、「万世一系の天皇皇祖の神勅〔天照大神の勅語〕を奉じて永遠にこれを統治し給ふ」のが「万古不易の国体」などとあった。第一章でみた、狭義の国体論そのものである。すでに『憲法義解』にも見られた天皇の絶対性が改めて強調され、異論は許されないこととなったのである。

もっとも、信念や生命に関する発言は、アマチュアとはいえ科学者の一人であるはずの人物の認識としては一見奇異にみえるかもしれない。しかし、これらの発言は当時の日本の生物学界の認識とみごとに一致している。

東京高等師範学校（筑波大学の前身）で長く教鞭《きょうべん》をとった生物学者丘浅次郎《おかあさじろう》の『進化論講話』は、一九〇四（明治三十七）年の初版刊行以後、大正末まで十数版と版を重ね、進化論の概説書として戦前の日本で最も広く読まれて知識層に大きな影響を及ぼした。そのため、天皇神格化否定思想を広めかねないとして右翼からは警戒された（右田二〇一〇）。

同書の一九一四（大正三）年刊の増補修正版で追加された「進化論の思想界に及ぼす影響」という章は、信仰、宗教といういわば「信念」に関わる問題について、進化論の立場から論じている。すなわち、「信仰は理会力〔理性〕の外に立つ」ものとした上で、「多数の人間は之〔宗教〕によつて支配せられて居る有様故、人種の維持・繁栄を計る点からいうても、決して等閑にすべきものではない」と、人類という種《しゅ》を維持繁栄させるためには、信仰、宗教のような非理性的な観念が必要だという見解が示されている。

一方、一九〇五年に出版されたドイツの生物学者ヘッケルの著書*Die Lebenswunder*は、丘の『進化論講話』増補修正版の付録「進化論に関する外国書」の中で「極めて面白い」と評され、一九一四年から一五年にかけて大日本文明協会から『生命之不可思議』として邦訳が出版され、さらに一九二五年刊の第五版が『生命の不可思議』上下二巻として岩波文庫に入った。同書の日本における評価の高さがわかる。

同書岩波文庫版の第十五章「生命の起源」は、地球における生命の発生という問題を論じ、それまでの研究成果を紹介した上で、地球上の環境変化から生じたたんぱく質が生命発生の前提であることは確実であるが、いつ、どのような原因でたんぱく質の集まりから生命が生じたかについては、諸説あるものの実験で証明できていないため、確実なことはわからないという結論となっていた。ちなみに、現在の生物学においても、いつ、どのようなきっかけで生命が誕生したかについて確実なことはわかっていない（沢田ほか二〇〇八）。

居室の書架に「生物学に関する多数の書籍」を並べていた（『岡部日記』一九二九年四月十六日）昭和天皇がこれらの本を読んでいなかったとは考えられず、昭和天皇の思想は当時の自然科学の動向から大きな影響を受けたものだったのである。

いずれにしろ、この問題は十月の第二次政府声明で天皇機関説の事実上の禁止が確定したことによって決着した。

対中融和を追求

天皇機関説問題事件が紛糾中の一九三五（昭和十）年五月、日本の支那駐屯軍は、華北の戦略物資に目をつけて、事実上華北を支配下に収めようとする華北分離工作を開始、さまざまな謀略の末、六月九日には支那駐屯軍が中国側の現地軍に最後通牒を突きつけ、翌十日にはいわゆる梅津《うめづ》・何応欽《かおうきん》協定を成立させ、華北の親日地帯化を成功させた。

こうしたなか、昭和天皇が信任状奉呈に来る中国の新任駐日大使に融和的な言葉をかけようとしていることを知った本庄武官長は、鈴木侍従長に、「彼等は之を以て北支の事終れりとなし、陸軍の希望せる全支に亙る排日空気の一掃に熱心ならざるに至る恐れなしとせず」として、「日支親善に向つて一段の尽力を望む」旨を加えるよう牧野が天皇に助言すべきであると「注意」し、「尚ほ世上軟弱外交の中心が宮中にありとなし、更に其原動力が牧野内府にありと為せるがゆへ、斯様のことが新聞に漏れ、又一般軍部に伝はらぬ様希望す」と「苦言」を呈した（同右、六月二十一日）。

しかし翌日、昭和天皇は、蔣作賓新中国大使を招き、「北支の事件は誠に遺憾なことであったが、蔣介石、汪精衛《おうせいえい》〔兆銘《ちょうめい》〕の親日態度により円満に解決せられたるは誠に結構であった」と、謝罪と感謝の意を示した。従来、「此種の拝謁の際には時事問題に触れ」ることはなかったが、鈴木侍従長と広田外相との相談の上で、異例の発言となった（『木戸日記』六月二十二日）。中国側はこれを陳謝と受け取った（秦一九九六）が、当然であろう。

その後も昭和天皇は連日のように本庄武官長に華北問題について質問や意見を述べ、「文武二重外交の譏《そし》りを招かざるやを憂慮」し、「欧米を刺激するなきやを御懸念」したので、さすがに本庄も軍部に注意を促した（『本庄日記』七月十日）。しかし、昭和天皇の要望が実現した形跡はほとんどない。

七月十五日、陸軍内の皇道派と統制派の対立抗争は頂点に達し、統制派に傾いた林陸相は、皇道派の中心人物と目された真崎教育総監の解任を決定した（発令は翌日）。これについて、本庄武官長は、翌日昭和天皇に対し、「教育総監の強制的更迭は事重大にして、三長官協議権の取極（大正二年七月勅裁を経）の価値を軽減するものなりとの懸念を抱かしむる」として、閑院宮、梨本宮《なしもとのみや》両元帥に善後措置を指示するよう進言した。これに対し、昭和天皇は消極的だったが、本庄の重ねての進言に昭和天皇も同意した。

しかし、昭和天皇は、林が、「真崎大将が総監の位置に在りては統制が困難なること、昨年十月士官学校事件も真崎一派の策謀なり」と述べたことを理由に、「自分としても真崎が参謀次長時代、熱河作戦、熱河より北支への進出等、自分の意図に反して行動せしめたる場合、一旦《いったん》責任上辞表を奉呈するならば、気持宜しきも其儘《そのまま》にては如何《いかが》なものか」などと、真崎に対する不信感をあらわにした。これに対し、本庄は、「繁は大臣の言及風聞は必ずしも当れりとは存じ兼ぬる」と反論した（『本庄日記』七月十六日）。本庄のこうした真崎弁護について、昭和天皇は鈴木侍従長に、「武官長は真崎を弁護する事数度に及べり」と不満を述べた（『牧野日記』八月五日）。

八月十二日、真崎左遷に怒った皇道派将校相沢三郎《あいざわさぶろう》が、統制派の中心人物と目された永田鉄山《てつざん》陸軍省軍務局長を白昼陸軍省内で殺害した。林陸相は責任をとって辞任、川島義之《かわしまよしゆき》が後任となった。昭和天皇は、閑院宮参謀総長に、「時局問題に付軍部、殊に陸軍の主張積極的」であるが、「大臣として部下の希望の遂行に努むるは可なるも、部下に引摺《ひきず》らるゝ如きは益々下克上の弊を大」きくするので、「特に支那問題の如き出先の専断を適宜戒飭《かいちょく》」せよと川島新陸相に伝えるよう指示した（『本庄日記』九月二十六日）。

牧野内大臣の引退

このころ、昭和天皇の側近体制に大きな変化が起きた。牧野内大臣の辞職である。一九三五（昭和十）年十一月十五日、牧野は側近の木戸内大臣秘書官長に、「近来健康勝れず、気力なく、全く職務に自信なきに至りし故、辞職した」いと述べた（『木戸日記』）。牧野は老齢の上、ロンドン海軍軍縮条約問題以後、極右からの批判が激しく、ストレスがたまっていたのである（茶谷二〇一〇）。永田軍務局長殺害事件に関連しても、「真崎前教育総監を辞めさせたことは、要するに元老重臣一派の陰謀であつて、永田がその傀儡《かいらい》になつた」という「デマ」が飛び、「最もひどい怪文書」の見出しは、「天皇機関説を実行し、国体を破壊し、国軍を攪乱《かくらん》し、昭和維新を阻止せんとする元老重臣の大謀《だいむ》叛《ほん》」であった（『原田日記』八月十三日）。

牧野伸顕（1935年）

牧野退任後の後任については、かねてから元老西園寺の、「湯浅は、いざといふ時に固くなりはせんか」として、「斎藤の方が年はとつてをつても政治の全体が判《わか》るし、度胸もある」という意向から斎藤実前首相が有力だった（同右、九月四日）。結局、十二月二十六日、牧野は辞職し、斎藤が後任内大臣に就任した。

この日、内大臣人事の書類の裁可を済ませた昭和天皇は、「お声を上げてお泣き遊ばした」（『入江日記』）。摂政就任直前から約十五年、特に天皇践祚後は激動のなか、昭和天皇にとって最も身近で信頼できる相談相手であっただけに、万感胸に迫ったのである。二十八日、昭和天皇は鈴木侍従長を通じて牧野に「長いことお世話になった。どうぞ身体を大事にする様に。外にあっても私を助けて呉《く》れ」と慰労の言葉をかけている（『木戸日記』）。

さて、真崎更迭後窮地に追い詰められつつあった皇道派の青年将校は、このころついにクーデターの計画を進めつつあった。本庄は、十二月十五日、所用の帰途山口一太郎（当時、歩兵第一連隊中隊長）宅を訪れ、「怪文書、青年将校の資金の風聞等に付注意」したが、山口は、「断じて夫等の懸念なし」と答えた（「未刊本庄日記」）。ところが、一九三六年一月十日、山口が新兵入営時に父兄に岡田首相と高橋蔵相を非難する講話をしたことが問題化し、翌日の新聞で報じられた。山口本人から当日に報告を受けた本庄は山口を「不謹慎」と注意し、翌日昭和天皇からこの記事について聞かれると、「恐懼し繁の甥《おい》なる事及懇々訓戒したる事を申上げ御詫を申上」げた。本庄は連日のように山口に会って注意を与えた（同右）。

二・二六事件勃発

しかし、本庄の努力もむなしく、二月二十六日早朝、皇道派青年将校たちが、歩兵第一連隊、歩兵第三連隊、近衛歩兵第三連隊の一部計約一五〇〇の兵を率いて決起した。日本近代史上最大規模のクーデター事件たる二・二六事件の勃発である。高橋蔵相、斎藤内大臣、渡《わた》辺錠太郎《なべじょうたろう》陸軍教育総監（真崎の後任）が殺害され、鈴木侍従長が重傷、牧野も襲撃されたが難を逃れた。岡田首相は当初殺害されたと思われたが人違いで生存しており、あとで脱出した。そして決起部隊は、首相官邸を含む霞ケ関《かすみがせき》一帯を四日間にわたって占拠した（高橋正衛一九九四）。

決起グループが作成配布した「蹶起《けっき》趣意書」（『現代史資料』④）には、「我が神州たる所以は、万世一系たる天皇陛下御統帥の下に挙国一体生成化育を遂げ、遂に八紘一宇《はっこういちう》を完《まっと》うするの国体に存す」るが、「不逞《ふてい》凶悪の徒簇出《とそうしゅつ》して私心我欲を恣《ほしいまま》にし、至尊絶対の尊厳を藐視《びょうし》し僭上《せんじょう》之れ働き、万民の生成化育を阻碍《そがい》して塗炭の痛苦を呻吟《しんぎん》せしめ、随つて外侮外患日を逐《お》うて激化す、所謂元老、重臣、軍閥、財閥、官僚、政党等はこの国体破壊の元凶」とし、事例として「倫敦条約、並に教育総監更迭に於ける統帥権干犯、至尊兵馬大権の僭窃《せんせつ》を図りたる三月事件或は学匪共匪大逆教団等の利害相結んで陰謀至らざるなき等」をあげ、「君側の奸臣軍賊を斬除《ざんじょ》して彼の中枢を粉砕するは我等の任」としている。

決起グループは、山口一太郎から昭和天皇が皇道派に同情的であると聞いていた（筒井二〇〇六）。本庄は昭和天皇が皇道派に批判的なことをよく知っていたが、山口にはそれを伝えていなかったのである。だから、本人たちとしてはあくまで天皇の真意実現を妨げる諸勢力を粉砕することが目的だった。しかし、昭和天皇から見れば、大局的見地から工業化路線を優先した自分の判断が暴力的に否定されたことを意味した。

即時鎮圧を決意

事件の第一報を聞いた時の昭和天皇の心境については議論があるところだが、以下述べるように、この時点で断固鎮圧を決意したという説（松本二〇〇七など）が正しい。

ここまでの叙述でおわかりいただけるように、昭和天皇は皇道派青年将校の動きに対し、かねてから深い関心を持ち、情報も得ており、全く不意をつかれたわけではない。午前六時過ぎに本庄武官長と面会した際、本庄に対し「武官長のみは嘗《かつ》て斯様なことに至りはせぬかと申せしが如し」と述べたこと（『本庄日記』）がそれを裏づける。

しかも、昭和天皇は皇道派青年将校の動きを「下克上」として批判し、こうした状況の改善をたびたび陸軍に指示していたから、クーデター勢力に妥協の意思はなかった。午前六時過ぎの本庄との会見の際、「御深憂の御様子」で、「早く事件を終息せしめ、禍を転じて福と為せ」と述べた（同右）のは、事件の即時鎮圧によって陸軍の下克上体質を改めよという意向を示したものにほかならない。

また、当時内大臣秘書官長だった木戸幸一は、戦後の回想で、午前六時ごろに皇居に入り、湯浅宮相、広幡忠隆《ひろはたただたか》侍従次長と対応を協議した際、内閣は事件発生の責任をとって総辞職を望むであろうが、すぐに後継内閣の選定に入るとクーデター派に有利になりかねないという趣旨の意見を述べ、湯浅を通じてこれを昭和天皇に進言したが、昭和天皇の「御考へは全く同じであった」ことをあとで湯浅から聞いて安心したと述べている（『木戸幸一関係文書』。以下『木戸文書』と略記）。

この木戸の話は当時の木戸の日記で裏づけられる。午前八時過ぎ、軍関係者では本庄に続く二人目の面会者となった閑院宮参謀総長は、皇道派の意向に従い、後継内閣の即時組織を進言した（筒井二〇〇六）。これに対し昭和天皇は返答せず、「自分の意見は宮内大臣に話し置けり」と述べているからである（『木戸日記』）。つまり、昭和天皇は早い段階から即時鎮圧を決意していたのである。当然、午前九時、状況報告にやってきた川島陸相にも、「今回のことは精神の如何を問はず甚だ不本意なり。国体の精華を傷《きずつ》くるものと認む」として（同右）、即時鎮定を指示し（『本庄日記』、面会時間もこれによる）、本庄武官長に対し、暫定内閣は認めない旨も述べた（『木戸日記』）。

このように昭和天皇は早くから即時鎮圧方針を陸軍に指示していたが、陸軍は鎮圧に動こうとしなかった。同士討ちを避けたいという心情があっただけでなく、決起集団に同情的な空気が強かったからである（高橋正衛一九九四）。

二十七日、本庄が、統帥権を侵したのは許されないが、「其精神に至りては、君国を思ふに出でたるものにして、必ずしも咎《とが》むべきにあらず」と決起将校を弁護したのはその現れである。これに対し、昭和天皇が「朕が股肱《ここう》の老臣を殺戮《さつりく》す、此の如き凶暴の将校等、其精神に於ても何の恕《ゆる》すべきものありや」と反論した（『本庄日記』）が、なお陸軍は帰順方針を模索し続けた（高橋正衛一九九四）。そのため、昭和天皇は本庄に、「朕自ら近衛師団を率ひて現地に臨まん」など、いらだちをつのらせ、「声涙《せいるい》共に下る御気色」で「早く鎮定する様（関係方面へ）伝へ呉れ」と指示した（『本庄日記』二月二十七日）。

二十八日午前、陸軍首脳は、なお決起部隊の帰順にこだわっており、その際決起将校を自決させたく、その場合の勅使派遣があれば彼らも応じるであろうと天皇に申し出た。しかし昭和天皇は、「自殺するならば勝手に為すべく、此の如きものに勅使等、以ての外」と拒否し、本庄に対し「未だ嘗て拝せざる御気色」で、「直ちに鎮定すべく厳達せよ」と指示した（同右）。これによってようやく、陸軍は討伐方針を固め、二十九日に入り、利あらずと悟った決起部隊が帰順し、事件は収束した（高橋正衛一九九四）。

岡田内閣は、後藤文夫《ごとうふみお》首相代理（内相）がすでに事件当日に内閣総辞職を申し出ており、事件収束とともに後継首班問題が浮上した。陸軍は、事件再発防止の名のもとに、新内閣に徹底的な内政改革を要望し、これは新聞で報じられていた。三月二日、昭和天皇は本庄武官長に対し、軍部の要望は依然強硬で、今回のようなクーデター事件防止のためには陸軍の要望も取り入れるべきだが、「余りに急激なる革新は、必ずや一般社会状勢と相容れ」ないので、「軍部に於ても国防の充実は可なるも、国家経済の如き、富の分配まで云々するに至るが如きは適当ならず」と述べ、こうした自分の意向を陸軍上層に伝えるよう指示した（『本庄日記』）。一見昭和天皇はかなり弱気になっているようでもあるが、なお陸軍の政治介入を抑える意向も強かった。それは次に見る組閣人事への指示にもうかがえる。

昭和天皇から後任首相人事を諮問《しもん》された元老西園寺は、三月三日、近衛文麿を推薦した。近衛は健康不安を理由に翌日辞退したが、実際には西園寺の穏健路線を嫌ったためだった（筒井二〇〇九）。昭和天皇は西園寺に対し、「次の内閣は憲法の条章を尊重すること、外相と蔵相にはしっかりした軍部に引摺られない人物を配することが必要」と要望した（『木戸日記』三月四日）。西園寺は一木枢密院議長、木戸内大臣秘書官長、湯浅宮相と相談の上、五日に広田外相を推薦、広田も受諾した。

同時に内大臣の後任も問題となった。湯浅は昭和天皇に首相を辞退した近衛を推薦したが、昭和天皇は、近衛が「多少右がかつたことを懸念」して、内大臣には国際関係に「相当薀蓄《うんちく》のある者」がよいとしたため、松平恒雄前駐英大使が候補にあがり、昭和天皇も承諾した。しかし、松平が内政に不案内として辞退したため、湯浅を昇格させ、宮相に松平を配することで決着し、六日に人事が行なわれた（『原田日記』）。松平は、日中戦争勃発まで、駐英大使時代の人脈を生かして日英関係改善に尽力する（茶谷二〇一〇）。

また、この間、内大臣代理を務めるなど重責を果たした一木枢密院議長も、体調不良のため前年秋から辞意を洩らしていた。この時は昭和天皇が「中々人がないから」と慰留したため（『木戸日記』一九三五年十一月二十七日）留任したが、二・二六事件処理が一段落した三月十三日辞職し、後任には国家主義勢力の大物の一人平沼騏一郎が枢密院副議長から昇格した。

広田の組閣工作は、外相に親英米派と目された吉田茂元外務次官を選ぼうとするなど、当初は反陸軍的と考えられる人物が多く人選にあがった。昭和天皇の意向が反映されたのである。しかし、これに陸軍が抗議したため、かなりの譲歩を経て、三月九日、ようやく広田は閣僚名簿を昭和天皇に提出した。その際昭和天皇は、「第一に、憲法の条章によつて政治をしろ。第二に、国際親善を基調として、殊に外交には無理をするな。第三は、財政及び内政については急激な変化は宜しくない」という三点を「政治の根本方針としろ」と指示した。広田は初閣議でこれを閣僚に極秘事項として伝達した（『原田日記』）。広田内閣はこれを実質的な方針として出発したのである。

陸軍への怒り

さて、昭和天皇のもう一つの課題は陸軍の処遇であった。五・一五事件の際と異なり、今回は陸軍部隊によって要人が襲撃され、首都の官庁街が数日間にわたって占拠されたのだから、未然に防止できなかった陸軍の組織としての責任が問題となるのは当然であった。

三月四日、昭和天皇は、本庄武官長に陸軍への勅語案を示した。それは、

最も信頼せる、股肱たる重臣及大将を殺害し、自分を、真綿にて首を締むるが如く、苦悩せしむるものにして、甚だ遺憾に堪へず、而して其行為たるや、憲法に違《たが》ひ、明治天皇の御勅諭にも悖《もと》り、国体を汚し、其明徴を傷つくるものにして、深く之を憂慮す。此際、十分に粛軍の実を挙げ、再び斯る失態なき様にせざるべからず。

という、きわめて峻烈《しゅんれつ》な内容となった(『本庄日記』)。

これに対し、侍従武官府で作成し、湯浅宮相が承諾した勅語案は、

近来、陸軍に於て、屢々《しばしば》不祥なる事件を繰り返し、遂に今回の如き大事を惹《ひ》き起すに至りたるは、実に勅諭に違背し、我国の歴史を汚すものにして、憂慮に堪へぬ所である。就ては、深く之が原因を探究し、此際部内の禍根を一掃し、将士相一致して、各々其本務に専心し、再び斯る失態なきを期せよ。

と、かなり軟化した内容となった(同右、三月八日)。

翌九日、昭和天皇は、勅語案に「国体を汚す云々の字句」が変更されたことに関連して、「国体明徴を高調する陸軍に於て、国体を如何に解しありや」と本庄に質問した。昭和天皇はこの字句が変更されたことに大変不満だったのである。しかし、本庄は、「我国体は、万世一系の天皇が、皇祖皇宗の遺訓を奉じて国家を統治遊ばさるる」ことなので、今回の事件は国体を汚したとはいえないと答えた。つまり国家のあり方を否定したわけではないので、「国体」を汚したのではないとしたのである。昭和天皇はこれに反論できず、文案が確定した（『本庄日記』、日付は「未刊本庄日記」）。

軍人勅諭では、日本の軍隊は天皇に直属し、天皇を大元帥（最高指揮官）とあおいでいた。命令には絶対服従ということになっており、しかも国体論においては天皇は絶対的な存在のはずである。しかし、本庄の言うとおりであれば、天皇と陸軍の意思が異なった場合、天皇の意思が「皇祖皇室の遺訓」に合致していないと陸軍が判断できるならば、最高指揮官たる現天皇の意向には反しても問題ないということになる。しかも、長い歴史のなかにはさまざまな「遺訓」がありえるので、軍人のプライドや陸軍の組織利益に都合のよい論理はいくらでも立てることができる。これでは陸軍が独善的な組織と化したのも不思議ではない。そして、こうした考え方を容認する国体論がいかに危険な思想であったかがわかる。昭和天皇としてはここできちんと反論して諸悪の根源を断ち切るべきであったが、それをしなかった。

国家を維持する上で信念の重要性を認識していたためと考えられる。

この勅語は翌十日、寺内寿一《てらうちひさいち》陸相に伝達され、昭和天皇は特に、「此趣旨の克く部下に徹底する様にせよ」と指示した。そして伝達後、昭和天皇は本庄武官長に、陸相はこの言葉をどのように全軍に伝達するのかを質問した。

対応を協議するため十九日に行なわれた関係者の会議で、寺内陸相は、叱責の勅語は前例がなく、「今回、陸軍一部の行動」について「勅諭に違背し我国の歴史を汚す」という勅語を陸軍全体に伝達するのは「陸軍に拭《ぬぐ》ひ難き汚点を遺す」ので、師団長会議で紹介するにとどめたいという意向を示した。

三月二十六日、侍従武官府は、文書での配布はしないが、軍司令官、師団長に伝達することはかまわないという見解を陸軍省に送った。結局は陸相の判断が生かされ、この勅語は高級司令官までしか伝えられなかった(以上『本庄日記』)。結局のところ、陸軍は天皇から叱責されたという不名誉な事実を組織ぐるみで隠蔽してしまったのである。

本庄武官長辞職

なお、本庄武官長は、女婿の山口一太郎が共犯者として憲兵隊に逮捕されたため、三月十七日に天皇に辞意を示した。天皇は翌日、後任を海軍から選びたい旨を本庄に述べた。天皇の陸軍への不信感の強さがわかる。本庄はこれまでの慣例や陸軍関係の業務が多いことを理由にこれを拒絶したが、本音は陸軍の権力維持にあることはいうまでもない。結局本庄は三月二十三日辞職し（以上『本庄日記』）、宇佐美《うさみ》興屋《おきいえ》第七師団長が後任となった。

五月四日、二月に総選挙が行なわれたことに伴う第六九特別議会が開かれたが、開院式の勅語は、「今次東京に起れる事件は朕が憾《うらみ》とする所なり」（「帝国議会衆議院議事速記録」）と、「憾」という感情的な語句を含む異例の文面で、間接的に陸軍への怒りと懲戒の意を含んだ勅語となっていた。原田熊雄は、「議員は勿論、一般国民をして頗る恐懼せしめた」と述べている（『原田日記』）のは妥当なところである。

二・二六事件関係者の大半は軍法会議で死刑を含む厳罰に処せられ、山口一太郎も七月末に無期禁錮刑に処せられた。本庄は事件関係者の処罰について、「今回の事件に陸軍刑法ありて以来始めて将校に対する銃殺刑の実施、而も全部に対して実施されたるは御仁慈の聖徳を汚すもの」とし、山口の刑についても「其峻烈に驚く」と批判的だった（「未刊本庄日記」七月末空欄）。本庄と昭和天皇は結局相容れないままだった。

次に問題となったのは侍従長人事である。鈴木侍従長は命は取りとめたものの重傷で、静養の必要があった。西園寺は「相当に人情の機微も判り、見識も相当にあつて、見解の大きな人物を挙げることが必要」（『原田日記』三月二十一日）と考えていたが、適任者はなかなか見つからず、「非常に地味で立派な人」（同右、十一月十五日）ということで海軍の予備役大将百武三郎《ひゃくたけさぶろう》が選ばれ、十一月二十日に就任した。十一月三十日、百武への引き継ぎを終えた鈴木は、天皇にねぎらいの言葉をかけられ「目を赤くして下つて来られた」（『入江日記』）。昭和天皇の鈴木への信任の厚さがわかる。

昭和天皇は、二・二六事件と前後して、牧野、一木、鈴木という永年信頼してきた側近を相次いで失った。しかも、後任の湯浅内大臣は大臣経験がなく、宮相も侍従長も政治や宮中について経験豊かとはいえない人物ばかりで、昭和天皇の補佐役としては小粒の感を免れなかった（茶谷二〇一〇）。穏健派の人材は払底《ふってい》してしまったのである。直接的には、昭和天皇の施政方針に批判的な極右の執拗な中傷やクーデターによるのであるが、大局的にみれば、協調外交の時代が過ぎ去ってしまったことを示す事態であった。

しかしなお、七月末、有田八郎外相が「イギリスと提携する機運に到達して目下吉田大使がイギリスに対して接近しつゝある」と報告すると、昭和天皇は、「さうできれば大変よいね」と述べている（『原田日記』七月三十一日）。実際、吉田茂駐英大使の尽力で、八月七日に首相と陸海相、外相の四相会議で決定した「帝国外交方針」のなかで、ギクシャクしていた日中関係の改善が重要課題の一つとして掲げられた（井上寿一一九九四）。

このころ、陸軍は、白鳥ら外務省革新派の支援もあり、日本の国際的孤立挽回のため日独提携を進め、十一月二十五日、日独防共協定が結ばれた。昭和天皇がこれに特に反対を示さなかったのは、防共という点と、このころ吉田駐英大使が日英関係改善に非常に精力的に取り組んでいたためと考えられる。しかし、防共協定の締結はイギリスを硬化させた（同右）。関東軍は、これと連動して、ドイツとの連絡路確保のため中国西北部の支配権を得るため傀儡政権を樹立しようと、十一月中旬、モンゴル王族の徳王《とくおう》を中心とする内モンゴル軍を中国北部の綏遠《すいえん》に侵入させた。綏遠事件の発生である。しかし内モンゴル軍は中国軍に撃退されてしまった（『太平洋戦争への道』③）。

この間、昭和天皇は状況を心配して宇佐美武官長に質問したが、宇佐美は「陸軍は少しもこのことについては存じません」と答えた。昭和天皇は、「御性格として人をお疑ひになることはないから」、武官長を疑いはしなかったが、「しかしいかにも武官長があまりに迂闊《うかつ》だと考えた。そのため、湯浅内大臣が武官府に「陛下に対して陸軍の非を庇《かば》つ」たのは「甚だけしからん」と抗議し、宇佐美はようやく状況を昭和天皇に報告するようになった（『原田日記』十二月七日）。

結局関東軍はこれ以上策動せずに収まったが、広田首相は、原田熊雄に対し、「しかし関東軍が今後どう動くかが問題である。どうも自分は就任以来今までいろ〳〵考へて見ると、やはり陛下の統帥大権に対して陛下の統帥本部といふものを置き、これに陸海軍を一つに纏め、常にその首班者が、陸海軍一体になつたものの上に立つて、大元帥陛下に申上げるやうにしたい」と天皇直属の統合司令部設置構想を話した（同右、十二月七日）。こうした構想は、昭和天皇が軍部統制のためにとるべき手段であったとして、現在の研究者でも森茂樹氏が提唱している（森二〇〇〇）。しかし、そもそも参謀本部や軍令部自体が天皇直属の作戦本部であって、その上に天皇直属の司令部を作るのは論理矛盾であり、当時の陸軍は、先に見たように、天皇を自己正当化の手段としか見ない独善的な集団と化しており、しかもそれは明治期の制度形成の過程に端を発する根深いものだったので、非現実的な説といわざるをえない。

近衛首相に期待

その他、広田内閣は、陸軍の内政改革の要求をのらりくらりとかわすなど（古川二〇〇五a）、組閣時の昭和天皇の指示をふまえて努力してきたが、腹切り問答事件で退陣のやむなきにいたった。この事件は、一九三七（昭和十二）年一月二十一日、衆議院本会議における浜田《はまだ》国松《くにまつ》議員の陸軍批判演説が発端である。昭和天皇は「軍民の間の摩擦《まさつ》が激化しないやうに」と広田首相に注意した（『原田日記』一月二十一日）。しかし、浜田演説に怒った寺内陸相は衆議院の解散総選挙を主張して閣内で孤立し、閣内不一致で二十三日総辞職表明となった。昭和天皇の諮問に対し、二十四日、元老西園寺は宇垣一成元陸相を推挙した。しかし、陸軍が反対しているとも報じられた。昭和天皇も、宇垣に組閣を命じる際、「不穏なる情勢一部にありと聞く、其点につき成算ありや」と聞いており、難航を予期していたことがわかる。宇垣は「数日の御猶予を願ひたし」と答えざるをえなかった（『木戸日記』一月二十五日）。陸軍は反対理由として、三月事件に関与していた宇垣が首相では陸軍の統制はとれないとしていた（同右）が、実際には、政党に人気ある宇垣内閣では陸軍の政治的発言権が失われると考えたのである（筒井二〇〇七）。

宇垣は陸相をかつての部下たちから選ぼうとしたが、いずれも陸軍当局の意向をふまえて拒否した。一月二十七日、宇垣は湯浅宮相に、陸相について、「各省官制通則により、事務管理にて行く」、つまり自分が陸相代理を兼任すること、「現役将官に優詔《ゆうしょう》を奏請して、就任せしむる」、つまり天皇からの説得で候補者に就任を承諾させる、「予備役将官を現役に復活せしむる」という三つの方策を提案して、「暗に宮中方面の尽力を望」んだ。二つ目はもちろん、他の二つも、天皇の承認や指示が必要な措置である。

これに対し湯浅は、「今は恰《あたか》も激流を遡れるが如き有様なるところ、激流を遡る船に陛下を御乗せ申すことは余程考へねばならぬ」と拒否した（『木戸日記』）。筒井清忠氏が指摘したように、湯浅は、軍部大臣現役武官制というような制度的な制約ではなく、あくまで政治情勢を理由に拒否したのである（筒井二〇〇七）。宇垣は万策尽きたと判断し、二十九日、昭和天皇に「自分の不徳の致すところ」と述べて辞退した。昭和天皇は宇垣に同情して、「今後とも国家のために尽すやうに」という旨の言葉をかけた(『原田日記』)。

再度諮問された西園寺は、平沼を第一候補、林銑十郎元陸相を第二候補としたが平沼が拒否し、二月二日に林銑十郎内閣が成立した。衆議院では少数会派の昭和会のみが与党だったため、林首相は三月末に衆議院解散に踏み切ったものの、総選挙後も政友会と民政党を合わせれば衆議院の圧倒的多数となる状況は変わらず、林内閣は政民両党の強い反撥で退陣を余儀なくされた。西園寺は「陸軍大臣を総理にすることはよくない」(同右、五月二十九日)と、軍部勢力拡大阻止のため、再び近衛文麿を昭和天皇に推挙した。再度の要請に近衛も断れず、六月四日、第一次近衛文麿内閣が成立した。

昭和天皇は、近衛の首相就任時に湯浅内大臣に、「近衛は憲法の話などはしなくてもいいね」と言ったほど近衛に好意的だった(同右、九月三日)。そして宇佐美武官長には「陸軍はしきりに近衛々々と言つて、近衛を総理に望んでをつて、一旦近衛が総理になると、今度はいろんな難しい注文をしきりにしてゐるやうだが、一体これはどういふわけか」と、陸軍に対し近衛を擁護する趣旨の苦情を述べた(同右、六月七日)。政治思想的にすっかり孤立してしまっていた昭和天皇は、もはや近衛に政治の立て直しを期待するほかはなかったのである。しかし、日中戦争の勃発はその希望を打ち砕くことになる。

第四章　苦悩の「聖断」

「支那事変処理方針」を決定した大本営御前会議（毎日新聞社提供）

一九三一（昭和六）年九月、満洲事変勃発による情勢の急変によって、昭和天皇は苦況に立たされたが、一九三七年の日中戦争勃発以後、さらに苦しい状況に追い込まれ、ついに太平洋戦争開戦を決断するにいたる。そのようなことになった理由は何か。そして、終戦の「聖断」はなぜ四五年八月に下されることになったのか。

昭和天皇が戦争の時代に、いかに対処していったのかを見ていく。

一　日中戦争

盧溝橋事件の勃発

一九三七（昭和十二）年七月七日、北京郊外の盧溝橋《ろこうきょう》で演習中の日本の支那駐屯軍部隊に、対岸に駐屯していた中国軍の方向から発砲があった。翌日日本軍はこの中国軍部隊を攻撃し、武力衝突となった。盧溝橋事件である。一九三六年十二月の西安《せいあん》事件を機に、中国では第二次国共合作成立に向かうとともに、武力抗日の機運も高まり、中国は日本に対して関係改善の前提として華北の「中央化」、つまり中国政府の直轄化を求めはじめ、三七年春以降日中関係は一触即発状態になっていた状況でのことである。それでも日中両現地部隊の交渉によって十一日に停戦協定が成立した。ところが、現地での交渉中に日本の支那駐屯軍や参謀本部でこれを好機として武力で日中問題の解決を図る機運が浮上し、中国側でも抗日機運が高まった（秦一九九六）。

昭和天皇はこれより先の六月三十日、日中関係の悪化を心配し、「北支の中央化は、結局時の問題にて必然的」として、「寧《むし》ろ先手を打ちて支那に希望《ママ》を容《い》れては如何」、つまり中国側の意向を受け入れた方がよいとし、そのための御前会議の開催を湯浅内大臣に要請した（『木戸日記』）。一九四二年の侍従への回想談によれば、昭和天皇は、日中開戦となった場合、背後からソ連が出てくることを恐れており、外務省、海軍その他からの情報により、「始めれば支那は容易のことでは行かぬ」とも判断していた（「小倉日記」一九四二年十二月十一日）。昭和天皇は西安事件の政治的意味を的確に理解していたのである。

しかし、中国からの要求の容認は日本の大胆な政策変更となるため陸軍などから反撥が予想されるので、御前会議によって反対を抑えようと考えたのである。これに対し湯浅は十分な効果は期待できないと答え、木戸内大臣秘書官を通じて湯浅が元老西園寺に問い合わせた答えも同じだったため、昭和天皇の構想は実現しなかった（『木戸日記』六月三十日）。御前会議によっても陸軍の華北進出の意思を変えることはできないというのが政界の常識だったのである。しかし、ここでももし日本の大胆な政策転換が実現していれば、日本が対中権益を大幅に失う一方で、戦争は起きなかった可能性が高い。秦郁彦氏はこの話を「天皇の鋭い危機感覚を示すエピソード」としている（秦一九八四）が、納得できる。

対応の誤り

盧溝橋事件直後の七月十一日、昭和天皇は状況を知るため閑院宮参謀総長を呼び出そうとした。湯浅内大臣がその前に近衛首相に会うよう進言したが、昭和天皇は、「満洲事変の時、総理に先に会つたところが、後から陸軍から統帥権云々といふことを言はれて、総理も非常に迷惑した」ので、「近衛には後で会はう」と述べ、閑院宮参謀総長と会見した。その際昭和天皇は、「もしソヴィエトが後から立つたら、どうするか」と質問した。遠回しながら紛争拡大に消極的な意向を示したのである。しかし、閑院宮は、「陸軍では立たんと思つてをります」と武力解決の正当性を主張した。昭和天皇が「それは陸軍の独断」と追及しても閑院宮は「致し方ございません」と答え、昭和天皇は、「非常に御不満」だった。

ところが、この日政府はあっさり派兵を決定し、広く国民に協力を呼びかけた。近衛首相は強い態度に出ることによって、事態を日本に有利なかたちですばやく解決できると判断したのである（筒井二〇〇九）。そこには、明治維新の成功でうぬぼれた日本が陥った中国蔑視を背景として、第一次世界大戦の参戦や対華二十一ヵ条要求問題あたりから現れはじめた、機会便乗主義とでもいうべき軽薄な日本の外交体質があった。派兵裁可を求めて昭和天皇に面会した杉山元陸相は、「一挙に大軍を送つて叩きつけ、短時間に引揚げ」と見通しを説明した。昭和天皇は、「それが思ふやうにできるか」と疑問を呈したものの、裁可した（『原田日記』七月十二日）。

さて、「満洲事変の時」云々に近い話としては、先に見た、満洲事変勃発直後、昭和天皇が首相や陸相に不拡大方針を指示したことに軍部が憤慨したというものがある。しかし、派兵を実質的に決定するのはあくまで内閣であるから、日中開戦がはらむ問題性に気づいていた昭和天皇としては、湯浅の助言通り、近衛首相に先に会って慎重な対応を指示しておくべきだった。近衛への厚い信任から出た配慮が裏目に出て、昭和天皇は対応の手順をまちがえてしまったのである。昭和天皇は、その後もさまざまな手段で支那駐屯軍司令官や杉山陸相、近衛首相に不拡大を要望するが（秦一九九六）、もはや手遅れであった。

結局、七月二十八日以後、華北で本格的な戦争状態となり、さらに八月九日、上海で海軍陸戦隊の将校が中国側に射殺された事件をきっかけに、十三日から上海でも日中両軍が戦闘状態となった（第二次上海事変）。上海戦に関しては、十月末に日本軍が上海を占領したことで一段落のかたちとなり、十一月に入りドイツを仲介者とする和平工作が始まった。そこで昭和天皇は、湯浅内大臣に、「戦況が今日の如くに立至つて、万一先方から講和の申出でもあつた時に、こちらとしては何の用意もないやうに見える。なにかそれを決めなければならないのぢやないか。そのために御前会議の用意でも始めたらどうかといふことを、総理に自分から話してみたい」と提案した。湯浅は、「これは重大なこと」なので、元老西園寺に相談の上、近衛首相と協議するよう助言した。これは、近衛が昭和天皇に、「一体軍の作戦なりなんなりについて、何にもきいてをりません。為すがまゝにたゞ見てをるより仕方がありません」と訴えたので、昭和天皇が近衛を「気の毒」に思い、「近衛をしてやり易いやうにしてやらうといふ聖慮」によるものであった（『原田日記』十一月十日）。

これに対し西園寺は、「君権に瑕《きず》のつかないやうに」という理由で、「陛下の思召《おぼしめし》といふことで出先を抑へるといふことだが、もし実際にそれができなかつたらどうするか。〔中略〕御親臨になる意味の御前会議であつて、御勅裁とか御親裁とかいふことにならないやうにしなければいけない」（『原田日記』十一月十一日）と慎重な意見を述べた。

その後、十一月二十日に大本営が設置され、十二月十三日には日本軍が中華民国の首都南京《ナンキン》を占領した。対ソ軍備推進のために国力を温存したい参謀本部は早期収拾を望んだため、日本から和平工作を進めることを望んだが、近衛首相は戦局有利と見て日本に有利な和平条件を得るため中国側からの提議を望み、翌三八年一月十一日に御前会議でこの方針を決定しようとした（劉一九九五）。その背景として、上海の戦闘だけで死者一万人以上、負傷者三万人以上という多大な犠牲を出した（『第百一師団長日誌』）以上、できるだけ有利な条件で講和すべきだという心理が働きやすいことに注意する必要がある。実際、一九四〇年二月、衆議院本会議において、当時、日中戦争を「聖戦」と位置付けて対中無賠償を標榜《ひょうぼう》していた政府に対し、斎藤隆夫《さいとうたかお》代議士は、まさにこの論理で政府を批判して除名される（古川二〇〇一）。

さて、御前会議の前日、閑院宮参謀総長は、昭和天皇にこの会議で参謀本部を支援する発言を求めた。しかし、湯浅内大臣は、昭和天皇に対し、西園寺の意向は、「政治の責任が直接陛下に来るやうな結果を導くやうなことはおつしやつてはならん」ということだと説明し、近衛首相も、「たゞ黙つて御親臨の程度で願ひたい」と要請した（『原田日記』一月十日）ため、発言はなく、政府案が承認された。

しかし参謀本部はなお日中交渉継続を望み、十五日に近衛首相が交渉打切りの裁可を求める前に閑院宮参謀総長が昭和天皇に面会して再考を促そうとしたが、昭和天皇は政府の決定を覆すことになるとして面会を拒否した（茶谷二〇一〇）。その結果、「爾後《じご》国民政府を対手《あいて》とせず」という一月十六日の近衛の声明に伴い、ドイツの仲介による和平工作（トラウトマン工作）は打ち切られ、日中戦争の早期収拾は絶望的となった。昭和天皇は早期収拾論者であったが、近衛首相への厚い信任によって結果的にその好機を逃してしまったのである。

やつれる昭和天皇

昭和天皇は盧溝橋事件勃発以後、皇居内の生物学御研究所に出向くことはなくなった（『入江日記』一九三七年七月二十四日）。湯浅内大臣によると、昭和天皇が研究所に出向くと、皇居内を警備している近衛師団の兵士がこれを侍従武官府に報告し、陸軍武官などが「この非常時に生物学の御研究なんか甚だけしからん」と批判するため、昭和天皇が気兼ねしたのである（『原田日記』同年十二月三日）。

しかし、昭和天皇は疲労のため、三八年二月上旬から風邪で体調をくずし、そのやつれぶりは、政務報告のため寝室に入った広田弘毅外相が、原田熊雄に「御病後の御養生が必要」と語るほどで、近衛首相も西園寺も静養の必要性を認め、二月十六日には、閑院宮参謀総長も昭和天皇に静養を勧めた。これに対し昭和天皇は、「自分がこの際僅《わず》かな病気で転地するやうなことがあつては、第一線にゐる将士に対してどういふ影響があるか」と否定的だったが、閑院宮は、「無論大丈夫でございます。玉体にお障りになるやうなことがあれば、なほのこと士気に関します」と答えたので、昭和天皇は葉山での静養を決めた。広幡忠隆侍従次長らは「この時局に陛下が御静養とはなんだ」といった「世評」を気にして反対したものの、結局湯浅内大臣の判断で十九日から葉山での静養が実施された。その結果、二十五日には近海での生物採集を始めるほど回復した。五月末の内閣改造を機に生物学御研究所での研究も再開された（『原田日記』二月十六日、十七日、二十六日、六月二日）。

さて、和平工作の失敗で戦争は長期化が避けられなくなった上、陸軍の要請で議会に提出した国家総動員法案、電力国家管理関係法案の審議が難航し、近衛首相は政権担当意欲を失いつつあった。三月上旬には近衛が昭和天皇に「自分が辞めたら後は町田《まちだ》〔忠治《ちゅうじ》〕民政党総裁を首班にする連繫《れんけい》の内閣が宜しい」と述べ、三月末にも「たゞ空漠たる声望だけあつて力のない自分のやうな者がいつまでも時局を担当するといふことは、甚だ困難〔中略〕やはり実力のある者に当らしめることが適当」と退陣をほのめかした（同右、三月九日、二十九日）。

しかし昭和天皇は「近衛はなんでも話してくれる」と、依然信任しており（同右、四月二十三日）、周囲の説得で、内閣改造によって政権を継続することになった（古川二〇〇一）。しかし、昭和天皇は、なおも近衛が退陣するのではないかと疑い、閑院宮参謀総長に「近衛の逃げないやうに一つ何か工夫はないか」と尋ねている（『原田日記』、五月十九日）。内閣改造は五月二十六日に行なわれ、約半数の閣僚が入れ替わった。

このころ近衛は、三七年十月に昭和天皇が極右テロ実行犯の恩赦を拒否したり、十二月に馬場《ばば》鍈一《えいいち》内相の病気辞任の後任に海軍の艦隊派高官から右翼政治家に転じていた末次信正を起用したことに昭和天皇が不満を抱いていたこと（同右、一九三七年十月二十三日、十二月二十五日、一九三八年五月二十九日）への反感から、原田熊雄に対し、「どうも陛下は少し潔癖過ぎる。もう少し清濁併せ呑むやうなところがおありになつて欲しい。今の内大臣のやうに気宇の小さい者が付いてゐるからぢやあないか」と述べた（同右、五月三十日）。三七年十月に近衛の求めにより内大臣秘書官長から近衛内閣の文相に転じ、三八年一月から新設の厚相も兼任した木戸幸一も、九月に「どうも今の陛下は科学者としての素質が多過ぎるので、右翼の思想なんかについての同情がない。さうしていかにもオルソドックスで困る」と原田熊雄に語っている（同右、九月二十三日）。昭和天皇の理解者はますます減少しつつあった。

なお、昭和天皇はこのころニュース映画を見るのを習慣としていた。海外で製作されたものの中には日本軍の残虐行為を報じるものもあった。そのため、侍従が事前にチェックし、残虐行為が報じられているものは天皇には見せなかった（『入江日記』六月七日）。昭和天皇も情報操作の対象だったのである。

さて、中国の抵抗意思を挫《くじ》くべく行なわれた徐州《じょしゅう》作戦はその目的を達成できず、陸軍はさらに奥地の武漢《ぶかん》地域への侵攻を三八年六月十五日の御前会議で決定、準備に入った。しかしこれは中国側の持久戦方針に引きずられた拙劣な方策だった。昭和天皇はこうした陸軍の方針に不安を抱き、七月三日、板垣陸相と閑院宮参謀総長を呼んで「一体この戦争は一時も速くやめなくちやならんと思ふが、どうだ」と聞いたが、二人は「蔣介石が倒れるまではやります」と答えるだけで、昭和天皇は不満だった（『原田日記』七月四日）。

張鼓峰事件で陸軍と対立

ちょうどそのころ、ソ満朝鮮国境の張鼓峰《ちょうこほう》で、国境線をめぐって朝鮮軍（朝鮮駐屯の日本軍）が挑発行為を繰り返し、七月十一日には戦闘態勢を整え、ソ連守備隊の撤退と満洲国に有利な新国境線の画定を主張、ソ連はこれを拒否して、軍事的緊張が高まった（『太平洋戦争への道』④）。

七月二十日、昭和天皇は、湯浅内大臣に「自分が許さなくとも、独断専行をやつたらどうするか」と対ソ開戦の不安を訴えた。湯浅が「戦争にでもなれば、日本の運命はどうなるか」とこれに同意すると、昭和天皇は「そこまで行かなければ、陸軍は目が醒《さ》めないのではないか」と投げやりともいえる心情をもらした。翌日、湯浅から原田熊雄を通じてこれを聞いた西園寺は、原田に「どこまで行つたつて、今日の様子ぢやあ目が醒めることはない。だから寧ろ今の内に、陛下は断乎《だんこ》としてお許しにならないことが必要」と昭和天皇を叱咤激励する言葉を述べた（『原田日記』七月二十日、二十一日）。

同じ二十一日、昭和天皇がまだ西園寺の意向を知らないうちに、閑院宮参謀総長と板垣陸相が張鼓峰での武力行使の裁可を求めにやってきた。昭和天皇は、裁可の拒絶は参謀総長や陸相の「面目に関はる」という配慮から、宇佐美武官長を通じ二人に、「もし万一武力行使を許せといふやうなことで来るのならば、自分はどこまでも許す意志はない」と事前に意向を示した。

にもかかわらず板垣陸相は面会し、武力行使の裁可を求めた。昭和天皇が「関係大臣との連絡はどうか」と尋ねると、板垣は、宇垣一成外相も米内光政《よないみつまさ》海相も賛成したと答えた。二人とも反対だと知っていた昭和天皇は、「自分をだますのかと思召され」、「多少御興奮の面持」で、

元来陸軍のやり方はけしからん。満洲事変の柳条溝《りゅうじょうこう》の場合といひ、今回の事件の最初の盧溝橋のやり方といひ、中央の命令には全く服しないで、たゞ出先の独断で、朕の軍隊としてはあるまじきやうな卑劣な方法を用ひるやうなこともしばしばある〔中略〕今後は朕の命令なくして一兵だも動かすことはならん。

と言い渡した。盧溝橋事件も陸軍の謀略だと疑っていたことがわかる。

閑院宮と板垣は驚いて湯浅内大臣に辞意を洩らしたが、近衛首相のとりなしで昭和天皇は

留任を認めた（以上、『原田日記』）。二人の辞任は内閣総辞職につながるとして近衛が説得したのである。結局、武力行使は裁可されず、この一件は秘匿された（『木戸日記』七月二十一日）が、間もなく漏洩《ろうえい》して「陸軍方面にて憤慨」する状況となった（『原田日記』八月五日）。

ところが、七月二十九日、朝鮮軍は張鼓峰北方の沙草峰《さそうほう》でソ連軍を攻撃し、交戦状態となった。現地日本軍部隊の部隊長は、沙草峰は張鼓峰ではないから違勅ではないと強弁した（同右、八月四日）。まさに昭和天皇の危惧が現実のものとなったのである。八月六日、ソ連軍は張鼓峰と沙草峰を奪還し、モスクワで日ソ両国の停戦交渉が行なわれた。十日に国境線を元に戻すことで停戦が成立し、昭和天皇は安堵した（同右、十一日）。

この直後、西園寺は原田熊雄に「甚だ不吉なことだけれども、明の亡びる時はちやうど今の日本と同じで、識者がたくさんをつても、みんな黙つてをつて、いかにも団結がなく」、「国民の知識が非常に低いし、国民が低調過ぎる〔中略〕これも明治以来の教育の方針が悪かつたんだな」と先行きを憂慮していた（同右、八月二十二日、三十日）。

ちなみに、最近の研究によれば、戦前の日本の公民教育の内容は、高等教育での一部の試みを除き、すでに定められた法令の順守を求めるにとどまり、自主的に政治について考え、政治に参加するという気風の養成をめざすものではなかった（松野一九九七）。西園寺の洞察は妥当なものだったといえる。そして、そうなった原因をたどれば、自由民権運動の拡大を恐れるあまり、憲法制定や軍隊制度の確立にあたって天皇を絶対化した元勲たちの政治姿勢に行き着くことになる。

長期化する日中戦争

さて、九月に入り、当時参謀本部に勤務していた秩父宮が昭和天皇に、参謀本部の若手が早期終戦を希望していると告げた。昭和天皇は閑院宮参謀総長にこの話を確認したが、賛否両論状態である旨を答えた。昭和天皇は、「和平を望む者で全部を統一して行くことはできないか」と質問したが、閑院宮は「成行きを見るより致し方ございません」と投げやりな回答だった。そこで昭和天皇が、「政府の政策としてさう決まつた場合に、参謀本部はどうなるか」と問うと閑院宮は従うと答えた。秩父宮はさらに昭和天皇が首相、陸相、参謀総長を呼んで和平工作を指示するよう提案したが、湯浅内大臣が「一皇族のお話によつてかれこれ遊ばすことはよくない」と反対し、昭和天皇もこれに同意したため、実現しなかった（『原田日記』九月五日、七日）。昭和天皇は、形式的な要件だけで再び早期収拾の好機を逃してしまった。几帳面な生来の性格が裏目に出たのである。

近衛首相は、五月の内閣改造で迎え入れた宇垣外相が陸軍との路線対立に耐えかねて九月末に辞職したこともあって、近い将来の退陣を考えはじめており、内大臣転身説が取りざたされていた。しかし、西園寺の「内大臣として側近に近衛を置いたなら、やはり陸軍の勢力が宮中に及ぶといふことになる。これは非常に困る」（同右、十月二十五日）という意向によって沙汰止《さたや》みとなった。

ところが、その後も政権基盤作りとしての近衛新党運動が失敗し（伊藤隆一九八三）、ドイツのイギリス牽制《けんせい》という思惑と、イギリスの蔣介石政権援助をやめさせたいという陸軍の思惑から一九三八（昭和十三）年七月十九日の五相会議決定により交渉が始まった、日独伊防共協定（三七年十一月にイタリアも加盟していた）を強化する問題（防共協定強化問題）でも、対象をソ連に絞るか否かで陸軍と外務省が対立して行き詰まり、再び近衛の辞意が高まった。

一方、日中戦争収拾については、各種の対中工作が試みられた結果、蔣介石政権の第二の実力者と目された汪兆銘《おうちょうめい》を首班とする有力な親日政権を作り、蔣介石政権を追いつめるという方策が選択され、十一月三日に近衛首相が、中国が政権の陣容と態度を改めれば拒否しないという声明（第二次近衛声明）を出して新政権作りの条件を整え、汪兆銘引き出し工作を進めた。その交渉結果をふまえ、十一月三十日の御前会議で新政権との提携内容を「日支新関係調整方針」として決定した（『太平洋戦争への道』④）。

もっとも、昭和天皇は本音では汪兆銘工作には批判的で、「謀略などといふものは当てになるものぢやない。大体できないのが原則」（『原田日記』十二月十日）と、徳治主義的な考え方がにじみ出た発言を湯浅内大臣に洩らしていた。しかし、蔣介石政権の徹底抗戦の意思は固く、停戦実現には日本側が中国側の要求を全面的にのむ必要があった。前年六月末の昭和天皇の発言から考えて、昭和天皇個人はそれでもよいと考える余地があったが、国民に多大な命の犠牲と戦費負担を強いてきた以上、ここでそのような大胆な政策転換を決断、実行するにはよほど力のある政治家が必要だった。

原宿にあった海軍館を見学　右が天皇、左は山本五十六（1938年 9 月）

十二月二十日、汪兆銘が重慶《じゅうけい》からハノイへ脱出、二十二日、近衛首相はこれに応じて、新中国政権に大幅に譲歩する旨の声明（東亜新秩序声明）を出した。しかし、近衛は、内外の行き詰まりから、きたる通常議会を乗り切るのは難しいと考え、退陣のため、十一月ごろから湯浅内大臣も巻き込んで平沼騏一郎枢密院議長を説得し、十二月末に同意を取りつけた（『日本内閣史録』④）。陸軍では汪兆銘工作進行中の政変は望ましくないとして、年末に閑院宮参謀総長と板垣陸相が天皇に近衛の退陣阻止に助力を依頼したが、昭和天皇は、「どうもそれはとても難しからう」と拒否した（『原田日記』十二月三十日）。

実はこの時、昭和天皇は、宇佐美武官長を通して参謀本部に、「そんなに近衛総理の辞めるのが困るなら、近衛総理を引留める代りに、例の防共強化の問題を最初の五相会議の決定通り、ソヴイエトのみに対する純然たる防共協定といふことにしてはどうか」と提案したが、参謀本部はこれを拒否した（同右、一九三九年二月二日）。昭和天皇はもう近衛をかばいきれなくなっていたのである。

近衛首相は、一九三九年一月四日、内閣総辞職を行なった。昭和天皇は、近衛の出馬交渉に対して平沼が態度を二転三転させたことを湯浅から聞き、「どうも平沼は利己的だね」と平沼に批判的だった（同右、三八年十一月十九日）。しかし、三九年一月四日、湯浅が「自己の責任を以て平沼騏一郎男〔爵〕を後継内閣の首班者として奏請した」ため、平沼首班に同意した。この際昭和天皇は湯浅に西園寺の意見も聴取させたが、西園寺がこの案に積極的に同意したのかはわからない（同右、三九年一月四日）。なお、汪の重慶脱出に対し、他の重慶側有力者でこれに呼応する勢力はなく、蔣政権弱体化という目的達成は失敗に終わった。

二　防共協定強化問題

念書を書かせる

一九三九（昭和十四）年一月五日、平沼内閣が成立したが、この内閣で最も紛糾したのは防共協定強化問題だった。一月六日、ドイツは再びソ連以外の第三国（すなわちイギリス）も対象とした三国軍事同盟案を提示してきた。陸軍と外務省の折衝を経て、一月十九日の五相（平沼首相、板垣陸相、米内海相、有田八郎外相、石渡荘太郎《いしわたそうたろう》蔵相）会議で、ドイツ案に関し、第三国を対象とする軍事協力は状況によるという妥協案と、方針を出先に徹底させるため特使派遣を決定した（『太平洋戦争への道』⑤）。しかし、こうした経緯を知った昭和天皇は、湯浅内大臣に「どうも今の陸軍にも困つたものだ。要するに各国から日本が強ひられ、満洲、朝鮮をもとくにしてしまはれるまでは、到底目が覚めまい」（『原田日記』一月二十一日）と洩らした。昭和天皇は防共協定の軍事同盟化は長い目で見て日本に不利であると考えていた。そして、そうなってしまったことは、我々が知るとおりである。

しかしなお陸軍は、陸軍出身の大島浩《おおしまひろし》駐独大使の意見をふまえ、この案では交渉は進まないとして修正を主張、三月二十二日の五相会議で、条約文では第三国を対象とする武力援助を認めるが、実際には当分は武力援助はしないという妥協案が決まった（『太平洋戦争への道』⑤）。

これを知った昭和天皇は、平沼首相に、「防共強化の問題について、大島、白鳥両大使が中央の訓令を奉じない場合にはどうするか」、「さらに協定の内容を変へるやうなことはないか」と尋ねた。平沼は前者については召還を含む措置をとるとし、後者については交渉を打ち切ると答えた。昭和天皇は以上の回答を書類にして提出するよう命じた（『原田日記』四月一日）。その結果、三月二十八日付で、五相の連名で平沼の回答を文書化した書類（念書）が天皇に提出された（『太平洋戦争への道』⑤）。こうした念書の提出は前例がなく、昭和天皇はこれ以上の譲歩は許さないという断固たる意思を政府、軍部に明示したのである。

ところが、四月二日、白鳥敏夫駐伊大使が伊外相に対し、そして翌三日、大島駐独大使が独外相に対し、対英仏戦の場合も参戦と言明した。彼らは交渉妥結に固執するあまり、政府の訓令を無視したのである（同右）。これを知った昭和天皇は、さらに、有田外相が四月八日に「中央の意志を顧みない分限超越の言動としてこれを取消させねばならないものでありますが、強ひてこれをすることは大使の面目もあり、且いろ〳〵紛糾を来す虞《おそれ》もあります故、参戦の意味を寧ろ有効適切なる武力行為以外の行為として、強ひて広義に解し、この際は両大使の行為を分限超越の行為としてあまり追及しない方がよい」と弁解したのに対しても、

「両大使の行為は、天皇の大権を無視したもの」とやはり不満をあらわにした。

さらに四月十日、昭和天皇は板垣陸相に「元来、出先の両大使が何等自分と関係なく参戦の意を表したことは、天皇の大権を犯したもの」と叱責した。しかし、板垣は、誰が昭和天皇に詳細を伝えたのかと宇佐美武官長に怒りをぶちまけ、有田はデマの種になると困るとして、この昭和天皇の発言を平沼首相に報告しなかった（以上『原田日記』）。

内務大臣となっていた木戸幸一も原田熊雄に対し、

元来今の陛下は科学者であつて、非常に自由主義的な方であると同時に、また平和主義の方でもある。そこで、この陛下のお考へになり方を多少変へて戴《いただ》かなければ、将来陛下と右翼との間に非常な隔りが出来ることになると、ちやうど孝明天皇が晩年に側近をすつかり幕府に取替へられてしまつたやうな具合に、どうされるか判らない。で、陸軍に引きずられるやうな恰好でゐながら、結局はこつちが陸軍を引張つて行くといふことにするならば、もう少し陸軍に理解をもつたやうな形をとらなければならん。

と昭和天皇の行動を批判した（同右、四月二十日）。元老西園寺が老衰で政治的影響力を失いつつあった当時、昭和天皇はますます周囲から理解者を失いつつあった。

しかしなお昭和天皇は、五月九日、閑院宮参謀総長が参内を希望した際、宇佐美武官長を通じて、「もし万一、参戦といふことを申出るやうなことがあれば、それには明確に反対する」と伝え、それにもかかわらず十日に参謀総長が第三国対象の参戦義務を認めるよう申し出るとこれを拒否した。湯浅によれば、昭和天皇が、「宣戦講和の大権は朕の統《す》ぶるところであり、また朕は大元帥として統帥府を統べている。朕の許可なくして、或いは朕に何等の話なしに、かれこれ問題を強要するが如きはけしからん」と考えたためであった（同右）。昭和天皇は統治権の総攬者かつ大元帥としての自覚のもとに拒否権を発動したのである。当然、日独交渉は停滞した。

こうしたなか、五月二十五日に、侍従武官長が畑俊六《はたしゅんろく》に代わった。宇佐美の勤務ぶりは、一九三八（昭和十三）年十月に松平康昌《まつだいらやすまさ》内大臣秘書官長が原田熊雄に、「陛下の侍従武官長であるといふ建前よりも、陸軍の武官長といふ風な形で、何を陛下がお訊ねになつてもそれに対して抗弁して、陛下の御意思を陛下の軍隊である陸軍に伝へるといふ段取りになつてゐない」と批判した（同右、一九三八年十月十三日）ように、宮中で問題になっていた。三九年二月、ついに湯浅内大臣が宇佐美に注意したが、宇佐美は「実に御尤《ごもっと》もだと思つてゐるけれども、いかんせん、陸軍の状態がいかにも歎《なげ》かはしい状況で、中心になる人物がをらない。なんといつてもなかなか思ふやうにいかん。従つて陛下のおつしやることもなかなか通らない。陛下の思召をお伝へしてもそれが通らないやうでは、かへつて聖徳に瑕《きず》がつく」として「今まで陛下のおつしやる通りにもしなかつたのだ」と弁解した（同右、一九三九年二月二十三日）。

その結果、当時軍事参議官であった畑でさえ、「宇佐美中将は各方面との連絡も不十分にして陛下の御信任なき由《よし》各方面より聞く」と日記に記すほどになっていたのである（『続・現代史資料』四。以下『畑日記』と略記。五月十六日）。湯浅内大臣が原田熊雄に、「人は決して悪くないけれども、どうも陛下のおつしやることを思ふやうに理解する力もなければ、また通ずる気力もな」く、「陛下は非常にお困りになつた」と語っている（『原田日記』五月二十五日）とおりだったのである。

畑俊六

昭和天皇は、湯浅に「今度の武官長はいゝよ」と洩らすほど畑を評価し（同右）、就任翌日の五月二十六日、畑に対し、「畑は新任匆々《そうそう》にて唯各種デマ及陸軍側の云ひ分のみしか知らざるべし」として防共協定強化問題の経緯を自ら一時間近く説明した。天皇自身が引き継ぎ事項を説明するなど前例のない事態であり、宇佐美がいかに信頼されていなかったかがわかる。そのなかには「平沼は政権欲強し。西園寺は平沼は奸譎《かんけつ》なりと申居たるがよく人物を見抜きたるものと思ふ」という赤裸々な人物評もあったが、畑は、昭和天皇の意向が参戦絶対反対であることを理解した（『畑日記』）。

ノモンハン事件と天津封鎖問題

この一九三九（昭和十四）年五月中旬、ノモンハン事件が勃発した。これは満洲国とソ連、モンゴル人民共和国の国境紛争で、事実上関東軍がソ連軍を挑発したものである（『太平洋戦争への道』④）。畑武官長がこの事件について報告した際、昭和天皇は、「満洲事変の時も陸軍は事変不拡大といひながら彼《か》の如き大事件となりたり」と、陸軍に対し批判的な発言をした（『畑日記』六月二十四日）。結局は八月下旬の戦闘で関東軍が多くの犠牲を出して大敗し、日本の譲歩で九月中旬に停戦が成立した（『太平洋戦争への道』④）。

なお、ノモンハン事件に関連して、九月末に西園寺が原田熊雄に、「ノモンハンの事件やらいろ〳〵とにかくすべて陛下の命令だといふのでやつて、出先の兵隊も、兵隊以外の働いてゐる者も陛下をお恨み申すといふ空気が非常に強い」と述べている（『原田日記』九月二十七日）のは、昭和天皇が、本人の真意とは別に、立場上責任を問われ得る存在であることが一般に認識されていた史料として注意しておくに値する。

六月十四日、華北の天津駐屯の第二七師団が、天津にある英仏租界の封鎖を開始した（天津租界封鎖問題）。華北唯一の第三国の租界である天津英仏租界では、イギリスの援助による幣制改革で三五年十一月に制定した中国の通貨（法幣）が優遇され、日本の占領軍が発行した軍票や、日本が現地に設立した銀行が発行した紙幣（連銀券）は信用度が劣るため、日本の占領地経営に著しい障害となっていただけでなく、天津英仏租界は、日本の権限が及ばないことから抗日テロ運動の拠点ともなっていた。そこで日本軍はかねてからこの天津英仏租界の事実上の解消を狙っていた。四月九日に天津海関《かいかん》の中国人総督が暗殺された事件の犯人引渡しをイギリスが事実上拒否したことを口実に、日本軍が租界の人と物の出入りを厳しく制限する封鎖を実施して問題解決を図ったのである（永井二〇〇七）。

これに関し、昭和天皇は畑武官長に「条件を緩和しても速《すみやか》に解決するが可」と述べるなど（『畑日記』六月二十日）、イギリスに融和的な態度で早期解決を望んだ。昭和天皇の親英ぶりがよく表れている。日英間の解決交渉は七月十五日から東京で開始されたが、平行線をたどり、後述の国際情勢の急転によって八月下旬に封鎖が解除された（永井二〇〇七）。

板垣陸相に激怒

七月五日、板垣陸相が、人事異動案について天皇の事前承諾を得るため報告中、寺内寿一軍事参議官の遺独について、「防共強化を精神的に強く結合する意味」でも必要だと述べたことから、昭和天皇は板垣に日ごろの陸軍への不満と板垣への不信感をぶちまけた。湯浅が原田熊雄に語ったところでは、「お前は自分の考をよく知つてゐるぢやあないか。この前も軍事参議官の会議で、外務大臣は軍事協定に賛成である、といふ虚構の事実を報告してゐる。まことにけしからん」と述べ、さらに天津問題に関しての板垣の返答ぶりに怒った昭和天皇は「どうも頭が悪いぢやないか」とまで述べた（『原田日記』七月六日）。

畑武官長の同じ日の日記によれば、昭和天皇は板垣に対し、「防共協定に関し独逸側が我要求を拒絶したる以上は決裂なるべきに、陸軍は尚之《なおこれ》を締結せんとしあるが如きも、〔自分は〕元来本協定には反対なるに陸軍と妥協したるものなり。由来陸軍は之に関し種々策動しあり」と述べたあと、「陸軍の下克上、陸軍が凡《すべ》て物事を主観的に見る伝統あること、延《ひい》ては幼年学校の要否、其教育の不備に関し種々御意見」を述べ、「遂に大臣の能力まで御言葉」があった。この後板垣陸相は畑に辞意を洩らした。

昭和天皇は翌日、畑武官長に対し、

人事に関しても山下《やました》〔奉文《ともゆき》〕、石原〔莞爾〕の栄転の如き意に満たざるあり、又寺内大将の派独の如き、彼より招待ありたれば派遣すと単に申せば宜しきに、防共枢軸の強化の為といふ如き、元来あまり好まざる事を強調する等頗《すこぶる》意を得ざるものあり、これより自然防共協定の話が出て、外務大臣の言と反するが如き従てこれを詰《なじ》る如き従来の言動あり、畢《ひっ》竟《きょう》陸軍の教育があまり主観的にして客観的に物を観んとせず、元来幼年学校の教育が偏《へん》頗《ぱ》しある結果にして、是独逸流の教育の結果にして、手段を選ばず独断専行をはき違へたる教育の結果に外ならず、つい少し云ひ過ぎたる次第なるが、板垣の能力まで進みたる次第なり。

と、前日の板垣陸相への発言の真意を説明し、板垣については、陸相辞職を迫ったわけではなく、「能《よ》く軍の統制を謀《はか》り下克上の如きことなき様に」すればよいとした（『畑日記』）。

七月五日の昭和天皇の様子については、小倉庫次《おぐらくらじ》侍従の日記の記事も引用しておきたい。板垣が帰った後、昭和天皇は、「跡始末は何《ど》うするのだ」などと大声で独り言を言い、小倉が内閣からの決裁書類を持っていっても「御心止らせられざる御模様」だったので、急ぐもの以外は翌日回しとしたが、「今日の如き御憤《ふん》怒《ぬ》に御悲しみさへ加へさせられたるが如き御気色を、未だ嘗《かつ》て拝したることなし」という状況だった。

さて、天津租界封鎖開始以来、右翼のみならず一般市民団体による反英運動が始まっていた。三七年秋以降、内務省は反英運動の取締りを緩和していたためである。七月一日、内務省は反英運動の一層の緩和を決定、反英運動はむしろ拡大し、東京、横浜、大阪、神戸では数万人規模の集会が数度にわたって行なわれ、八月初旬をピークにようやく沈静化した(永井二〇〇七)。七月六日、昭和天皇は平沼首相に取締りを指示したが、平沼は困難とした。そこで昭和天皇は、「それならば、反対の議論をきかせる余地はないか」と要望したが、実現しなかった(『原田日記』)。七月二十九日、昭和天皇は木戸幸一内相に、反英運動について、「どうも随分シエーム〔shame、恥〕なものもあつたね」と述べ、反英運動への不快感を示した。しかし、木戸は、「阻止することがかへつて治安を乱す」と説明した(同右、八月三日。日付は『木戸日記』による)。

七月二十六日、アメリカが突然日米通商航海条約破棄を通告してきた。条約の規定では、半年後の一九四〇年一月二十六日に失効することになる。アメリカでは日中戦争勃発以来日本を侵略国として非難する世論が強まり、天津租界封鎖はこうした動きをさらに一層強めた(『太平洋戦争への道』④)。しかも、一九三八年九月、中国の提訴により日本は国際連盟から侵略国と認定され、加盟国から経済制裁をうけることとなった。アメリカは加盟国ではなかったが、連盟とは密接な関係を続けており(篠原二〇一〇)、これを支援する動きに出ても不思議ではない。

昭和天皇は、八月一日、「日米通商条約破棄に関し、我国が米国より経済断交を受くるときは屑鉄《くずてつ》、石油等に於て到底立ち行かざるといふ企画院あたりの情報」を心配して、陸軍の対応を畑武官長に尋ねた。八月十五日、畑は参謀本部の回答を報告したが、昭和天皇は、楽観的過ぎるとして「あまり御納得の行かせられぬ様」で、畑は、「陸軍の信用のなき処《ところ》誠に困つた次第」と嘆いた。翌日、昭和天皇は、畑に、「今回の支那事変の如く甘く行かぬ時一体誰が責任をとるや」と嘆いている（『畑日記』）。

陸相人事に注文

防共協定強化問題の方も、八月二十二日（現地時間で二十三日）、突如独ソ不可侵条約が締結されたことで急転した。対ソ軍事同盟を結ぶはずの相手国がそのソ連と戦争をしないという条約を結んだためである。この日、昭和天皇は、信頼できる国家などないという趣旨の小倉侍従の発言に対し、「その通りだよ」と述べ（『小倉日記』）たが、昭和天皇の親英ぶりを考えれば、具体的には独ソ両国への不信感を示したものと解釈すべきである。そして翌二十三日、昭和天皇は畑武官長に「これで陸軍が目ざめること丶なれば却《かえ》つて仕合せ」（『畑日記』）と述べた。

平沼はこれによって退陣を決意し、二十五日に対独交渉打ち切りを閣議決定した。後継首相には、まず広田弘毅元首相の名があがったものの広田は近衛文麿枢密院議長を推薦し、宇垣も取りざたされたが（『原田日記』八月二十四日）、二十七日、板垣陸相は畑武官長を通じて湯浅内大臣に宇垣では陸軍の統制がとれないと宇垣拒否の意思を伝えた。板垣は近衛に出馬を要請したが断られ、「毒にも薬にもならざる」として、陸軍内部の派閥抗争と無縁だった阿部信行元陸軍次官を希望した（『畑日記』）。西園寺は、「誰がやつても非常に難しいやうに思はれる。日本はどうしても英米仏と一緒になるやうにしなければならん」とは思ったが、心当たりの人物はいなかった（『原田日記』八月二十四日）。

平沼内閣が総辞職した二十八日、昭和天皇は、畑武官長に「陸軍が又政治運動をして困る」と前日の板垣陸相の動きを批判し、板垣の辞表が「他の閣僚と同一通り一遍のもの」なのを「不満」とし、「前言を翻して五相会議に於て問題を紛糾せしめたるものなれば陸軍大臣は責任を痛感しあるや否や、進で陸軍全体が責任を感じあるや」と畑に不満をぶちまけた（『畑日記』）。後任首相については、陸軍の意向をふまえた近衛の意見により湯浅が阿部を天皇に推薦、天皇はこの日の夜、阿部に組閣を命じた（筒井二〇〇七）。

その際、昭和天皇は阿部に対し次のように述べた（『高木惣吉 日記と情報』。以下『高木日記』と略記。八月三十日）。

従来内治外交共に甚だ乱れたるは其の根源陸軍の不統制に在り。卿は陸軍の長老として這《しゃ》般《はん》の消息には精通しあるべく、又如何なる要点を押ふれば可なるかも熟知するならん。朕は自ら一線に立ちて此の問題の解決に当る決心なるを以て、卿之を補佐せよ。陸軍大臣は畑、梅津〔美治郎《よしじろう》〕両人の中より選定せよ。要すれば朕は畑を手放さん。卿は梅津にて陸軍が纏りて推薦出来得る様試みよ。

又、朕は内務、大蔵、外務、司法各大臣の詮衡《せんこう》には深き関心を持つ〔後略〕

昭和天皇は、大臣経験のない（短期間の陸相代理の経験はあるが）阿部が首相としては軽量級であることをふまえ、阿部に対し、自分が先頭に立って陸軍を統制して難局を切り抜けるという決意を示した。事実上の親政宣言である。

また、「政治は憲法を基準にしてやれ、外交は英米を利用するのが日本のためにいゝ」とも指示した（『原田日記』八月三十一日）。

陸相については、陸軍が二十六日の三長官会議で多田駿《ただはやお》第三軍司令官を推薦することを決定し、二十八日の夕刊にも出ていた。昭和天皇がこれをあえて拒絶したことから、いかに板垣陸相および陸軍への不信感が強かったかがわかる。また、畑への信任ぶりはもちろん、二・二六事件後の陸軍建直しの時期に陸軍次官を務めた梅津の働きぶりに昭和天皇が好意を持っていたこともわかる。結局陸相には畑が就任し、三十日、阿部信行内閣が発足した。後任武官長には、東宮武官や侍従武官の経験がある駐蒙軍司令官蓮沼蕃《はすぬましげる》が就任した。梅津は、「関東軍の建直し」に適任で、天皇の信任も厚いという理由で関東軍司令官となった(『畑日記』九月八日)。

昭和天皇の信任厚い畑だったが、戦後、戦犯容疑者として収監中に記した回顧録(畑二〇〇九)の中で、当時の昭和天皇について批判的な所感を記している。「輔弼の申上ぐることはよく御聞入れになるも」、「陛下はいはゞ御弱気の傾あり、加ふるに国事には常に御心配ありて」、しばしば居室で「御独りにて自問自答あらせられ御苦心あらせらる」としている。そして、防共協定強化に関して、海軍から出向の平田昇《ひらたのぼる》侍従武官が「常に海軍側の米内などの旨を受け余に報告することとなしに屢々《しばしば》直に陛下に申上ぐることなどありたる」ため「防共協定強化問題の如きも相当海軍の意向が陛下に作用したるもの」とし、さらに「宮中にては親英の空気頗る濃厚なれば陛下に於かれても独との親密なる関係には賛成せられざりし」と、海軍の意向と親英指向を昭和天皇の主な反対理由としている。

しかし、「広く各方面のことを御聞きになり之を御判決ありて御自分の御考へを断乎として御下命なさるゝ点に於て御不十分」というのは、防共協定強化問題や阿部内閣の組閣過程にはあてはまらないし、畑の武官長就任以前でいえば、張鼓峰事件もそうである。昭和天皇の信任厚い武官長にしてこのように陸軍本位の考え方なのだから、昭和天皇と陸軍の溝の深さがあらためてわかる。

首相の人選を主導

一九三九（昭和十四）年九月一日、ドイツのポーランド侵攻によって第二次世界大戦が勃発した。阿部内閣は物価統制や貿易省設置問題などで失敗を繰り返し、アメリカの通商航海条約破棄を思いとどまらせることもできなかった。その結果、陸軍からだけでなく議会からも見放され、議会で次年度予算通過の見込みがなくなったため、一九四〇年一月十四日、内閣総辞職を行なった（古川二〇〇二）。後任首相には米内光政元海相が起用され、十六日に米内内閣が成立する。同内閣は畑陸相が留任したほか、第一次近衛内閣の途中から平沼内閣まで外相を務め、防共協定強化に反対した有田《ありた》八郎《はちろう》が外相に返り咲き、政友会や民政党からも多数入閣するなど、親英米色、穏健色の強い内閣となった。

首相人事について、昭和天皇は敗戦直後の回想録で、「日独同盟論を抑へる意味で」、「米内はむしろ私の方から推薦した」（『独白録』）と述べている。同時代の史料を見ると、後任首相について一月初めから政界でさまざまな人名が飛び交うなか、米内説が現れるのは、一九四〇年一月十一日、湯浅内大臣が原田熊雄に「どうもいろ〱考えたが、結局どうしても米内大将を引張り出すよりしやうがあるまい」と語ったところからである（『原田日記』一九四〇年一月十七日)。

そして、十四日に昭和天皇がわざわざ畑陸相を呼び出し、「新内閣に協力せよ」と特に指示したこと(同右、一月十七日)、十六日の米内の親任式の際、昭和天皇は、「かねて米内大将には御信任もあるので」、「憲法の運用を誤らないやうに」と「大臣の人選は極めて慎重にせよ」の二項目しか指示しなかった(同右、一月二十七日)こと、外相に有田が返り咲いたことを考えると、先行研究も示すように(柴田二〇〇五、筒井二〇〇七)、昭和天皇の回想は正しいと判断できる。

ただし、畑陸相への指示については陸軍内部で強い不満があり、右翼も「重臣の陰謀」と非難した(『原田日記』一月十七日)。再び間接的な昭和天皇批判が現れたのである。

このあと昭和天皇の関心はしばらく日中関係に集中することになるが、話の都合上、先に内大臣の交代にふれておきたい。一九三九年五月上旬、湯浅は体調不良を理由に部下の松平康昌秘書官長に辞意を告げた。後任としては、近衛など首相経験者や一木など宮中の要職の経験者の名前が関係者の間で取りざたされたが、結局、湯浅、西園寺、近衛など多くの人が木戸幸一を推し、昭和天皇も「木戸は自分はいゝと思ふ」としたため(同右、五月六日、二十九日)、六月一日、木戸が内大臣に就任した。

候補者の中では大臣経験のみならず宮中経験が長く、昭和天皇の信頼も厚く、近衛に次いで若く（当時近衛は四十八歳で木戸は五十歳）、健康に問題ないことなどが理由と考えられる。就任にあたって昭和天皇は「時局重大の折柄御苦労なり」と言葉をかけ（『木戸日記』六月一日）、木戸も、「余の任の重大なるに想到し、心の奥深く真に決するところあ」った（同右、六月十日）。なお、湯浅は十二月二十四日に死去することになる。

ドイツの快進撃に幻惑される

畑陸相に「国際信義は大切なり。満洲事変以来我国は国際信用を失ひあり」と嘆く（『畑日記』三月十三日）昭和天皇は、二月二十一日、沢田茂参謀次長が「桐工作《きりこうさく》」、すなわち宋子良《そうしりょう》を通じた蔣政権との和平交渉開始を報告すると、「成功すれば真に結構」と大変喜んだ（「参謀次長上奏控」『参謀次長沢田茂回想録』。以下、「沢田メモ」と略記）。六月二十四日、交渉が進展し、蔣介石、汪兆銘、板垣征四郎の三者会談が検討されつつあることを知った昭和天皇は、木戸内大臣に、「七月上旬に葉山に行幸は如何なるものなりや」と尋ねた。これらの史料から、昭和天皇の桐工作への期待の大きさがわかる。日中戦争が収拾できれば英米との関係改善につながり、防共協定強化も必要なくなることはこれまでの経緯から明らかである。しかし、木戸は、これはまだ謀略段階で少数者しか知らない上、蔣政権側に、「陛下が此成果を心待ちに御待にあり居る様に印象づけることは好ましからず」として予定通り行動するよう進言した（『木戸日記』）。結局、桐工作は、交渉条件が折り合わず、九月末に中止となる（『太平洋戦争への道』④）。

これと並行して、四月上旬からドイツ軍の電撃作戦が始まり、あっという間に西ヨーロッパを支配下に収めていき、五月末にはイギリス軍の大陸からの撤退が始まった。昭和天皇の、「独軍は対英本国上陸作戦を実施し得るや」という問いに対し、沢田参謀次長が「可能なり」と答え（「沢田メモ」五月八日）、さらに沢田が「独逸軍の攻撃精神の旺盛《おうせい》〔中略〕に比し英仏は政治は其日暮し　軍隊は充実せず　現状維持か精神堕落」と述べるなど（同右、五月二十九日、六月八日）、ドイツ軍の戦果にすっかり幻惑されてしまっていた。

政界でも、ヨーロッパの状況の影響で近衛を中心とする政界再編の動きが表面化しはじめた。木戸も内大臣就任前はこの動きに関与していた。しかし昭和天皇は「米内々閣をなるべく続けしむる方よろしからん」と考えていた（『木戸日記』六月三日）。しかし、六月十七日、フランスのペタン元帥はドイツに休戦を提議し、のち二十二日降伏した。新聞には「欧州新秩序」の見出しが躍った。これにより、フランス領インドシナ（仏印）当局は、仏印北部から延びる米英からの蔣介石政権の援助物資輸送ルート（援蔣ルート）の一つを遮断《しゃだん》し、六月二十日、日本陸軍の監視団派遣を認めた（『太平洋戦争への道』⑥）。

昭和天皇は、これに関連して、木戸に「我国は歴史にあるフリードリッヒ大王やナポレオンの様な行動、極端に云へばマキアベリズムの様なことはしたくないね、神代からの御方針である八紘一宇の真精神を忘れない様にしたい」と述べた（『木戸日記』六月二十日）。この場合、「マキアベリズム」とは道義的に問題ある権力行使を、「八紘一宇の真精神」とは、公正な態度で他の地域と親睦《しんぼく》を図ることを意味していると判断できるので、相手の窮地につけこむことに躊躇《ちゅうちょ》を感じていたことがわかる。しかし、昭和天皇は側近に気持ちを洩らしただけで、行動しようとした形跡はない。明らかに昭和天皇は気力を失いつつあった。

イギリス降伏間近とみた陸軍が六月十九日以降、イギリスにイギリス領ビルマと香港《ホンコン》からの援蔣ルート封鎖などを要求した際も、このままでは、「香港占領と云ふことになり、結局、宣戦と云ふことにな」り、「米国は少なくともエムバーゴ〔支援〕〔の〕手段に出るだらう」と、悲観的な見通しを木戸に述べた（『木戸日記』七月十一日）。しかし、やはりそれ以上の行動には出なかった。ただし、イギリスの譲歩により開戦は避けられた（『太平洋戦争への道』⑥）。

フランス降伏でドイツがヨーロッパ中心部の覇権を確立したことに影響され、近衛文麿、有馬《ありま》頼寧《よりやす》元農相らは、政界再編による国内体制強化による日中戦争収拾をもくろみ、二十四日、近衛は枢密院議長を辞任して新体制運動開始を表明した（伊藤隆一九八三）。昭和天皇はその進展状況に深い関心を持ち、近衛と連絡をとっていた木戸にたびたび状況を聞いている

(『木戸日記』)。

七月十四日、昭和天皇は、木戸に「内外の情勢により内閣の更迭を見るは不得止《やむをえず》とするも、自分の気持は米内に伝える様に」と指示した(『木戸日記』)。昭和天皇は米内内閣の存続をあきらめたのである。このころ、政界、軍部、新聞のいずれもが「欧州新秩序」に浮き足立っていたが、協調外交路線を持続してきた松田道一も、七月九日執筆の論説「欧州大陸均勢の動揺と其の波紋」(『外交時報』一九四〇年八月一日号掲載)において、「ヴェルサイユ条約を初めとしての諸平和条約に依り規律せられたる欧州体制は、二十年の歳月を経て茲《ここ》に崩壊を見るに至った〔中略〕欧州国際関係を支配する幾多の要因の交互錯綜《さくそう》によりて、欧州の旧体制が日一日と開放されて、所謂ニュー・オーダー(新秩序)の登場が急迫を告げて居る」と、ついにドイツの覇権を認めた(『外交論叢』)。

外交進講役の松田さえドイツの覇権を認めたことは、昭和天皇が協調外交・融和路線継続の国際政治上の根拠をほぼ完全に失ったことを意味する。昭和天皇が気力を失った原因は、時期や状況から見て、これ以外に考えられない。イギリス危うしという状況が昭和天皇にとっていかに衝撃的だったかがわかる。

第二次近衛内閣の成立

一九四〇（昭和十五）年七月十六日、参謀本部の要請で畑陸相が単独辞職したため米内内閣は総辞職した。木戸内大臣は、天皇の指示で、内大臣が重臣（枢密院議長、元首相）と協議し、元老に相談の上、天皇に回答するという六月二十一日に昭和天皇から承諾を得ていた手続きにより後任首相選定を開始した。翌七月十七日、重臣会議は近衛でまとまった。これに対し、西園寺は回答を辞退したが、昭和天皇はこの日夜、近衛に組閣を命じるとともに、「内外時局重大の際故」、外相と蔵相の人選を慎重にするよう指示した（『木戸日記』）。近衛は十九日に陸海外相予定者、すなわち東条英機《とうじょうひでき》、吉田善吾《よしだぜんご》、松岡洋右と会談して基本方針の合意を得た上で組閣を行ない、二十二日、第二次近衛内閣が発足した。

この際、諮問への回答を辞退した西園寺は、これをもって事実上政界から引退したことになる。昭和天皇は、自己の軍事外交政策の最大の理解者・支援者を政界から失った。西園寺は十一月二十四日、老衰のため九十一歳で死去した。その直前まで「今日のやうなやり方では、結局陛下の御聡明を蔽《おお》ふ」と嘆き、「差当つてはドイツが戦勝国となるやうに見えるかもしれないけれども、しかし終局はやはりイギリス側の勝利に帰すると自分は思ふ」と側近に語っていた（『原田日記』九月二日）。死去翌日、昭和天皇は木戸に「西園寺公の薨去《こうきょ》を悼《いた》ませられ、種々難有思召」を述べた（『木戸日記』）。

第二次近衛内閣は七月二十六日、施政方針として、「皇国を核心とし日満支の強固なる結合を根幹とする大東亜の新秩序」の「建設」を国是と定めた「基本国策要綱」を決定した。翌二十七日、大本営政府連絡会議において、政府と軍部の合意事項として「世界情勢の推移に伴ふ時局処理要綱」が決定された。「支那事変の解決を促進すると共に好機を捕捉《ほそく》し、対南方問題を解決す」という方針のもと、「独伊との政治的結束を強化し、対蘇《ソ》国交の飛躍的調整を図る」、「米国に対しては〔中略〕我より求めて摩擦を多からしむるは之を避くる」、南方については日中戦争を終結できたならば「好機を捕捉し、武力を行使す」とあった（『太平洋戦争への道』資料編）。

オランダ、フランスに続きイギリスも早晩ドイツに降伏することを見込んで、独伊との関係強化とソ連との関係改善によってアメリカを抑制しつつ、戦略物資確保のため東南アジアの英仏蘭植民地を武力を使ってでも手に入れるという構想である。しかし、アメリカは、イギリスや中国を支援するため、七月二十六日に石油と屑鉄の、三十一日には航空用ガソリンの輸出制限を始めた。ただし、日米戦を避けるため石油は除外した（吉田、森二〇〇七）。

七月二十九日、参謀総長、参謀次長、軍令部総長、軍令部次長が天皇に同要綱を非公式に説明した。昭和天皇は多数の質問を浴びせたが、そのなかには「独蘇共に不信の国なり 我国が対米戦争の為め国力を疲弊しあるに乗じ我国に対し不信行為に出づる時は困らざるや」という、昭和天皇の独ソ両国への不信感をあらわにしたものもあった。しかも質問に対する返答は曖昧なものも多く、陸軍と海軍の見解の相違も明らかとなったが、昭和天皇は問い詰めることをしなかった（「沢田メモ」）。八月八日に松岡外相から外交方針の説明を受けたあとも、昭和天皇は木戸に、外交一元化と日本の孤立化を避けるという方針は良いが、「米国に対する見透の充分に立ち居らざるは遺憾」と松岡外交に危惧を抱いたことを洩らした（『木戸日記』八月九日）ものの、だからといって松岡に注文をつけた形跡はない。

三国同盟を容認

そして、九月二十二日の北部仏印進駐、そして二十七日の日独伊三国同盟締結という、あれほど嫌っていたドイツとの軍事同盟にも昭和天皇はもはや表立って反対しなかった。それでも、三国同盟締結にあたっては、十六日、近衛首相に対し、

今回の日独軍事協定については、なるほどいろ〳〵考へてみると、今日の場合已《や》むを得まいと思ふ。アメリカに対して、もう打つ手がないといふならば致し方あるまい。しかしながら、万一アメリカと事を構へる場合には海軍はどうだらうか。よく自分は、海軍大学の図上作戦では、いつも対米戦争は負けるのが常である、といふことをきいたが、大丈夫だらうか。〔中略〕自分は、この時局がまことに心配であるが、万一日本が敗戦国となつた

時に、一体どうだらうか。かくの如き場合が到来した時には、総理も、自分と労苦を共にしてくれるだらうか。

と、不安な心境を洩らした。近衛は、「陛下の御軫念は、まことに御同情に堪へません。自分も及ばずながら誠心御奉公申上げる覚悟でございます」と、労苦を共にする決意を示さないわけにはいかなかった(『原田日記』九月二十日)。

さらに二十四日、昭和天皇は木戸内大臣に、「今度の場合は日英同盟の時の様に只慶《ただよろこ》ぶと云ふのではなく、万一情勢の推移によっては重大な危局に直面するのであるから、親しく賢所《かしこどころ》に参拝して報告すると共に、神様の御加護を祈りたい」と提案(『木戸日記』)した。昭和天皇は、もはや神にすがるしかないほどの無力感と暗い予感にとらわれていたのである。実際、条約調印決定が伝えられるとアメリカはただちに屑鉄輸出禁止措置をとった。松岡外相の意図は失敗したのである。なお、神への祈願は十月十七日に行なわれた恒例の神嘗祭《かんなめさい》の際に、祝詞《のりと》のなかにこの趣旨を盛り込むことで実現した(同右)。

なお、松岡外相は、桐工作失敗後中断していた蔣介石政権に対する和平工作を再開した。昭和天皇はこれに期待を寄せ、木戸に状況を問い合わせたりしている(『木戸日記』十一月八日)。しかし、またしても条件が折り合わず、汪兆銘政権に約束していた日本の汪兆銘政権承認の期日が迫ったため、十一月二十八日の大本営政府連絡会議で和平工作打切りが決まり、三十日に汪政権承認の運びとなった（『太平洋戦争への道』④）。

昭和天皇は、十一月三十日会見した杉山元《すぎやまはじめ》参謀総長（十月三日就任）に、「我国も愈々汪政権を承認した以上、所謂全面和平は当分難しいと思ふが、そうすれば、政治的に見れば持久戦と云ふことになるので」、「我国の財政物資等の見透しからしても、此際戦線を整理して国力相応に調整するの必要はないか」と尋ねた。昭和天皇は対米関係が悪化するなか、見通しのないまま戦争が拡大しかねないことに強い不安を抱いたのである。しかし、杉山は「急に兵を退くと敗戦したとの宣伝を受くる虞あり」と反論し、昭和天皇はもはやそれ以上追及しなかった（『木戸日記』十二月二日）。

さて、新体制運動の方は、近衛内閣成立と前後して各政党の解党が始まり、八月十五日までにほぼ全政党が解党した。昭和天皇は、新体制運動についての近衛首相の説明に対し、「憲法の精神に抵触しやせんか」と尋ねた（『原田日記』八月十七日）。議会が実質的に無力化することを懸念していたと考えられる。そこで、八月二十七日、近衛は翌日開催予定の新体制準備会の第一回会合での声明案を昭和天皇に内示した（『木戸日記』）。「新体制の根本理念」と題するこの文書は、日中戦争の「処理」と、日本が「世界新秩序の建設に指導的役割を果たすため」、「如何なる事態」にも「迅速有効適切果敢に」、「対処」できるよう、「国内の政治意思が常に一元化せられ」ることが必要だが、独、伊、ソのような「一国一党」は、議会が形骸《けいがい》化するため違憲である上、「幕府政治」となるので「国体」にも合わないが、「民間運動としての国民組織運動」が「優勢なる一個の党となったとき、その首領が大命を拝して内閣の首班となるといふ場合はあり得る」と、新体制運動の合憲を主張していた（『高木日記』九月九日）。

近衛はさらに憲法運用、外交、経済財政についての意見書も提出した。このうち、憲法についての意見書（「憲法の運用について」）は、「特に先の世界大戦を界《さかい》と致しまして、欧州諸国の憲法は、根本的に面目を一新し（中略）現実の政治体制乃至《ないし》政治運用におきましては、何《いず》れも、強力なる集中的執行権の体制を採り、自由主義に代へて多少とも全体主義へ移行し、自由権財産権を国家国民の公益に依つて制限統制」しているので、「固《もと》より憲法改正のことを申しまするは憚《はばか》りがありまするが、少くとも時代の進運に応じて、憲法の運用につき考慮せらるることは、切望に堪へざるところ」と事実上の憲法改正を望む内容であった（同右、九月九日）。

これらに関して、昭和天皇は、

憲法の改正を必要とするのであるならば、正規の手続きにより之を改正するに異存はないが、近衛が兎角議会を重ぜない様に思はれるが、我国の歴史を見るに〔中略〕源平其他常に二つの勢力が対立して居る、此対立を議会に於て為さしむるのは一つの行方《いきかた》で、我国では中々一つに統一と云ふことは困難の様に思はる。

と、歴史的視点から否定的な感想を木戸内大臣に洩らした（『木戸日記』八月三十一日）。
しかし、やはり、近衛首相に自分の意見を伝えた形跡はない。ただし、十月十二日に近衛を総裁として成立した国民組織たる大政翼賛会は、年明けの議会で憲法違反の存在として厳しく批判され、一九四一年四月の改組で政治団体としての性格を失い、新体制運動は失敗に終わる（伊藤隆一九八三）。

三　太平洋戦争開戦

日米交渉に期待

政府・軍部は、アメリカの対日経済制裁に対抗する資源確保のため、ドイツの欧州覇権獲得によって事実上権力の空白地帯となった東南アジアへの進出を進めた。一九四一（昭和十六）年一月二十三日、杉山参謀総長が、タイとの軍事協定締結の内諾を昭和天皇に求めた。

しかし、昭和天皇はこれを保留し、翌二十四日、杉山に対し、

総長も承知の通り泰《タイ》国の政治には英米の勢力が非常に強き実情にあるを以て、之を実行するときは英米を刺戟《しげき》し重大なる結果を惹起《じゃっき》することなきを保せず、且つ今日、米の問題等につき仏印との関係は良好に推移し居るに之を刺戟することも考慮するを要するを以て、実行の時期につきては、政府と充分協議し意見の一致を見たる上のことにせよ、右の条件を以て本件は承認す。

と、条件付での承認を告げた（以上、『木戸日記』）。昭和天皇は、この措置は日米関係悪化促進に直結しかねないとして久しぶりに強い態度に出たのである。が、あくまで条件闘争であった。政府・軍部が一致した政策の否定は、内閣総辞職や軍首脳部の更迭という大政変につながりかねないため、安易にはできないからである。

ところが、一月三十日、大本営政府連絡懇談会で「帝国は速に仏印及泰に対する施策を強化し目的の貫徹を期す」という「対仏印、泰施策要綱」が合意された（『太平洋戦争への道』資料編）。政府と軍部の「意見の一致を見た」ことになる。二月三日、昭和天皇は同要綱について、木戸内大臣に対し、

自分としては主義として相手方の弱りたるに乗じ要求を為すが如き所謂火事場泥棒式のことは好まないのであるが、今日の世界の大変局に対処する場合、所謂宋襄《そうじょう》の仁《じん》〔無益な同情〕を為すが如き結果となっても面白くないので、あの案は認めて置いた。

と述べた（『木戸日記』）。正義にかなうか疑わしいとしながらも、指示した条件を満たした以上、承認したのである。

その後、松岡外相は、モスクワで四月十三日に日ソ中立条約を結んだ。既定方針の範囲内とはいえ、独ソ関係の悪化が明白だったこの時期に松岡がなぜこの条約を結んだのかについてはまだ定説がない（服部二〇一〇）。

四月十八日、野村吉三郎《のむらきちさぶろう》駐米大使が打電した「日米諒解案」が外務省に到着した。前年末から近衛の個人的ルートでルーズベルト大統領やハル国務長官らと進めていた交渉の成果である。日本が中国からの早期撤兵を認めるならば、アメリカは、日独伊三国同盟を防御的なものと解釈して容認し、満洲国を承認し、日中和平交渉を仲介するという内容だった。実際には野村の誤解やアメリカ側の思惑もあって実現の可能性は低かった（蓑原二〇一〇）。しかし、そうとは知らない政府も軍部も昭和天皇もこれを歓迎して交渉成立を望んだ。昭和天皇は木戸に、「米国大統領があれ迄突込みたる話を為したるは寧ろ意外」だが、「こう云ふ風になって来たのも考へ様によれば我国が独伊と同盟を結んだからとも云へる、総ては忍耐だね、我慢だね」と述べた（『木戸日記』四月二十一日）。

しかし、モスクワから帰国した松岡外相は、自分の管轄外で交渉が進められたことからこの交渉に不満で、五月三日の大本営政府連絡懇談会で日米諒解案に反対を主張し、当然日米交渉は停滞した。その一方で、日本と東南アジア各地域との資源確保交渉も難航し、六月二十二日の独ソ開戦を経て、六月二十五日、大本営政府連絡懇談会は、ことを速やかに進めればアメリカは出てこないという前提のもとに、仏印当局が拒否した場合は武力行使をしてでも南部仏印に進駐する方針（「南方施策促進に関する件」）を合意し、近衛首相と両統帥部長は昭和天皇に裁可を求めた。昭和天皇は、「国際信義上どうかと思ふがまあ宜い」と渋々ながら裁可した（『杉山メモ』）。

七月二日、右の合意に基づき、御前会議で、対米英戦を覚悟してでも南方（東南アジア）に進出するという「情勢の推移に伴ふ帝国国策要綱」が決定された。このころ、松岡外相は、アメリカから忌避されただけでなく、閣内でも対ソ戦を主張したりして孤立しつつあった。昭和天皇に対しても六月二十二日に南北同時開戦を主張し、昭和天皇は、「国力に省み果して妥当なりや」と、松岡外相の主張に対し「頗る御憂慮」した（『木戸日記』）。結局、七月十六日、松岡を更迭するため、近衛首相は内閣総辞職を行ない、松岡ほか一部閣僚を入れ替えて第三次近衛内閣を成立させた。

武力行使を強く否定

一九四一（昭和十六）年七月二十二日、昭和天皇は杉山参謀総長に、日中戦争収拾について「武力を以てせず何か他に好《よ》き方法はないか」と尋ね、杉山が「武力以外は困難」と答えても、「そう云ふ事を云ふても物がない」と否定的な見解を述べ、杉山が「海軍は知らぬが陸軍は一年位大丈夫」と述べても、「そんな事を云ふが一年で勝つと思ふか」、「マー武力は使はぬが宜しい」と武力行使を強く否定した。昭和天皇は戦争の危機が迫ったことを感じ、戦争回避に最後の努力を尽くすことにしたのである。

杉山はこれに関して部下に、「本日の御下問に依れば徹頭徹尾武力を使用せぬ事に満ち満ちて居られるものと拝察せらる。依つて今後機会を捉へて此の御心持を解く様に〔中略〕段々と御導き申上げる必要ありと考ふ。本件は一切他言せざる様」と述べた（『杉山メモ』）。ここから、陸軍の昭和天皇説得の努力が始まったのである（山田二〇〇二）。

しかし、七月二十五日、南部仏印進駐実施に対応してアメリカは在米日本資産凍結に踏み切り、日米関係は国交断絶寸前の状態となった。これを知った昭和天皇も対米関係への「御心配」を木戸に語った（『木戸日記』）。三十日、永野修身《ながのおさみ》軍令部総長が昭和天皇に、日米交渉決裂の場合、貯油量を考えると「寧ろ此際打って出るの外な」いが、「日本海々戦の如き大勝は勿論、勝ち得るや否やも覚束なし」なので、日米開戦は「出来得る限り避け度し」という意見を述べた。昭和天皇は木戸に、「つまり捨ばちの戦をするとのことにて、誠に危険」、つまり対米開戦は国力上無謀だとして、ますます戦争回避の気持ちをつのらせた（同右）。

しかし、アメリカは八月一日、対日石油全面禁輸も行なった。これが日本の対米開戦の引き金となることはアメリカ側も認識していたので、これを実行した理由は現在もはっきりしない（吉田、森二〇〇七）。

八月五日、近衛首相は最後の手段としてルーズベルト大統領との首脳会談を発案、実現に向けて努力を始めた。八月十一日、こうした状況について昭和天皇は木戸に、「過日、近衛首相の奏上せるル大統領との会談が成功すれば兎に角、若し米国が日本の申出につき単純率直に受諾せざる場合には、真に重大なる決意を為さゞるべからず」として、「従来の御前会議は如何にも形式的なるを以て、今回は充分納得の行く迄質問して見たし」として、首相、外相、蔵相、陸相、海相、企画院総裁、参謀総長、軍令部総長、元帥（閑院宮、梨本宮、伏見宮の三人）による御前会議を木戸に提案し、首相と検討するよう指示した（『木戸日記』）。

これは実現しなかったが、二十八日、近衛は高木惣吉《たかぎそうきち》海軍省調査課長に、「御上の御意は此の際戦争を賭するは甚だしき冒険にして、皇祖皇宗に対し洵《まこと》に重大なる責を感ずとの趣」と語った。国力上無謀な戦争は、先人が営々と築いてきた日本を瓦解させることになるという昭和天皇の危機感は近衛首相にも理解できたのである。近衛は、「全力を尽して御心に副《そ》ふ様にする」が、「漫然として時日を遷延し「ヂリ貧」に陥りたる暁に戦を強いらるること も亦《また》最も警戒すべきこと」、すなわち、このまま石油など戦略物資の禁輸が続くと身動きができなくなるとして、「九月一杯から十月上旬が「ヤマ」」と厳しい見通しを述べた（『高木日記』九月三日）。

国策決定の御前会議を翌日に控えた九月五日、昭和天皇は、両統帥部長を突然呼び出し、近衛首相立会いのもとで「成るべく平和的に外交でやれ」と指示し、杉山参謀総長に対し、南方作戦は「予定通り出来るか。お前の〔陸軍〕大臣の時に蔣介石は直《す》ぐ参ると云ふたが未だやれぬではないか」と叱責した。杉山は「日本の国力」が「弾撥《だんぱつ》力のあるうちに国運を興隆せしむる必要」を説いたが、昭和天皇は大声で「絶対に勝てるか」と陸軍の姿勢に疑問を呈した。永野軍令部総長は「絶対とは申し兼ねます」としながらも勝算はあり、「日本としては半年や一年の平和を得ても国難が来るのではいけない〔中略〕二十年五十年の平和を求むべき」と反論した。これに対し、昭和天皇は大声で「あゝ分つた」と述べ、不満を残しつつも納得の姿勢を見せた。このあと永野は大坂冬の陣を例に右の意見を敷衍《ふえん》した。杉山は

「南方戦争に対し相当御心配」と、なお昭和天皇の戦争回避の意思の強さを感じた（『杉山メモ』。永野発言については山田二〇〇二も参照）。

御前会議で異例の発言

一九四一（昭和十六）年九月六日の御前会議では、「帝国国策遂行要領」が議題となった。「帝国は自存自衛を全うする為」、「米、英に対し外交の手段を尽して帝国の要求貫徹に努む」、「十月上旬頃に至るも尚我要求を貫徹し得る目途《もくと》なき場合に於ては直ちに対米（英蘭）開戦を決意す」という内容である（『杉山メモ』）。会議に先立ち、昭和天皇は木戸内大臣に、「本日の御前会議にて御質問相成度思召」を示した。木戸は、問題点については原嘉道《はらよしみち》枢密院議長が質問するので、「陛下としては最後に今回の決定は国運を賭しての戦争ともなるべき重大なる決定なれば、統帥部に於ても外交工作の成功を齎《もたら》すべく全幅の協力をなすべしとの意味の御警告を被遊ことが最も可然《しかるべし》」と助言した（『木戸日記』）。

昭和天皇はこの助言をふまえ、御前会議の終了間際、両統帥部長に質問した。御前会議での天皇の発言は憲法制定後初のことである。すなわち、外交が不成功の場合に開戦という理解でよいかという原嘉道枢密院議長の質問に対し、及川古志郎《おいかわこしろう》海相がそのとおりである旨答えたが両統帥部長は答弁しなかったことについて、「極めて重大なこと」なのに答えないの

は「遺憾」であるとして、両統帥部長に対し、

私は毎日、明治天皇御製の　四方《よも》の海皆同胞《はらから》と思ふ代になどあだ波の立騒ぐらむ　を拝誦して居る。どうか。

と迫った。両統帥部長は及川と同意見だから答えなかったと応じて会議は終了したが、杉山は、「極力外交により目的達成に努力すべき御思召なることは明なり」と感じた。十日、昭和天皇は杉山の求めに応じ、陸軍の南方向け動員を裁可したが、「而《しか》し近衛、「ルーズベルト」の話がまとまれば止めるだらう」と釘をさし、杉山も同意した（『杉山メモ』）。昭和天皇は杉山への不信感が強く、まもなく近衛首相に対し、「杉山はどうも適任とも思はれぬ。〔中略〕東久邇はどうか」と述べたが、管轄外の話に近衛は困惑した（『高木日記』十月六日）。

十月二日、ハル国務長官が、日米首脳会談に否定的な見解を明らかにし、中国からの撤兵でアメリカとの交渉の糸口をつかみたい近衛首相に、東条陸相があくまで駐兵を主張したため、近衛は行き詰まりつつあった。東条の言い分は、撤兵がこれまでの政府・軍部が積み重ねてきた合意に反する（『杉山メモ』十月十二日）だけでなく、ここまでの戦争ですでに多大な犠牲を出し、国費を投じてきた以上、中国大陸の権益をすべて失いかねない決定を国民に

納得させるのは困難だというもの（同右、十月十四日）であった。この論理が通用してしまったということは、これまでの政府・軍部の政戦略の誤りを誤りと認めたくない、いわば責任逃れの心理が首脳たちを支配していたことを物語っている。

十月十三日、昭和天皇は木戸内大臣に対し、

昨今の状況にては、日米交渉の成立は漸次望み薄くなりたる様に思はるゝ処、万一開戦となるが如き場合には、今度は宣戦の詔勅を発することとなるべし。其の場合、今迄の詔書について見るに、連盟脱退の際にも特に文武恪循《かくじゅん》と世界平和と云ふことに就て述べたのであるが、国民はどうも此点を等閑視して居る様に思はれる。又、日独伊三国同盟の際の詔書に就いても平和の為めと云ふことが忘れられ、如何にも英米に対抗するかの如く国民が考へて居るのは誠に面白くないと思ふ。就ては、今度宣戦の詔書を出す場合には、是非近衛と木戸も参加して貰《もら》つて、篤《とく》と自分の気持ちを述べて、之を取り入れて貰ひたいと思ふ。

と、宣戦の詔書に自分の心境を入れるよう要望した（『木戸日記』）。

ちなみに、三国同盟締結の際の詔書は、交渉を天皇が命じたとなっている（もちろん形式上はそのとおりであるが）上、「三国間に於ける条約の成立を見たるは朕の深く懌《よろこ》ぶ所」、「爾

臣民益々国体の観念を明徴にし〔中略〕協心戮力《りくりょく》非常の時局を克服し」などと、三国同盟を喜んだり、国体論を肯定するなど、昭和天皇の本心とはかけ離れた内容であった（『増補皇室事典』）。

そして、さらに昭和天皇は木戸内大臣に対し、

対米英戦を決意する場合には、尚一層欧州の情勢殊に英独、独ソの和平説等を中心とする見透し、及び独の単独和平を封じ日米戦に協力せしむることにつき、外交々渉の必要あり。又、戦争終結の場合の手段を初めより十分考究し置くの要あるべく、それにはローマ法皇庁との使臣の交換等親善関係につき方策を樹《た》つるの要あるべし。

と、外交関係についての希望を述べた（『木戸日記』十月十三日）。日本の孤立化を避けるためドイツの単独和平を防ぐことと、戦争終結に備えてローマ教皇庁との外交関係を結ぶことである。先に見た詔書の文言への希望とともに、これらはのちに実現することになる。

開戦を決断

一九四一（昭和十六）年十月十六日、ついに第三次近衛内閣は総辞職した。東条陸相が東

久邇宮内閣構想を唱え、近衛も賛成した(筒井二〇〇九)。しかし、「万一皇族内閣にて日米戦に突入するが如き場合には之は重大にて〔中略〕万一予期の結果を得られざるときは皇室は国民の怨府《えんぷ》となる」という木戸の判断(『木戸日記』十月十六日)で、十七日開催の重臣会議において木戸は、「此際何よりも必要なるは陸海軍の一致を図ることと九月六日の御前会議の再検討を必要とするの見地より、東条陸相に大命降下を主張」し、これが受け入れられ、昭和天皇は東条に組閣を命じた。

その際昭和天皇は東条に、「憲法の条規を遵守するやう。時局極めて重大なる事態に直面せるものと思ふ。此の際、陸海軍は其協力を一層密にすることに留意せよ」と指示し、さらに木戸から「国策の大本を決定せられますに就ては、九月六日の御前会議の決定にとらはるる処なく、内外の情勢を更に広く深く検討し、慎重なる考究を加ふることを要すとの思召し」、つまり国策の白紙再検討という昭和天皇の意向が伝えられた(同右、十月十七日)。

十月二十日、木戸が、「今回の内閣の更迭は真に一歩を誤れば不用意に戦争に突入することとなる虞あり、熟慮の結果、之が唯一の打開策と信じたるが故に奏請したる旨を詳細言上」したところ、昭和天皇は「所謂虎穴に入らずんば虎児を得ずと云ふことだね」と理解を示し、木戸は「感激」した(同右)。

東条は政府と統帥部に国策再検討を行なわせたが、結局、開戦して南方資源を確保した方が情勢が日本に有利になると判断され、十二月一日までに外交交渉が成立しない場合対米開戦という結論となった（『杉山メモ』）。十一月二日、東条首相と両統帥部長がこれを昭和天皇に報告した。途中、東条が涙を流す場面もあった。天皇の期待に添えなかったためと考えられる。昭和天皇は、「大義名分を如何に考ふるや」と質問したが、東条は「目下研究中」と答えた。さらに昭和天皇は、改めて「時局収拾に「ローマ」法皇を考へて見ては如何か」とも提案した（同右）。この提案は、一九四二年四月のローマ教皇庁と日本の外交関係樹立というかたちで実現する（塩崎一九八〇）。

東条英機（右）**と近衛文麿**
1941年10月（毎日新聞社提供）

十一月五日の御前会議で、「現下の危局を打開して自存自衛を完《まっと》ふし、大東亜の新秩序を建設する為、此の際対米英蘭戦争を決意し」、「対米交渉が十二月一日午前零時迄に成功せば、武力発動を中止す」という「帝国国策遂行要領」と、甲案乙案の二案からなる「対米交渉要領」を決定した。甲案は、日中戦争終結後二年以内の中国からの日本軍撤退、中国における自由貿易の承認、三国同盟の運用は日本の自主的判断による、などというものので、乙案は、日米両国は仏印以外の南東アジアと南太平洋への武力進出をしないことと、アメリカの対日経済制裁緩和などが主な内容であった（『杉山メモ』）。

十一月十九日、木戸内大臣は昭和天皇に、「単に十一月末日を経過したりとの事務的理由を以て戦争に突入する」のは、「将来の国論統一上」問題であるとして、「最後の御決意」の際に、「重臣を加へたる御前会議」を開催するよう提案した。昭和天皇はこれに同意し、二十六日、木戸に、「愈々最後の決意をなすに就ては尚一度広く重臣を会して意見を徴し」たいと相談した。木戸は、「今度御決意被遊は真に後へは引かれぬ最後の御決定」という理由で承諾した（『木戸日記』）。そこで、昭和天皇はただちに東条首相に、「開戦すれば何処迄も挙国一致でやり度《た》い」ので「重臣を御前会議に出席せしめてはどうか」と尋ねた。しかし東条が「責任の無い重臣を御前会議に出席させるのはいけない」と拒否した（『杉山メモ』）ので、昭和天皇は二十九日に重臣（首相経験者）だけの懇談会を開いて意見を聞いた。

出席者八人のうち、政府の方針に賛成したのは林銑十郎と阿部信行、平沼騏一郎の三人で、残りは、若槻礼次郎「物資の方面に於て果して長期戦に堪へ得るや」、「大東亜共栄圏の確立」などの「理想〔中略〕にとらはれて国力を使はるゝことは誠に危険」、岡田啓介「物資の補給能力につき充分成算ありや」、近衛文麿「臥薪嘗胆《がしんしょうたん》の状態にて推移する中又打開の途を見出すにあらざるか」、米内光政「ヂリ貧を避けんとしてドカ貧にならない様充分御注意」、広田弘毅「今回危機に直面して直に戦争に突入するは如何」と、いずれも反対論だった（『木戸日記』）。重臣だけで多数決をとれば避戦という結論になる。

外交交渉成立がほぼ絶望視されていた翌三十日、軍令部部員となっていた高松宮から「海軍は手一杯で、出来るなれば日米の戦争は避けたい様な気持」と聞いた昭和天皇は、木戸に「一体どうなのだらう」と聞いた。木戸は、「今度の御決意は一度御聖断被遊れば後へは引けぬ重大なるもの」なので、「少しでも御不安があれば充分念には念を入れて御納得の行く様」と助言した。昭和天皇は、ただちに海相と軍令部総長を呼んで意向を確かめたが、「何れも相当の確信」を回答したため、昭和天皇は木戸に「予定の通り進むる様」東条に伝えさせた（同右）。

以上、史料の示すところでは、昭和天皇本人の敗戦直後の「開戦の際東条内閣の決定を私が裁可したのは立憲政治下に於る立憲君主としてやむを得ぬこと」（『独白録』）という回想とは異なり、昭和天皇は、首相経験者の意見のみならず、従来は参考にしなかった皇族の私的意見まで検討対象とした上で、この段階において、日本国家が多大の国費と人的犠牲を投じて積み重ねてきた誤りを成功に転化するためには、開戦しかないと判断したのである。

なお、避戦の場合に陸軍によるクーデターが起きることを昭和天皇や側近が恐れていた可能性を指摘する研究がある（柴田二〇〇〇）。ただし、引用してきた十月十三日、十一月二十六日、二十九日、三十日の『木戸日記』を見るかぎり、そうした可能性が仮にあったとしても、それが開戦決断の最大の要因とは考えられない。

結局、十二月一日までに外交交渉は成立せず、御前会議で開戦が決定した。会議後、杉山参謀総長が南方軍への命令の裁可を求めた際、昭和天皇は、「此の様になることは已むを得ぬことだ。どうか陸海軍はよく協調してやれ」と述べた(『杉山メモ』)。

御前会議終了後、東条首相は秘書官に、

此際戦争に突入しなければならぬとの結論に達し、お上に御許しを願つたが仲々お許しがなく、漸《ようや》く已むを得ないと仰せられた時、ほんとにお上は真から平和を愛し大事にしておられることを知つた。殊に日英同盟のこと、お上が英国で特に其皇室と親交を結び滞英中色々と世話になられたことなどをお話された時、戦争をしなければならぬ様にしむけた米国がにくらしくなつた。宣戦の大詔に豈《あに》朕が志ならんやとはお上が特に仰せられて挿入した。

と語った(『東条内閣総理大臣機密記録』。以下『東条機密記録』と略記)。昭和天皇がなお親英感情を持っていたことがわかる。昭和天皇にとって、開戦は苦渋の決断だったのである。

早期終結を指示

開戦の日、十二月八日に発せられた詔書（宣戦の詔書）は次のとおりである（『増補皇室事典』）。

天佑《てんゆう》を保有し万世一系の皇祚を践《ふ》める大日本帝国天皇は、昭《あきらか》に忠誠武勇なる汝有衆に示す。朕茲に米国及英国に対して戦を宣す。〔中略〕列国との交誼《こうぎ》を篤くし万邦共栄の楽を偕《とも》にするは、之亦帝国が常に国交の要議と為す所なり。今や不幸にして米英両国と戦端を開くに至る、洵《まこと》に已むを得ざるものあり、豈朕が志ならむや。〔中略〕米英両国は、残存政権〔蔣介石政権〕を支援して東亜の禍乱〔日中戦争〕を助長し、平和の美名に匿《かく》れて東洋制覇の非望を逞《たくまし》うせむとす。剰《あまつさ》へ與国《よこく》を誘ひ、帝国の周辺に於て武備を増強して我に挑戦し、更に帝国の平和的通商に有らゆる妨害を与へ、遂に経済断行を敢《あえ》てし、帝国の生存に重大なる脅威を加ふ。〔中略〕帝国は今や自存自衛の為、蹶然《けつぜん》起つて一切の障碍を破砕するの外なきなり。

皇祖皇宗の神霊上に在り。朕は汝有衆の忠誠武勇に信倚《しんい》し、祖宗の遺業を恢弘《かいこう》し、速に禍根を芟除《さんじょ》して東亜永遠の平和を確立し、以て帝国の光栄を保全せむことを期す。

「豈朕が志ならむや」という一文にのみ、かろうじて昭和天皇の本心が示されている。

木戸内大臣はこの日、真珠湾攻撃の成功を知った昭和天皇の様子を、「聖上の御態度は誠に自若として些《いささか》の御動揺を拝せざりし」と日記に記した。十一日、日独伊共同行動協定、いわゆる単独不講和協定が締結された。これも十月中旬の『木戸日記』にあった昭和天皇の意向が実現したものである。

昭和天皇は、一九四二年一月九日、東条に「米英等に於て作曲せられたる名曲（例えば蛍の光の如し）をも、今後葬り去らんとするが如き新聞記事ありし処《ところ》如何処理しつつありや」と尋ね、東条はそうしない旨答えた（『東条機密記録』）。昭和天皇がなお親英的な権限行使を試みていることに驚きを禁じえない。この報道は年末のことで（『読売新聞』一九四一年十二月二十四日付朝刊）、政府はすでに英米の曲でも定着しているものは許す方針を明らかにしていた（同右、十二月二十五日付朝刊）。しかし、結局四三年春には禁止となる。

さらに二月十一日、昭和天皇は東条に、「戦争の終結につきては〔中略〕人類平和の為にも徒《いたずら》に戦争の長びきて惨害の拡大し行くは好ましからず。又長びけば自然軍の素質も悪くなる」として、「遺漏のない対策を講ずる様にせよ」と、早期終戦方策の検討を指示した（『木戸日記』二月十二日）。軍部でも終戦構想は検討されていたが、ドイツ優勢を前提とした他力本願的なものに過ぎなかった（山本二〇一〇）。

ただし、二月十六日、昭和天皇は木戸に、「次々に赫々《かくかく》たる戦果の挙がるについても（中略）全く最初に慎重に充分研究したからだとつくぐ思ふ」と述べ、三月九日にも「殊《こと》の外《ほか》麗《うるわ》しくにこくと」して「余り戦果が早く挙がりすぎるよ」と述べた（以上『木戸日記』）。二月十八日は「戦捷《せんしょう》第一次祝賀日」とされ、昭和天皇は軍装乗馬姿で皇居二重橋鉄橋上に現れ、「万才の声、君が代の声、天地に響き感激極りなし」となった（『侍従武官城英一郎日記』。以下『城日記』と略記）。昭和天皇は緒戦の日本軍の快進撃ぶりにつかの間の喜びを味わったのである。

しかし、六月五日から七日にかけてのミッドウェイ海戦で、日本が精鋭の機動部隊を失う大敗を喫したことについて、昭和天皇は「誠に残念」と衝撃を受け（『木戸日記』六月八日）、松平恒雄宮相に、「明治天皇は夏、御転地のことなく、目下は戦時中であり、特に陸軍は一段落つきたるも、海軍は米を控へ之からなれば、それを思へば行く気になれぬ」と、恒例の夏の静養のとりやめを希望したが、松平の懇請により実施された（「小倉日記」七月八日）。

一九四二年夏、東南アジア占領地域の親日政権との関係強化のため、東条首相は外務省の一部と興亜院（中国占領地経営のため一九三八年十二月設置）を統合した大東亜省設置を図った。九月一日、東郷茂徳《とうごうしげのり》外相は抗議辞職、後任外相には谷正之《たにまさゆき》が就任し、十一月一日大東亜省が設置された。

設置前日、昭和天皇は東条に、「大東亜省の設置に関しては、枢密院に於て相当の議論あり〔中略〕之が運営に関しては、遺憾なからしむる要あり」と注意した。東郷外相の辞任まで招いたことに不快感を示したのである。さらに、「張群《ちょうぐん》〔蔣政権外交部長〕が嘗《か》つて「西洋の外交は中身を浚《さら》つて箱を残すが、日本の外交は箱を浚つて、中身を残す。支那人の心理は中身を浚つても箱は残して貰ひたい」と謂《い》へるを聞けり。外交上味ふ可き言と考ふ」とも注意した（『東条機密記録』）。昭和天皇は敗戦後まで張群に会うことはなく、張と会見した外交官の進講などで聞いたものと考えられるが、対中融和意識を棄てていなかったことがわかる。

戦況の悪化を懸念

このころ、昭和天皇は、子供たちや侍従たちと皇居の庭園で「大いに駆け回り」、「終日童心に帰らせられ」たこと（『入江日記』十一月二十二日）もあったが、「我第一線艦船の損害相次ぐに対し御軫念あり。何か良き方策なきや」（『城日記』十一月十四日）と、次第に劣勢に向かう戦況にいらだちを見せるようになる。

十二月中旬、戦勝祈願のための伊勢神宮参拝の途次、京都に立ち寄った昭和天皇は、異例にも侍従や侍従武官に長々と心境を語った（「小倉日記」十二月十一日）。そのなかで、戦争はやる迄は深重に、始めたら徹底してやらねばならぬ、又、行はざるを得ぬと云ふことを確信した。満洲事変に於て、戦は中々途中でやめられぬことを知つた。

と戦争指導の困難さを述べた。昭和天皇は太平洋戦争期、作戦についてかなり細かい指示や要望を統帥部にしばしば出していたことが明らかにされている（山田二〇〇二）が、その理由は、右の史料のように、昭和天皇が、戦争を始めた以上、勝利に全力をあげるべきであると考えていたからにほかならない。

また、第一章でもふれたように、この時、昭和天皇は侍従らに、「自分の花は欧州訪問のときだつた」とも述べている。昭和天皇にとって、欧州巡遊が人生でもっとも楽しかった思い出として心に残っていたのである。当時の日本は、形式上は昭和天皇の命により、欧米主導の世界秩序を否定する立場で戦争をしていたのであるが、昭和天皇本人は、心の底ではなお欧米的なものへの親近感を抱いていたのである。

一九四三（昭和十八）年一月八日、昭和天皇は空襲に備えて作られた施設（御文庫《ごぶんこ》）に転居した。御文庫は四一年九月末に完成していたが、工事が杜撰《ずさん》だったため湿気が多く、ようやく転居となったのである（『城日記』四一年九月三十日、四二年九月三十日、四三年一月八日）。

戦況の悪化は進み、一九四三年二月七日、日本軍はガダルカナル島から撤退し、五月二十九日にはアッツ島守備隊がアメリカ軍の上陸で全滅した。昭和天皇は蓮沼武官長に、「今度の如き戦況」はわかっていたはずであるとして「陸海軍間には本当の腹を打開けた話合ひが出来てゐるのだろうか〔中略〕こんないくさをして「ガダルカナル」同様なことをして敵の志気を上げ中立第三国は動揺、支那はつけ上り、大東亜圏内に及ぼす影響も大」、「何とか何処かの正面で米軍をたゝきつけることは出来ぬか」と、軍部へのいらだちをぶちまけた（「真田穣一郎日記」六月八日、『昭和天皇発言記録集成』）。さらに、「近時戦況の不振を御《お》祓《はら》ひ」（『城日記』一九四三年六月三十日）、「大神、諸霊、諸神の御力、御救を御祈願」（『徳川義寛《とくがわよしひろ》終戦日記』一九四四年二月十九日。以下『徳川日記』と略記）など、神頼みも目立つようになる。

そして、昭和天皇は戦場の兵士や一般国民にも思いをはせていた。小倉庫次侍従の一九四一年元旦の日記に、「御祝御膳に野戦料理」とあり、四四年元旦の徳川義寛侍従の日記にも「前線将兵に御心をおかけになり、野戦兵食を召し上がる」とあるので、戦時下の元旦恒例だったことがわかる。また、四三年九月七日、第十七師団のラバウル派遣にあたり、蓮沼武官長を通して、「従来の如き補給を絶し、朕が将兵を飢餓《きが》に陥らしむるが如き事は、義《ぎ》は君《くん》臣情《しんじょう》は父子《ふし》にして忍《しの》ばれざる処」と、父大正天皇や杉浦重剛が引用した中国古典の語句も使って、補給に万全を期すよう軍令部総長に指示した（『東条機密記録』解題所収「東条メモ」）。

一九四四年二月十日にも、軍用機生産量の配分問題で紛糾していた杉山元参謀総長と永野修身軍令部総長に、「前線の将士は陸海軍一致相協力して命を賭して奮戦し居り、又銃後の国民は難を忍び増産に邁進《まいしん》し居り、或は重き租税の負担に堪へて一意国家の為めに働けるに」、これでは国民が「失望」するとして妥協を促した（『木戸日記』）。同年六月八日には、木戸の進言で思いとどまるものの、「時局愈々重大、殊に食糧事情等の逼迫《ひっぱく》につれ国民の辛苦容易ならざる」を配慮して、生物学研究や日課の散歩の中止を要望した（同右）。

支持を失う東条首相

東条首相は、戦局を挽回できないまま、国内統制を強め、国内での支持を失っていった。一九四四（昭和十九）年に入ると、重臣や議会で退陣工作が始まった（古川二〇〇二）。昭和天皇もこれに気づいていたが、「対外的の影響がどうだらう」と東条退陣に否定的だった（『細川《ほそかわ》日記』五月三日）。政界では終戦工作もささやかれはじめ、三月には高松宮が、最悪の場合昭和天皇の退位も検討すべきだと側近（細川護貞《もりさだ》）に語った（同右、三月十三日）。その高松宮と昭和天皇は「政治に関する重要なる事項に付て」、「御二人きりにては可成り激しい御議論」を何度か交わすなど「御宜しからず」、険悪な関係となった（「小倉日記」七月三日）。激論になったのは六月二十二日のことで、高松宮が「皇族を何にあ〔ママ〕御相談相手になさる御思召なきや」と聞くと、昭和天皇が「政治には責任あつたから出来ぬ」と答え、高松宮が「結局御たよりになる者なしとのことでせうか」と言い返すと、昭和天皇が「それは語弊あり」と言い返す状況だった（『高松宮日記』）。皇族の政治関与について論争となったのである。

一九四四年六月十五日、アメリカ軍はマリアナ諸島のサイパン島に上陸した。昭和天皇は、「「サイパン」を失ふ様なことになれば東京空襲も屢々あることになるから是非とも確保しなければ」と東条参謀総長（二月から首相と兼任）に指示した（「真田穣一郎日記」六月十八日）が、六月十九日のマリアナ沖海戦でも大敗して、もはや劣勢を挽回することはできず、昭和天皇は、「最近やや御疲れの御様子に拝し奉る。戦況等の関係ありと拝し奉る。上奏ものの御裁可など、何か他の事を御考へ中の御模様」と苦悩を深めた（「小倉日記」六月二十九日）。

サイパンの戦況が絶望的となった七月一日、参謀本部戦争指導班は、「大勢挽回の目途なく」、「国体護持」のみを条件として「速に戦争終末を企図」すべきと判断した（『大本営陸軍部戦争指導班機密戦争日誌』。以下『機密戦争日誌』と略記）。七日、ついにサイパンが陥落、東条首相は内閣改造で乗り切ろうとしたが、重臣や議会とそれらの動向を察した木戸内大臣、一部閣僚の工作により失敗、十八日、東条が昭和天皇に経過を報告して意見を求めたが、昭和天皇は答えず、東条内閣は総辞職を行なった（『高木日記』下、七五三頁。松田二〇〇四）。

昭和天皇が東条を信任していたことは、一九四四年二月二十一日の東条首相の参謀総長兼任および嶋田繁太郎海相の軍令部総長兼任という前例のない措置を承認したこと、敗戦直後の回想（『独白録』）の中でさえ、「東条は一生懸命仕事をやるし、平素云つてゐることも思慮周密で中々良い処があつた」と述べていることで明らかであるが、ついにかばいきれなくなったのである。

七月十八日、木戸が召集した重臣会議の結果、朝鮮総督小磯国昭が首相として、米内光政と協力して組閣することとなった。七月二十日、天皇は小磯と米内への大命降下にあたって、「法の条章を循守《じゅんしゅ》すべきこと及大東亜戦争完遂の為めソ連を刺戟せざる様」と指示した（『木戸日記』）。後者は、ソ連参戦によって三方面での交戦となって窮地に陥ることを避けるための指示とみてよい。小磯内閣は二十二日に発足し、米内は天皇の特別な配慮で現役復帰して海相となった。二十五日、小磯首相は東京空襲に備えて昭和天皇に疎開を勧めたが、昭和天皇は、「自分が帝都を離るゝ時は臣民殊に都民に対し不安の念を起さしめ、敗戦感を懐《いだ》かしむる」として「最後まで帝都に止まる」と述べた（同右、七月二十六日）。昭和天皇の最高指導者としての自覚がうかがえる。

八月十九日、大本営政府連絡会議の権限を強化した最高戦争指導会議が天皇の臨席で行なわれ、「今後採るべき戦争指導の大綱」が決定された際、昭和天皇は、「決議は従来屢々行はれて実地に之が齟齬《そご》して実現を見ざること度々あり、今回は決議せられたることは行はるる様注意すべし」と述べ、事実上軍部への不信感を表明した（『重光葵 最高戦争指導会議記録・手記』。以下『重光会議手記』と略記）。

四　終戦の「聖断」

一撃講和論をとる

一九四四（昭和十九）年九月二十六日、昭和天皇は、木戸内大臣に、「独逸屈服等の機会に名誉を維持し武装解除又は戦争責任者問題なくして平和出来ざるや、領土は如何でもよし」と述べた。木戸はこれを重光外相と二人だけの極秘事項とした（『重光会議手記』）。今のところ、昭和天皇自身の具体的な終戦構想が確認できる最初の史料である。

「独逸屈服等の機会に」とは、独伊との単独不講和協定を意識しての発言と考えられ（イタリアはすでに四三年九月降伏）、「名誉を維持し」とは、連合国が一九四三年十一月二十七日のカイロ宣言で対日戦の目標に掲げた無条件降伏を避けたいという意味と考えられる（柴田二〇〇三）。これは、一回でも局地的戦闘に勝利することで条件付和平に持ち込みたいという一撃講和論につながる考え方で、政府軍部もほぼ同じ考え方であった（古川一九九二）。

武装解除の拒否は、「武装解除をやれば蘇連《ソレン》が出て来る」（『高木日記』一九四五年五月十三日）という対ソ警戒感のためと考えられ、責任者処罰の拒否は、一九四五年四月五日に昭和天皇は高松宮との会見の際、「責任は感じてゐる」と述べている（『高松宮日記』）ことや、敗戦直後に木戸に語った「所謂戦争犯罪人〔中略〕は何《いず》れも嘗《かつ》ては只管《ひたすら》忠誠を尽したる人々」という言葉（『木戸日記』同年九月十二日）から、最終責任は自分にあると考えていたためと判断できる。つまり、自分は処罰されても仕方がないと考えていたのである。

十月二十五日、ついにフィリピンのレイテ島で海軍航空隊による敵艦体当たりの特攻攻撃が始まった。十一月十三日、昭和天皇は梅津美治郎参謀総長に「命を国家に捧げて克《よ》くやつて呉れた」と述べている（「真田日記」）。しかし十一月、米軍の新鋭超大型爆撃機B29による日本本土空襲が始まり、四五年に入ると無差別都市爆撃が始まった。戦争の長期化と経済統制の強化に対する国民の不満は強まり、人心は荒廃しつつあった（吉田、森二〇〇七）。

一九四五（昭和二十）年一月六日、米軍のフィリピン上陸が近いと知った昭和天皇は、フィリピンの戦況次第で「重臣等の意向を聴く要もあらん」と木戸に提案した（『木戸日記』）。これは、二月九日広田弘毅、十四日近衛文麿、十九日若槻礼次郎と牧野伸顕（ただし牧野は空襲のため中止）、二十三日岡田啓介、二十六日東条英機というかたちで実現した。このなかで、近衛のみが明確に早期終戦を主張した。いわゆる「近衛上奏文」である。近衛は、このまま戦争を続けると国内の不満が高まって共産主義革命が起きることと、アメリカが皇室の維持を認めていることを理由として早期終戦を主張した。しかし、昭和天皇は、「もう一度戦果を挙げてからでないと中々話は難しい」と、なお一撃講和論を主張した（『木戸文書』）。

つまり、昭和天皇は、この時点でもなお、「条件は皇統維持を主とし、戦争責任者の処断、武装解除を避け度き」（『重光葵手記』四四三～四四四頁、三月九日欄外）と条件付講和の意向だったのである。なお、「国体護持」ではなく「皇統維持」となっていることから、国体論に基づく国家体制の存続ではなく、皇室の存続が条件とされていることは注意しておきたい。

なお、近衛は、これより前、昭和天皇は「最悪の時の御決心がある」とみて、「その際は単に御退位ばかりでなく、仁和寺《にんなじ》或は大覚寺《だいかくじ》に御入り被遊、戦没将兵の英霊を供養被遊るのも一法」と、敗戦の場合は退位すべきであると考えはじめていた（『細川日記』一月六日）。その場合、皇太子が未成年で、秩父宮が病気で静養中であることから、高松宮が摂政となることが予定されていた（『高木日記』六月二十七日）。

三月十日、いわゆる東京大空襲で下町が壊滅的な被害を受け、一〇万人以上の犠牲者が出た。十八日、昭和天皇は被災地の視察を「遽《にわ》かに仰出され」、つまり突然言い出して実施した（「小倉日記」三月十八日）。アメリカ軍は四月一日、沖縄本島に上陸し、ついに日本本土で地上戦が始まった。軍部は持久戦とする方針だったが、一部に攻勢論もあり、四月三日、昭和天皇が梅津参謀総長に「此戦が不利なれば陸海軍は国民の信頼を失ひ今後の戦局憂ふべ

空襲で壊滅的になった被災地を巡視する天皇（富岡八幡宮、1945年３月10日）

きものあり、現地軍は何故攻勢に出ぬか、兵力が足らざれば逆上陸をやってはどうか」（『大本営陸軍部作戦部長宮崎周一中将日誌』。以下『宮崎日誌』と略記）と発言したことをきっかけに参謀本部の指導方針が混乱し、戦場での犠牲者を増やしてしまった（吉田、森二〇〇七）。

四月五日、中国との和平交渉に関する閣内不一致などにより小磯内閣が総辞職した。同じ日、後任首班選定のため開かれた重臣会議で、国民や天皇から信頼があり、戦争がわかるという意味で軍人経験があり、これまでの行きがかりがないという理由で鈴木貫太郎枢密院議長が適任とされ（『木戸日記』）、四月七日鈴木内閣が成立した。

四月十七日、昭和天皇は戦災被害者に配慮して、皇室財産から一千万円を政府に下賜し、

> 戦局愈々危急にして、敵の我が国土を侵襲する漸く苛《か》烈《れつ》を加ふ。朕が赤子《せきし》にして、或は非命に殪《たお》れ傷痍《しょうい》に苦み、或は家財を失ひ職業に離れ其の生を聊《やすん》ぜざる者あるを見るは朕の軫念〔心配〕措《お》く能はざる所

なり。

などという勅語を出した（『徳川日記』）。一千万円とは、現在の金額にして数千億円に相当する。昭和天皇が国民負担や犠牲に多少とも配慮してきたことはすでに見てきたとおりだが、サイパン陥落後、戦死者が急増し、四五年に入って本土空襲が本格化するなど、国民の犠牲の急速な拡大を認識していたことがわかる。

早期講和論に転換

ドイツの首都ベルリンが陥落した一九四五（昭和二十）年五月三日、昭和天皇は木戸内大臣に対し、講和に関し、「二つの問題」、つまり武装解除と責任者処罰を「已むを得ぬ」とし、時期について、「早い方が良い」と、条件緩和の上、早期講和論への転換を表明した（『高木日記』五月十三日、日付は『木戸日記』）。五日、近衛にこれを話した木戸は、「二つの問題」について「陛下の御気持を緩和することに永くかかつた」（『高木日記』五月十三日）と述べたので、武装解除と責任者処罰の容認は、木戸の説得によるものと考えられ、早期講和論への転換は、ドイツ降伏が確実となり、単独不講和協定を気にする必要がなくなったためと考えられる。結局五月七日、ドイツは無条件降伏を表明、翌日発効した。

なお、五月二十五日、空襲により皇居が焼失、責任をとって松平恒雄宮相が辞任（『小倉日記』六月二日）、六月四日、石渡荘太郎が後任となった。石渡は平沼内閣の蔵相、米内内閣の内閣書記官長として昭和天皇の協調外交路線を支えた一人であった。

六月八日、御前会議で「今後採るべき戦争指導の基本大綱」が決定された。食料を含む諸物資が欠乏するなか、「七生尽忠《しちしようじんちゆう》の信念を源力とし、地の利、人の和を以て、飽《あ》く迄《まで》戦争を完遂し、以て国体を護持し皇土を保衛し、征戦目的の達成を期す」（『敗戦の記録』）として、「皇土決戦」、すなわち本土決戦の準備を進めるという、ほぼ無策といってよい内容だった。

この日、木戸は、沖縄戦が敗北に終わる見込みであり、この年下半期には戦争遂行能力が失われる見通しであることをふまえ、「極めて異例」ながら「下万民の為め、天皇陛下の御勇断を御願ひ申上げ」る、つまり「聖断」による終戦という構想「時局収拾の対策試案」を立案し、翌日昭和天皇に進言した。講和条件は最低限の「名誉ある講和」のみで、植民地の喪失と軍隊の事実上の解散は覚悟の上というものだった（『木戸日記』）。昭和天皇が「御前会議の国力判断も、あれでは戦は出来ぬではないか」と思っているという松平内大臣秘書官長の高木惣吉への話（『高木日記』六月十四日）から、昭和天皇がこれを了承したことは確実である。なお、沖縄戦は二十三日までに事実上終了し、軍民合わせて少なくとも一八万八千人もの犠牲者を出した。

六月九日、大連出張から戻った梅津参謀総長が天皇に対し、関東軍の戦力が低下し、弾薬が「近代式大会戦」一回分にも満たない実情を、「書きものに出さず」、「部下に知らさず」、つまり極秘かつ独断で報告した（同右）。梅津は実は早期終戦論者であり、陸軍内の徹底抗戦論を抑えて早期終戦に持ち込むため、阿南惟幾《あなみこれちか》陸相とともに陸軍中央から徹底抗戦論者を次第に排除しつつあった（山本二〇一〇）。梅津の報告を聞いた昭和天皇は、「夫《そ》れでは内地の部隊は在満支部隊より遥かに装備が劣るから、戦にならぬ」と考え（同右）、木戸にもその旨話した（『木戸日記』六月十一日）。

木戸は、主要閣僚に終戦構想を進言し、六月二十二日に昭和天皇と最高戦争指導会議構成員、すなわち首相、陸相、海相、外相、参謀総長、軍令部総長の会議が開かれた。その席で昭和天皇は、「先日の御前会議で、飽く迄本土決戦をやることに決つたのは尤ものことであるが、又一方時局の収拾に就ても〔戦争の終末をつけることも〕考へなければならぬと思ふが、皆の所見如何」と終戦工作の促進を指示した（『高木日記』六月二十二日）。全員これに同意するとともに、米内海相と東郷外相は、すでにソ連仲介による和平交渉の準備を進めていることを披露した。

昭和天皇はソ連仲介案が進まないことに不満で、七月七日、鈴木首相を呼んで、「戦争終末の斡旋《あっせん》をやらせる」ため、「此の際対蘇工作の為に特使を派遣することを促進してはどうか」と、特使のソ連派遣を指示した。その際、「若し又旨《うま》く行かなければ却つて国民の結束を固めて、飽く迄戦争継続が出来る」と述べており、この段階では昭和天皇がこれを早期終戦の最後の手段と考えていたことがわかる（同右、七月十二日）。鈴木はこの件を十日の最高戦争指導会議で協議の上、十二日、近衛元首相を特使としたいと天皇に進言した。天皇はさっそく近衛を呼び、特使就任を要請した。近衛は、昭和天皇に対し、「第二次近衛内閣の時苦楽を共にせよ」と言われたことを「援用し」、「こう云ふ際故、御命令とあらば身命を賭すとして受諾した（『木戸日記』）。

この際、近衛は、陸軍側の戦争遂行可能という説明は海軍の情報によれば信用できず、さらに「民心は必しも昂揚《こうよう》せられあらず、お上におすがりして何とかならぬものかとの気持横溢《おういつ》し居り、又、お上をおうらみ申すと云ふが如き言説すら散見する状態」という理由で即時終戦の必要を力説した（同右）。実際、国内の陸軍諸部隊では軍紀が弛緩《しかん》して離隊や犯罪が絶えなかった。陸軍省での会議でその具体的状況を知った宮崎周一《みやざきしゅういち》参謀本部第一部長は、「軍隊の実情寒心に堪へず」と日誌に記した（『宮崎日誌』七月二十五日）。

ポツダム宣言

政府は七月十三日に近衛の特使派遣をソ連に申し入れたが、ソ連はすでに対日参戦の意思を固めており、十八日に拒否した。二十六日、米英中が日本に即時無条件降伏を迫ったいわゆるポツダム宣言が出された。宣言では、植民地の解放、軍隊の武装解除、戦争犯罪人の処罰、各種の民主化などに加え、「前記諸目的が達成せられ、且日本国国民の自由に表明せる意思に従ひ、平和的傾向を有し且責任ある政府が樹立せら」れた場合に、連合国の占領軍が撤収するとされ、天皇や皇室の処遇はふれられなかった（『主要文書』）。アメリカ政府は円滑な降伏や占領の実施のために天皇を温存する方針だったので（加藤哲郎二〇〇五）、ポツダム宣言のアメリカ原案には皇室の保証が明記されていたが、他国やアメリカ政府内の親中派の反対論が強く、削除されたのである（『資料日本占領』①）。ただし、皇室の廃止が明記されたわけではなく、素直に読めば、国民が認めれば皇室は存続できるということになる。

これに対し、二十八日、鈴木首相は同宣言を黙殺すると声明した。一方日本政府は二十五日以降もソ連に和平交渉の仲介を求め続けたが進展のないまま、八月六日、アメリカは広島に原子爆弾を投下した。世界初の核兵器による攻撃である。一九四五年末までに確認されただけでも一四万人もの犠牲者を出した（『日本史史料』⑤）。木戸内大臣は七日正午、これが原爆によるもので、一三万人以上が死亡したとの情報を入手した。午後木戸は昭和天皇と時局収拾について話し合っている（『木戸日記』）ので、昭和天皇が原爆投下の事実を認識し、和平工作を急ぐ必要を再認識したことは確実である。原爆は終戦への動きを促進したのである（鈴木多聞二〇一一）。

しかし、八月九日、頼みの綱であったソ連が日ソ中立条約を破棄し、参戦した。日ソ中立条約は破棄通告から半年は有効と定められていたから、ソ連の条約違反であるが、抗議したからといってソ連が態度を改めることなど期待できなかった。ソ連の条約違反であるが、抗議したからといってソ連が態度を改めることなど期待できなかった。ただし、ポツダム宣言の出現により、終戦工作はソ連の仲介なしでも進めることが可能となった。ポツダム宣言は、一見無条件降伏を要求しているようでありながら、日本降伏後の連合国の方針を具体的に述べているという意味で、一種の条件を提示したものであり、交渉のきっかけを日本に与えてくれたものだったからである。しかも、その条件はこの段階の昭和天皇がすでに十分に覚悟していたものであった。

この日朝、ソ連参戦の報を聞いた昭和天皇は木戸内大臣に、「戦局の収拾につき急速に研究決定の要ありと思ふ故、首相と充分懇談するよう」指示した（『木戸日記』）。その結果、鈴木首相はただちに最高戦争指導会議を開き、東郷外相が国体護持のみを条件としたポツダム宣言受諾を提案した。これが昭和天皇の意向をふまえた案であることはいうまでもない。米内海相はこれに賛成したが、阿南陸相は、国体護持、自主的撤兵、戦争責任者の自国での処罰、本土占領せず、の四条件付受諾を主張した。東郷はそれでは連合国は応じないと反対したが阿南も譲らず、続いて行なわれた閣議でも議論は平行線をたどり、決着がつかなかった。

閣議も最高戦争指導会議も多数決ではなく全会一致が原則だからである。

一回目の「聖断」

夜十時過ぎ、鈴木首相は東郷外相とともに昭和天皇に最高戦争指導会議構成員と平沼枢密院議長による御前会議開催を申し出て裁可され、夜十一時五十分という異例の時刻に開催された。会議では国体護持のみを条件とする受諾という東郷外相案が議題とされ、賛否両論が出された後、鈴木首相が、意見が一致しないことを理由に「聖断」を求め、昭和天皇は東郷外相案で進めるよう指示し、十日午前二時半過ぎ会議は終了した（以上、『終戦工作の記録』）。

会議直後昭和天皇は木戸に、会議において、「本土決戦と云ふけれど、一番大事な九十九里浜《くじゅうくりはま》の防備も出来て居らず、又決戦師団の武装すら不充分〔中略〕飛行機の増産も思ふ様には行つて居らない。いつも計画と実行とは伴はない。之でどうして戦争に勝つことが出来るか。勿論、忠勇なる軍隊の武装解除や戦争責任者の処罰等、其等の者は忠誠を尽した人々で、それを思ふと実に忍び難い」が、「今日は忍び難きを忍ばねばならぬ」ので、「明治天皇の三国干渉の際の御心持を偲《しの》び奉り、自分は涙をのんで原案に賛成する」と述べたと語った（『木戸日記』）。

ただし、阿南陸相の側近への話では、決意の理由が、「彼我《ひが》戦力の懸隔上、此の上戦争を継続するも徒《いたず》らに無辜《むこ》を苦しめ、文化を破壊し、国家を滅亡に導くものにして、特に原子爆弾の出現はこれを甚しくす」と、国民の犠牲への配慮や原爆の影響が主になっている（『機密戦争日誌』）。しかし、梅津参謀総長は、「聖断」の理由として陸軍不信と国民の犠牲および原爆の影響のすべてが言及された旨を河辺虎四郎参謀次長に語っている（『承詔必謹』）ので、阿南が述べたような発言もあったことは確実である。ちなみに、昭和天皇が「自分一身のことや皇室のことなど心配しなくともよい」旨を述べたという、下村宏《しもむらひろし》（海南《かいなん》）国務大臣兼情報局総裁のよく引用される記録（『終戦秘史』）は事実ではない。下村は会議に出席しておらず、出席者の会議直後の記録にはこうした発言は一切記録されていないのである（古川二〇〇九）。

十日、「聖断」に基づき、天皇の地位に関する問い合わせを含む通告が中立国経由で連合国になされ、詔書の準備も始まり（石渡一九九六）、十一日に下村によって天皇のラジオ放送の準備が始まった（『木戸日記』）。アメリカのバーンズ国務長官名義の回答（バーンズ回答）が十二日未明に短波ラジオで放送されたが、実質的にはポツダム宣言の繰り返しだった。

昭和天皇の決断

これに対し陸軍省は、「天皇が他に支配せらるるは〔中略〕皇統の断絶」、「人民自体の政府として認めあり〔中略〕国体の本義に反する」などという反対意見をまとめた。天皇が誰かの支配下に入ることや、国制を国民が決めるのは、国体論に反するので認められないというのである。八月十二日朝、梅津参謀総長と豊田副武《とよだそえむ》軍令部総長が、この見解をふまえ、「敵国の意図が、名実共に無条件降伏を要求し、特に国体の根基たる天皇の尊厳を冒瀆《ぼうとく》しある」ため、「内に在りては忠誠なる国民臣子の分として寔《まこと》に忍び難く、遂には発するところ収拾すべからざる事態を惹起し」、「悠久の大義に殉ずるを無上の喜びとしある外征数百万将兵の進むべき方途を失ひ」、「我国体の破滅、皇国の滅亡を招来する」と、狭義の国体論の立場から、テロや内乱、あるいは軍隊崩壊の危険性を指摘して昭和天皇にポツダム宣言否認を迫った（『敗戦の記録』）。

しかし、昭和天皇はこれを受け入れなかった。すでに武田清子氏が指摘しているように（武田一九九三）、昭和天皇は、国体論的な国家体制から訣別することを決意したのである。さらに、自分へのテロや内乱の危険を冒してでも即時終戦することを決断したのである。こうした決断は、昭和天皇がもともと抱いていた政治思想（大衆的な立憲君主制）から考えれば、むしろ当然のことである。

さらにポツダム宣言受諾の動きを知った海軍厚木《あつぎ》航空隊の小園安名《こぞのやすな》司令が国体論の立場から十一日からポツダム宣言受諾阻止工作を始めた（「厚木事件資料」）。陸軍省でも十二日から若手将校の一部がクーデターを検討しはじめた。十三日にまとまった構想は、「今や吾人は、御聖断と国体護持の関係に付、深刻なる問題に逢着《ほうちゃく》せり、計画に於ては要人を保護し、お上を擁し聖慮の変更を待つ」というものであった（『機密戦争日誌』）。ポツダム宣言受諾という天皇の決断を国体論的立場から認めることができず、天皇を説得したり、監禁して徹底抗戦論への転換を強要しようという動きが出はじめたのである。

一方、外務省は「占領軍にして帝国内に駐屯する以上、主権の行使が占領軍により制限されるのはやむをえず、国体問題については「元来国体の如何に関し外国よりの保障を求めんとするが如きは本末転倒」とした上で、「日本国民の自由に表明せられたる意思に依る」という文について「敵側の民主政治的立場よりすれば当然」とし、「国体に就ては敵側に於て内政干渉の意図無きことを諒承《りょうしょう》すれば足り」るとする受諾論（『木戸文書』）を十三日にまとめ、木戸内大臣に伝えるとともに、東郷外相が昭和天皇にも説明した（古川二〇〇九）。

東郷外相の戦後の回想によれば、昭和天皇は、「其儘《そのまま》応諾するやうに」と述べ、外務省の見解を認めた（『時代の一面』）。あとでみるように、昭和天皇は十四日の二度目の御前会議において、外務省の見解を受諾の論拠の一つとするので、この回想は事実と判断できる。この史料で重要なのは、占領やむなしとしている点である。国体論の考え方からすれば、占領されることすら天皇の絶対性を侵すことになる。実際、右に見たように、こうした論理からポツダム宣言受諾阻止の動きが始まっていた。したがって、占領の容認は国体論の否認を意味する。すでに指摘されているように（武田一九九三、長谷川二〇〇六）、昭和天皇は、もともと内心では信じていない国体論を公然と否認したのである。したがって、史料中の「国体」とは、天皇を絶対視する考え方（狭義の国体論）にいう国体ではなく、皇室が維持されていくこと（広義の国体論）を指していることになる。昭和天皇はテロやクーデターの危険も顧みず、国体論の否認と早期終戦をここに決断したのである。

なお、木戸内大臣は、一九六六年に自分の日記が公刊される際に記した回想（『木戸文書』）の中で、バーンズ回答に接した昭和天皇が木戸に対し、「それで少しも差支ないではないか。仮令《たとえ》連合国が天皇統治を認めて来ても人民が離反したのではしようがない、人民の自由意志によって決めて貰っても少しも差支ないと思ふ」と語ったと回想しており、この回想は昭和天皇の当時の心境を裏づける史料としてしばしば引用されてきた。

ところが、当日の木戸の日記にはこうした発言は記されていない。戦後戦犯として占領軍に逮捕された木戸は、一九四六年三月一日、占領軍の取調べのなかで、昭和天皇を弁護する文脈でこうした趣旨の発言があったと供述している（『東京裁判資料・木戸幸一尋問調書』。以下『木戸調書』と略記）が、東京裁判の宣誓供述書や収監中に書かれた回想記にこの話はなく、一九五〇年になって、占領軍に対する回想談の補足文書で再び現れる（古川二〇〇九）。

昭和天皇がもともと狭義の国体論を信じておらず、しかもこの時はこれを公然否認したのだから、こうした心境であった可能性は非常に高い。しかし、木戸の証言が二転三転しているため、昭和天皇が本当に右の趣旨の発言をしたかどうかはわからないといわざるをえない。

二度目の「聖断」

さて、バーンズ回答への対応を決めるため、八月十三日に最高戦争指導会議や閣議が開かれ、東郷外相は外務省見解を論拠に即時無条件受諾を主張したが、軍の反対でやはり決着はつかなかった。しかし、十四日朝、前日に日本のポツダム宣言受諾を知らせるビラが米軍機から撒《ま》かれたことを知った木戸内大臣は、国内の動揺を恐れ、昭和天皇に再度の「聖断」を急ぐよう要請した（『木戸日記』）。この日朝、陸軍部内のクーデター派は、梅津参謀総長と阿南陸相にクーデター決行を迫った。しかし梅津が断乎《だんこ》拒否し、前夜は関係者に容認をほのめかしていた阿南も梅津に反対しなかったため、陸軍としてのクーデターは未発に終わった（『機密戦争日誌』）。こうして十四日午前、皇居地下に作られた会議室で、閣僚、枢密院議長、両統帥部長による御前会議が開かれ、東郷の受諾案に対して軍部が受諾反対を主張したため、鈴木首相が再び昭和天皇に「聖断」を促し、ポツダム宣言の事実上の無条件受諾が決定した。正式にはその後の閣議で受諾と詔書案が決定された（古川二〇〇九）。

ここでは、二度目の「聖断」発言のすべての内容が含まれている史料として、尾形健一《おがたけんいち》侍従武官の日記を引用する。残念ながら防衛省防衛研究所戦史部図書館所蔵の原本は非公開であるが、防衛研究所の所員によって該当部分が翻刻されている（『昭和天皇発言記録集成』）。尾形は会議に臨席していないが、上司の蓮沼武官長は、昭和天皇の入退場時の先導役として会議室にいたので（『徳川日記』）、蓮沼から聞いたものと考えられる。

今回の回答に依り自分の先般の決意には変更なし。先般の決意は、内外の情勢、我国が戦力等を十分省察して決定せるものである。又国体護持に関しては、先方は之を認めて居るものと信じ不安を有せず。又国民の自由意志に基く政体の決定も、外交上の用語と見るを適当と信じ、余りに疑惑を抱くことは適当でないと信ずる。保障占領に関しては相当の不安あるも、夫れが為、更に戦争を継続することは、結局国体の護持も出来ず、唯玉砕するのみの事となり、固《もと》より国の体面上、保障占領の如きは洵《まこと》に残念な事であり、又今迄身命を犠牲にして働いて呉《く》れた軍隊の武装解除を要求せられ、場合に依りては忠良の子臣も罰せねばならぬのは、自分としては洵に残念であり、忍び得ざる処である。然し此の際、涙を呑《の》み、忍び難きを忍び、明治天皇の遼東還付〔三国干渉〕の御心を偲《しの》びつゝ、此に戦争を終結に導き、我国体を保持し、万民を塗炭の苦より救ひ度しと決心せる次第。皆も残念であろうが、自分の気持を察して其様に運んで貰ひ度《たし》。国民には速に夫れに関し詔書を出す様に、又陸海軍にも詔書を出す様取計つて貰ひ度。要すれば自ら放送しても良いと思ふ。

昭和天皇は、敵側に内政干渉の意思がないのだから国体は護持されるという外務省見解を、「国体」という言葉の意味を明確にしないかたちで利用し、軍部の合意を取り付ける一助としたのである。終戦の詔書に「国体護持」を意味する文言が入るのも、同様に国体論者の暴発を防ぐためであった（竹内二〇〇五）。もっとも、占領されることがすでに狭義の国体論に反しているので、実際には暴発を防ぎきれなかったのだが。

二度目の「聖断」時の昭和天皇の発言として、下村の手記（『終戦秘史』）にある「自分は如何になろうとも万民の生命を助けたい」という言葉が有名である。しかし、関係史料を比較考証してみると、下村によれば、この発言に感動して泣いたほど劇的な場面のはずなのに、他の出席者は一人も言及していない。いかにも不自然であり、こうした発言はなかったのである。下村は情報局総裁として、国民に天皇の心境をわかりやすく説明するため、二度目の御前会議終了後の記者会見でこうした発言があったと説明し、以後それが、記者の話を聞いた人物の日記（『細川日記』八月十五日）、終戦の詔書の新聞発表やラジオ放送の際の解説、さらに下村の手記にも受け継がれたのである（古川二〇〇九）。しかし、自分の命を度外視しなければ「聖断」が下せない状況であり、軍部の警告（八月十二日の両統帥部長の報告）により昭和天皇本人もそれを認識していたことはすでに述べた。

「聖断」の意図

この時の昭和天皇の判断の意図について、国体護持のために国民を犠牲にしようとしたとよくいわれるが、そうではないことは以上の経緯から明らかである。そもそも国民のいない国家などありえない上、もともと狭義の国体論を信じておらず、杉浦重剛から「民は邦の本」と教わった昭和天皇にしてみれば、国体護持のために国民を犠牲にするとまでは考えなかったのである。

実際、「終戦の詔書」の主な部分は次のとおりである（茶園一九八九）。

> 朕、深く世界の大勢と帝国の現状とに鑑《かんが》み、非常の措置を以て時局を収拾せむと欲し、茲に忠良なる爾臣民に告ぐ。
> 朕は、帝国政府をして、米英支蘇四国に対し、其の共同宣言を受諾する旨通告せしめたり。〔中略〕曩《さき》に米英二国に宣戦せる所以も、亦実に帝国の自存と東亜の安定とを庶幾《しょき》するに出て、他国の主権を排し領土を侵すが如きは固より朕が志にあらず。然るに〔中略〕戦局

必しも好転せず、世界の大勢亦我に利あらず、加之《しかのみならず》敵は新に残虐なる爆弾を使用して頻に無辜を殺傷し、惨害の及ぶ所真に測るべからざるに至る。〔中略〕朕は帝国と共に終始東亜の解放に協力せる諸盟邦に対し、遺憾の意を表せざるを得ず。帝国臣民にして、戦陣に死し、職域に殉じ、非命に斃《たお》れたる者、及其の遺族に想を致せば、五内為に裂く。且戦傷を負ひ、災禍を蒙《こうむ》り、家業を失ひたる者の厚生に至りては、朕の深く軫念する所なり。惟《おも》ふに、今後帝国の受くべき苦難は、固より尋常にあらず。爾臣民の衷情も朕善《よ》く之を知る。然れども朕は時運の趨《おもむ》く所、堪へ難きを堪へ忍び難きを忍び、以て万世の為に太平を開かむと欲す。
朕は茲に国体を護持し得て、忠良なる爾臣民の赤誠に信倚し、常に爾臣民と共に在り。〔中略〕神州の不滅を信じ、任重くして道遠きを念《おも》ひ、総力を将来の建設に傾け、道義を篤くし志操を鞏《かた》くし、誓て国体の精華を発揚し、世界の進運に後れざらむことを期すべし。爾臣民其れ克く朕が意を体せよ。

「共同宣言」とはポツダム宣言、「残虐なる爆弾」とは原子爆弾、「臣民の衷情」とは文脈上、狭義の国体論者のことを指している。ポツダム宣言受諾の意思を示し、そうなった事情を説明した上で、同盟国や国民への配慮を示し、国民に復興への尽力を希望している。

この詔書について、国民への謝罪の意が含まれていないとしばしば批判されるが、「帝国臣民にして戦陣に死し職域に殉じ非命に斃れたる者、及其の遺族」に対し、「五内為に裂く」、つまり、体が張り裂けるようだと異例の表現で述べていることから、遠回しではあるにしても、国民の犠牲に対する尋常ならぬ思いが表現されていることは明らかである。また、同盟国に対して明確に謝罪していることも注目してよい。

この日、ポツダム宣言受諾が連合国に通告される一方、政府は翌日に国民に終戦を伝えるべく、昭和天皇の詔書朗読のレコード録音や新聞社への指示など準備を進めた。陸軍省のクーデター派は、御前会議終了後、近衛師団の同調者とともに決起して皇居に侵入し、放送局を占拠した。レコード盤奪取や天皇の監禁、放送妨害により終戦阻止を試みたのである。しかし、失敗に終わった(『資料日本現代史』②)。

小園も十四日に終戦阻止の電報を海軍首脳に送ったが間に合わず、翌日以降、徹底抗戦を叫んで厚木基地を占拠するとともに、「天皇は絶対の御方なり絶対に降伏なし〔中略〕「ポツダム」声明を承服する時は天皇を御滅し奉ることとなる故に〔中略〕「ポツダム」声明の履行の命令に服することは大逆無道の大不忠」というビラを部下に飛行機で撒布《さんぷ》させたが、のち逮捕される(「厚木事件資料」)。国体思想はこのような生身の天皇への反抗をついに現実のものとしたのであるが、いずれも失敗に終わったのは、あまりに現実から遊離していたためとしかいいようがない。

昭和天皇は、一九四四年七月のサイパン陥落で勝利の可能性がなくなったことを認識し、少しでも有利な条件で講和しようと、局地的戦闘の勝利を期待する一撃講和論者となった。ところが、その後局地的戦闘の勝利が訪れないまま国民の犠牲が急増したことから、ドイツ降伏を機に、ソ連を仲介者とする早期終戦論者に転換した。さらに、ソ連参戦によってソ連の仲介がありえなくなったため、命の危険をかえりみず、即時終戦を決断したのである。

昭和天皇は、東宮御学問所や欧州巡遊帰国後に受けた教育を通じて、先祖たちが営々と築き上げてきた日本国家をさらに繁栄させなければならないという自分の歴史的責任や、国民あっての国家、天皇は一身を犠牲にしても国家国民に尽くすべきという観念をよく承知しており、一方で、科学者として、協調外交路線の支持者として、普遍性の追求という考え方から天皇機関説論者となり、いわゆる国体論に違和感を抱いていた。そのため、国家存亡の危機において、自分の一身より国家国民のことを考えての「聖断」が可能となったのである。

ちなみに、昭和天皇の普遍性指向がなお強かったことは、敗戦直後の八月二十三日、重光葵外相に、「日本人の用ふる語〔言〕葉は外国に通用せざるもの多し。同じ趣旨を外国人に解る様に説明すること一層肝要」などと語った（『続重光葵手記』）ことによく示されている。

終戦の「聖断」まで時間がかかったのは、少しでも有利な条件で戦争を終わらせたかったためだが、さらにその背景をたどっていくと、最大の原因は天皇を絶対化する国体論（狭義の国体論）という政治思想であった。明治維新の正当化に利用された国体論は、やがて論敵政敵排斥の論理に利用されたあげく異論を排除する結果をもたらし、陸軍の暴走を招き、国を破滅寸前まで追いつめた。昭和天皇もこれにさんざん苦しめられたわけだが、内心これを疑いつつも、国体論の拡大を認めてしまってもいたので、一方的な被害者とは言えない。

しかも、「聖断」まで時間がかかったことは問題を残した。太平洋戦争における日本の戦死者約一七五万人の過半数と民間人死者約八〇万人のほとんどがサイパン陥落以後であること（吉田、森二〇〇七）を考えればなおさらである。しかも、アジアにおける戦闘地域や交戦国においても、数百万人とも、一千数百万人ともいわれる多大な犠牲を出した。そして、結果的に日中戦争の進展を容認し、太平洋戦争開始の決断を下したのは昭和天皇であった。ここに、昭和天皇の後半生を悩ませる戦争責任問題が生じることになったのである。

第五章　戦後

戦後の巡幸　一九四七年八月、岩手・宮古港にて（毎日新聞社提供）

「聖断」によって終戦を実現した昭和天皇であるが、戦争終結を決断できたことと、戦争の犠牲の大きさのために、今度は戦争責任、すなわち開戦や戦争継続についての政治責任を問われ得る立場となった。結局、崩御まで、この問題が昭和天皇にとって最大の課題となっていく。そうした状況のなかで、昭和天皇はいかに考え、いかに行動したのだろうか。

一　退位問題

東条に責任を転嫁したか

敗戦直後の一九四五（昭和二十）年八月二十九日、木戸内大臣に、「戦争責任者を連合国に引渡すは真に苦痛にして忍び難きところなるが、自分が一人引き受けて退位でもして納める訳には行かないだろうか」（『木戸日記』）と述べたように、昭和天皇は、有史以来の日本の敗戦を招いた最終的な責任が自分にあることを認識しており、責任のとり方として退位も視野に入れていた。ただし、このときは木戸が、「外国の考へ方は我国とは必しも同じからず」、「皇室の基礎に動揺を来し」、「其結果民主的国家組織（共和制）等の論を呼起すの虞《おそ》れもあり」と、退位が皇室廃止に結びつく可能性を指摘したため、退位は実現しなかった。

ところが、九月二十五日付の『ニューヨーク・タイムズ』には、同紙記者の昭和天皇へのインタビュー記事が、「裕仁、記者会見で東条に奇襲の責任を転嫁」という見出しで掲載され（『資料日本占領』①資料一七二）、昭和天皇は、真珠湾攻撃の際、攻撃開始後に開戦の詔書が発せられたことに関し、「元首相東条英機は開戦の詔書を利用したが、自分はそんなふうにそれを利用させるつもりはなかった」と述べたことになっている。こうした回答が用意された背景には、「リメンバー・パールハーバー」という標語で知られるように、アメリカでは日本の真珠湾への無通告奇襲攻撃が日本への敵愾心《てきがいしん》形成に大きな役割を果したことがあると考えられる。

この会見は近衛文麿元首相が設定したもので、重光葵外相は、「陛下も責任なきことを自ら語らるるは不可のみならず、却つて国体を破るもの」として反対だったが、会見も報道も阻止できなかった（『続重光葵手記』九月二十日）。ちなみに、この部分は幣原喜重郎元外相が作成した回答原案にはなく、最終段階で急遽《きゅうきょ》追加された（松尾二〇〇七）。実際のところ、開戦の詔書には従来この種の詔書にみられた国際法順守の文言がないが、開戦を決定する御前会議の案にも開戦通告の段取りは記されておらず、政府・軍部がその段取りを決める際に天皇の裁可を仰いだ形跡もない（佐藤元英二〇〇五）。海軍の中村俊久《なかむらとしひさ》侍従武官も木下道雄侍従次長に「真珠湾攻撃については、即ち実戦をもって宣戦に先だつことについては、御承知なきこと、予期もし給わぬこと」と述べている（『側近日誌』一九四五年十一月八日）。

この発言をもって昭和天皇が戦争責任を東条に転嫁しようとしたという見解がある（豊下二〇〇八）。しかし、昭和天皇の発言とされる部分でも東条批判は詔書の利用のされ方についてだけであり、開戦判断の責任の所在については言及されていない。東条に開戦の責任を転嫁するのは昭和天皇の発言の真意ではなかったのである。

マッカーサーに責任を認める

昭和天皇の真意は九月二十七日の連合国軍最高司令官マッカーサーとの第一回会見で示されている。十月下旬、マッカーサーはアチソン米国国務次官に対し、九月二十七日の会見の際に昭和天皇が、「米国政府が日本の対米宣戦布告を受け取る前に真珠湾攻撃を開始するつもりはなかったのだが、東条が自分をあざむいたのである」としながらも、

責任を回避するためにそのようなことを口にするのではない、自分は日本国民の指導者で

昭和天皇とマッカーサー GHQ 最高司令官の第 1 回会談（1945 年 9 月。毎日新聞社提供）

あり、したがって、日本国民の行動には責任がある。

と語ったと述べた（『資料日本占領』①資料一七八）。昭和天皇は統治権の総攬者としての自分の責任を明確に認めたのである。

昭和天皇自身は、「マッカーサー司令官との話というものは、マッカーサー司令官とはっきりこれはどこにもいわないという約束を交わした」（一九七七〈昭和五十二〉年八月二十三日の記者会見、『陛下お尋ね』として、計一〇回にわたる両者の会見の内容を公言したことはなく、会談記録もまだ一部しか公開されていないが、昭和天皇の発言がほぼこのとおりであったことは、松尾尊兊氏が考証している（松尾二〇〇二、二〇〇七）。つまり、昭和天皇は、宣戦布告前に攻撃する意図はなかったが、そうなったことを含め、日本の行動に対し自分に最終的な責任があると占領軍の最高責任者に明言したのである。

これは常識にかなった考え方である。九月二十日付で警視庁がまとめた「総理宮殿下《みやでんか》外国記者団会見に対する反響に就て」（『資料日本現代史』②資料八七）には、財界人や言論人たちの「国内に対して無責任だからと云つて、今度の如き場合、国際的にも対外的に天皇が無責任であるとの議論が通るものか何《ど》うか」、「戦争責任者が軍閥だとすれば宣戦の御詔勅問題はどうなるか」、「戦争の終結は陛下の御裁可を得てゐるが、然らば誰の命に依つて戦争が起つたか」といった見解が並んでおり、十一月八日にも、中村俊久侍従武官が木下道雄侍従次長に、「一国の統治者として、国家の戦争につきロボットにあらざる限り御責任あることは明なり」と述べている（『側近日誌』）。

戦争を止める権限があったということは、始めるかどうかを決める権限もあったことを意味するというのが常識的な考え方なのである。昭和天皇の側近中の側近だった木戸内大臣でさえ、戦犯として逮捕される前日の四五年十二月十日、昭和天皇に別れを告げるにあたって、「今度の敗戦については何としても陛下に御責任あることとなれば、ポツダム宣言を完全に御履行になりたる時、換言すれば媾〔講〕和条約の成立したる時、皇祖皇宗に対し、又国民に対し、責任をおとり被遊《あそばされ》、御退位被遊が至当」と進言していたのである（『木戸調書』所収「木戸幸一日記」一九五一年十月十七日）。

免責への動き

なお、「総理宮殿下外国記者団会見」は、九月十八日に行なわれたものだが、記者団からの「民主主義国の中の一部では天皇陛下も犯罪者の一部と見て居るが」という質問に対し、東久邇宮稔彦《ひがしくにのみやなるひこ》首相は、「天皇陛下は責任者で無い〔中略〕側近の一部軍人に依つて計画された」、「今迄の制度では政府が全責任をもつて居る。政府で決定した事は天皇陛下が承認する」などと答えたものの、記者団から「日本の憲法に依れば天皇が戦争を決定する様に規定してある」と指摘されると、「研究して御答へする」と、事実上回答不能に陥ってしまうという状況だった（『資料日本現代史』②資料八六）。東久邇宮首相は、昭和天皇の免責をめざしたものの事実上失敗したのである。

昭和天皇を戦犯とみなして、責任を追及する動きが海外で出ていたことは右の史料でも明らかである。これに関し、昭和天皇は九月二十七日に木戸に対し、「自分が恰《あたか》もファシズムを信奉するが如く思はるゝことが、最も堪へ難きところなり、実際余りに立憲的に処置し来《きた》りし為めに如斯《かくのごとき》事態となりたりとも云ふべく」として、「自分の真意」について記者会見かマッカーサーへの説明を希望した（『木戸日記』）。

このなかの、「余りに立憲的に処置し来りし為めに如斯事態となりたり」という認識は、清水の憲法論や天皇機関説問題の際の昭和天皇の発言から考えて、憲法の規定に従って政務を行なってきたという意味であると考えるべきである。そして、この論理は、以後、天皇免責論の主な論拠として活用されていく。ただし、この時点では、木戸が、「弁明すればする程当方の希望に反し邪道に入るの虞れあり」として反対し（同右）、記者会見は実現せず、マッカーサーとの会見でも説明しなかった。

もっとも、昭和天皇がそこまでしなくとも、免責を図る動きは日本政府のみならず占領軍の側からも行なわれた。そもそもマッカーサーは、九月二十七日の昭和天皇との会見の際、昭和天皇が自己の責任を認めたのに対し、「陛下が平和の方向に持つて行くため御軫念《しんねん》あらせられた御胸中は、自分の充分諒察申上ぐる所」と同情を示しただけでなく、マッカーサーは、「陛下程日本を知り日本国民を知る者は他に御座居ませぬ」として、意見があれば侍従長などを通して申し出てほしいと述べるなど、昭和天皇に好意的な態度をとったことが外務省の記録からわかる（『朝日新聞』二〇〇二年十月十七日付夕刊）。

さらに、マッカーサー側近の一人フェラーズ准将は、十月二日付のマッカーサー宛の覚書で、太平洋戦争の開戦の詔書は、主権国家の元首としての「天皇の免れえない責任を示す」としながらも、「最上層の、そして最も信頼しうる筋によれば、戦争は天皇が自ら起こしたものではない」し、「天皇は、開戦の詔書について、東条が利用したような形でそれを利用させるつもりはなかった旨をみずからの口で述べた」とした上で、「大衆は、裕仁に対して格別に敬慕の念を抱いて」おり、「和を求める詔書は、彼らの心を喜びで満たした」とし、さらに、「天皇の措置によって何万何十万もの米国人の死傷が避けられ、戦争は予定よりもはるかに早く終結した。したがって、天皇を大いに利用したにもかかわらず、戦争犯罪のかどにより彼を裁くならば、それは、日本国民の目には背信に等し」いため、「統治機構は崩壊し、全国的反乱が避けられ」ず、「何万人もの民事行政官とともに大規模な派遣軍を必要とする」と主張した（『資料日本占領』①資料一七四）。

つまり、フェラーズは、昭和天皇に君主としての責任があることは明らかだが、開戦の主導者ではなく、また昭和天皇は国民の信望を得ており、昭和天皇の「聖断」によって米国の被害を減らすことができたのに、戦犯として裁判にかけるならば日本国民が占領軍に反抗し、占領に多大なコストがかかるとして、天皇の戦犯指定に反対したのである。マッカーサーはすでに昭和天皇に同情的な態度を示していたから、この史料は、側近がマッカーサーの意向を本国に説明できるように体系化したものと考えられる。

しかし、アメリカ本国の世論や他国の意向はなお昭和天皇に厳しかった（武田一九九三）。こうした状況をフェラーズから知らされた幣原喜重郎内閣も対策を講じた（東野一九九八）。十一月五日の閣議決定「戦争責任等に関する件」において、昭和天皇は、「飽く迄対米交渉を平和裡に妥結せしめられんことを御軫念あらせられ」、「開戦の決定、作戦計画の遂行等に関しては憲法運用上確立せられ居る慣例に従はせられ、大本営、政府の決定したる事項を却下遊ばされざりしこと」という政府見解が定められた（『資料日本現代史』②資料八九）。すなわち、日本政府は、昭和天皇はあくまで平和を望んでおり、開戦の決定は憲法運用上やむをえなかったという理由で、昭和天皇には戦争責任はないとしたのである。

世論の動向

日本国民の昭和天皇への意向については、十二月に行なわれたアメリカ戦略爆撃調査団の「敗戦後の国民意識」という調査によれば、調査対象者約五〇〇〇人のうち、昭和天皇の在位を望む人は六二パーセント、その他好意的な回答は七パーセントと七割近くを占めた。そしてこの人々はその理由として、「もし天皇陛下が真実を御存知であったなら、もっと早く戦争を終わらせて下さったと思います」、「天皇陛下が戦争の復讐や責めを負うべきではない〔中略〕実際には軍部が戦争を独断で遂行していたのであり、天皇をスポークスマンとして常に利用していた」などとしていた（『資料日本現代史』②資料二二）。

当時、軍部に責任を負わせる主張が拡大しつつあったとはいえ、昭和天皇を平和主義者とする具体的な材料はまだほとんど公開されていなかったことを考えると、一般国民に昭和天皇の擁護論がかなり浸透していたことは驚くべきことである。日中戦争勃発以前の昭和天皇の公式発言（詔書、勅語）や人柄についての報道の影響と考えるほかはない。退位を明確に主張した人は三パーセントに過ぎなかった。残りの二七パーセントは、わからない、自分には無関係、回答せずなど積極的に好意を示さない態度であり、複雑な心境の人が少なくなかったことがわかる。なお、同じ十二月以降、新聞社などにより天皇に関する世論調査が行なわれはじめたが、いずれも天皇という制度の存続の可否を問うもので、圧倒的多数が存続を支持しているものの、昭和天皇在位への賛否は問われていない。

なお、四六年以後、昭和天皇の人物像についての報道は、満洲事変以前のような文民的な内容に戻り（河西二〇一〇）、生物学研究についても再び報道されるようになった（右田二〇〇九）。

「**人間宣言**」

昭和天皇は、一九四六（昭和二十一）年の元旦、「人間宣言」として有名な「新日本建設に関する詔書」を発したが、これもそもそもは昭和天皇免責工作の一環として企画されたものであった。木下道雄侍従次長の日記でこの問題が最初に出てくるのは一九四五年十二月二十三日のことだが、「大詔渙発」という言葉の後、関係者の名前の筆頭に占領軍の民間情報教育局長ダイクの名が記されていることから、この話が占領軍の主導で始まったことがわかる。

さらに英文原案とみられるメモも、関係者による戦後の証言もある（高橋紘、鈴木一九八一）。十二月二十五日の木下侍従次長の日記に、「人を通してＭａｃ司令部要人に連絡あり」として、「鶴の一声と京都御隠退。これは米国に於ける退位論を鎮むるに力あり」という要人の意向を書き留めていることもその傍証となる。もちろん、「鶴の一声」がこの詔書である（同日記の校注記事）。

ただし、この詔書が発表されるまでにはやや複雑な経緯があった。詔書案は内閣で作成されたが、木下は翻訳調になることを徹底して嫌って詔書案の作成に深く介入した（『側近日誌』十二月二十九日〜三十一日）。昭和天皇も五箇条の誓文を挿入させたが、その理由については、一九七七年八月二十三日の記者会見程度しか手がかりがない。そのなかで昭和天皇は、「それ〔五箇条の誓文〕が実はあの時の詔勅の一番の目的なんです。神格とかそういうことは二の問題」とし、「当時においては、どうしても米国その他諸外国の勢力が強いので、それに日本の国民が圧倒されるという心配が強かったから」、「民主主義というものは決して輸入のものではないということを示す必要が大いにあった」と回想している（『陛下お尋ね』）。木下が翻訳調の除去に必死になっていたこと（『側近日誌』解説）を考えれば、昭和天皇の回想は正しいと考えられる。昭和天皇は、この詔書の目的を、復興に向けて国民に新たな誇りを持たせる手段に転化しようとしたのである。

詔書の中の神格化否定の部分は、最終的には、

朕と爾等《なんじら》国民との間の紐帯《ちゅうたい》は、終始相互の信頼と敬愛とに依りて結ばれ、単なる神話と伝説とに依りて生ぜるものに非ず。天皇を以て現御神《あきつみかみ》とし、且日本国民を以て他の民族に優越せる民族にして、延《ひい》て世界を支配すべき運命を有すとの架空なる観念に基くものに非ず。

となっている（『朝日新聞』一九四六年一月一日付朝刊）。天皇と国民は信頼関係で結ばれており、神話伝説だけを根拠に関係を形成しているのではなく、「天皇を以て現御神」とする「架空の観念」も根拠ではないとしており、狭義の国体論と国体論から導き出される天皇神格化を明確に否定している。

ただし、木下侍従次長の日記によれば、詔書案の作成過程で、原案にあった、「天皇は「神の裔《えい》にあらず」」という文言を、木下と昭和天皇が最終案のように修正した（『側近日誌』十二月二十九日）。このことについて、昭和天皇が詔書の骨子を骨抜きにしたという見解もある（冨永二〇一〇）。しかし、進化論を認める生物学者としての昭和天皇が天皇践祚以前から天皇の神格化に否定的だったのはすでに見たとおりである。しかし、天皇にまつわる神話すべてを明確に否定すれば、伊勢神宮の存在意義や神武天皇陵の真実性に疑義が生じるなど、

影響が非常に大きいために、進化論者である昭和天皇といえども慎重にならざるをえなかったと考えるほかはない。

新憲法の制定

一九四六（昭和二十一）年一月二十五日、マッカーサーはアメリカ陸軍参謀総長アイゼンハワーに対し、天皇を来る戦犯裁判にかけない意向を明示した。その理由として、第一に、「天皇が日本帝国の政治上の諸決定に関与した〔中略〕明白確実な証拠は何も発見されておらず、「可能なかぎり徹底的に調査を行った結果、終戦時までの天皇の国事へのかかわり方は、大部分が受動的なものであり、輔弼者の進言に機械的に応じるだけのものであった」と、犯罪的行為がなかったことをあげ、第二に、「天皇を告発するならば、日本国民の間に必ずや大騒乱を惹き起こし」、「天皇は、日本国民統合の象徴であり、天皇を排除するならば」、「日本全体が消極的ないし半ば積極的な手段によって抵抗する」ので、「おそらく一〇〇万の軍隊が必要となり、無期限にこれを維持しなければならない」などと、日本国民の抵抗による占領コストの増大をあげた（『資料日本占領』①資料一四七）。

「徹底的に調査」に関しては、すでに占領軍は前年秋以降戦犯逮捕を始めており、東条元首相の他、木戸前内大臣も一九四五年十二月十一日に逮捕され、尋問が始まっていたが、近衛は逮捕前日の十二月十六日に自殺した。昭和天皇は翌日高松宮に、「仕方があるまい。近衛は気が弱いから。気の毒をした」と述べた（『高木日記』）。占領軍は逮捕者の他、多数の関係者の尋問を進めていた（高橋紘二〇〇八）。尋問の際、木戸は、「天皇陛下は立憲君主制のもとで行動しておられ、内閣と参謀総長の奏上に同意なさいます。陛下がご自分の意思を強要なされば、専制君主になってしまいます」、「終戦の際には内閣が戦争を続行すべきか終了すべきか判断が決まらず、天皇陛下にご裁断をお願いし、それで陛下が聖断をくだされました」と（『木戸調書』一九四六年一月三十一日）、政府見解に添った説明に努めた。

しかし、なお、諸外国や米国内では天皇戦犯論が根強く（武田一九九三）、占領軍はさらなる対策に追われた。天皇を国民統合の象徴とし、実権を持たず、内閣の助言により国事行為を行なうとしたいわゆる象徴天皇制を定めた憲法原案を作成し、四六年二月十三日に日本政府に政府案とすることを迫ったのもその一つだった。それは、マッカーサーが、幣原首相に対し、天皇の安泰を図りたいが、極東委員会（ワシントンに置かれた占領軍の上部機関）で天皇戦犯論が強いことをふまえ、「むしろ米国案は天皇護持の為めに努めてゐるもの」と述べた（『芦田均日記』一九四六年二月二十二日。以下『芦田日記』と略記）ことからわかる。

昭和天皇は、三月四日、幣原首相から憲法改正案の承認を求められた際、「今となつては致方あるまい」として裁可したものの、「皇室典範改正の発議権を留保できないか、又華族廃止についても堂上《どうじょう》華族だけは残す訳には行かないか」とも要望した。しかし、翌日の閣議では情勢上これらの実現は無理であるとして断念された（同右、三月五日）。

新憲法案への消極的な反応は一見民主主義の否定のようにも見えるが、これまで見てきたように、昭和天皇は普遍的な政治思想に基づく事実上の国民主権を理想と考えていたので、憲法案の根本原則を嫌ったのではなく、天皇の権限が家政についてまで否定されていることや、華族制度の全廃までは予想していなかった（イギリスには貴族制度が存続していた）ということを示す発言と考えるべきである。

なお、この憲法について、条文上、天皇が国家元首か否かが曖昧であることや、改正案の国会審議において「国体」が維持されたかについて議論されたがこれも曖昧に終わったことはよく知られている（竹前、岡部二〇〇〇）。

『独白録』の意味

このころ、戦犯裁判（極東国際軍事裁判）の開始に向けて、各国の検事団が到着しつつあった。もちろんその中には昭和天皇訴追を主張する者もいた。こうした状況をふまえ、東久邇宮盛厚《もりひろ》から、「戦犯審判開始が漸次遅るる訳は、M司令部に甲乙に議論ある由」、すなわち天皇免責の動きを聞いた二月二十五日、昭和天皇は木下侍従次長に、「手記的のものを用意する必要なきや」と尋ねた（『側近日誌』）。木下はこれに同意したが、その後昭和天皇は風邪で寝込んでしまい、着手が遅れた。その間、フェラーズの要請により、宮中と占領軍の連絡のため、二月二十日に外務官僚寺崎英成《てらさきひでなり》が宮内省御用掛となった。寺崎は三月九日、初めて昭和天皇と二人きりで会い、二時間にわたって会談した（『昭和天皇独白録』所収「寺崎英成日記」。以下「寺崎日記」と略記）。

東野真氏がマッカーサー記念館で発見した寺崎のメモ（東野一九九八）によると、この時、寺崎は、フェラーズの意向をふまえ、なぜ太平洋戦争開戦の際に拒否権を行使しなかったのかを問い、昭和天皇は答えを語ったが、その内容はメモには記されていない。なお、昭和天皇が戦中の回想を人に語ったのはこれが初めてではない。木下侍従次長や徳川義寛侍従の日記には敗戦直後から断片的な回想談がいくつか記録されている。

『昭和天皇独白録』という名で知られる、宮中側近と寺崎による昭和天皇への聞き取り記録は、一九四六（昭和二十一）年三月十八日、昭和天皇が病床にあるという異例の状況で始められた。その理由は、以上の経緯からも明らかなとおり、昭和天皇免責工作の一つとして急いで実施する必要があると昭和天皇本人も関係者も考えていたからである（同右）。

聞き取りは四月八日までの計四日、計五回（四月八日は二回）行なわれた。『独白録』冒頭の記述によれば、この記録は、稲田周一《いなだしゅういち》宮内府内記部長が記録をとり、それを木下侍従次長が添削して六月一日に完成した。

これとは別に、東野真氏がフーバー大学所蔵のフェラーズ文書の中から英語版『独白録』を発見した。これは四月下旬に寺崎が作成し、フェラーズに渡したものである。日本語版が敗戦まで書かれているのに対し、英語版は太平洋戦争開戦までしかなく、もちろん日本語版にある東条評の部分はない。その他の部分も細部でかなり異なっている。この英語版は昭和天皇訴追を防ぐために急いで作られたのであり、実際、作成直後にフェラーズに渡された（東野一九九八）。ただし、フェラーズは三月二十日に寺崎に対し、昭和天皇の留位《りゅうい》を希望するというマッカーサーの意向を伝えており（高橋紘二〇〇八）、占領軍としても四月三日に天皇不起訴を決定しており（日暮二〇〇八）、結果的には不要なものとなった。

日本語版についても、緒言、田中義一首相叱責の部分、結論については、木下の筆になる内容の違うものが残されており（『側近日誌』）、吉田裕氏が指摘するとおり、いわゆる『独白録』は、昭和天皇の回想談を大幅に編集したものである（吉田一九九二）。聞き取りの目的を考えれば、『独白録』の内容が大筋で政府見解と一致しているのは当然のことである。

このいわば木下版は、『独白録』に収録されなかっただけに、昭和天皇の本音がうかがえる史料である。その中の「結論」では、まず一般国民について、「国民性に落ち着きのないことが、戦争防止の困難であった一つの原因であった。将来この欠点を矯正《きょうせい》するには、どうしても国民の教養を高め、又宗教心を培《つちか》って確固不動の信念を養ゥ必要があ」り、「このことが日本民族の向上ともなり、世界に向かって人種平等を要求する大きな力ともなる」と述べている。政治思想に関して国民への失望感を示していることが特徴的である。この年十二月六日にも寺崎英成御用掛に、「常識が民主々義の根底なるは事実なるも常識の依って来る処には教養そして信仰心が核心となる」（「寺崎日記」）と同じようなことを語っているので、これは昭和天皇の確信というべきものだったことがわかる。

国家の最高責任者がこのようなことをいうのは当事者意識が欠けているようにも見えるが、このあと自分の責任を認める発言が続くので、国民に戦争責任を転嫁するというのではなく、自分なりに努力したにもかかわらず、結局世論が協調外交路線を拒否したこと（第三章参照）への昭和天皇の失望をここから読みとることができる。また、第三章で明らかにしたように、天皇機関説問題の時にも生物学研究者の立場から信念の必要性を述べているので、そうした考え方の影響もあると考えられる。

次に為政者について、「近衛は思想は平和的で、ひたすらそれに向かって邁進せんとしたことは事実だが」、「世間の人気」を考えすぎたため「断行の勇気を欠」いて「国家を戦争という暗礁に乗り上げさして終《しま》い」、「東条の最後の努力をもってしてもこれを離礁《りしょう》せしめることが出来なかった」とし、「それに引きかえ鈴木首相と米内海相とは、政治的技術に於ては近衛に及ばなかったけれども、大勇があったのでよく終戦の大事を為し遂げた」としている。

自分自身については、「不可抗力とはいいながらこの戦争によって世界人類の幸福を害《そこな》い、又我が国民に物心両方面に多大な損失を与えて国の発展を阻止し、又、股肱《ここう》と頼んだ多くの忠勇なる軍人を戦場に失い、かつ多年教育整備した軍を武装解除に至らしめたのみならず、国家の為粉骨努力した多くの忠誠の人々を戦争犯罪人たらしめたことに付ては、我が祖先に対して誠に申し訳なく、衷心陳謝する」と述べている。改めて、今次の戦争に関する日本の動向の最終責任が自分にあるという自覚がうかがえる。

実際、年末に皇族たちに各天皇陵を参拝させる際、昭和天皇は、今回の事態について自分の不徳の致すところとして陳謝する旨伝えるよう各皇族に指示している（『高松宮日記』一九四五年十一月二十九日）。そして、「不可抗力とはいいながら」と但し書きをつけつつ「陳謝」していることからは、一応、昭和天皇に落ち度なしという政府の見解を受け入れながらも、昭和天皇自身、別の選択肢、別の可能性もあったのではないかという思いが棄てきれなかったことがわかる。

ただし、最後に、「負け惜しみと思うかも知れぬが、敗戦の結果とはいえ我が憲法の改正も出来た」ので、「我が国民にとって勝利の結果極端なる軍国主義となるよりも却って幸福」と述べているのは、内外の多大な犠牲を考えると、最高責任者としてはやや評論家的過ぎる見解といわざるをえない。しかし、そうとでも考えなければ、多大な犠牲を出した戦争にゴーサインを出した本人として、在位し続けることは難しかったのではないか。

退位論

いずれにしろ、昭和天皇は今次の戦争に関し、君主としての自分に責任があることを十分自覚していた。そして、世論においても、最高責任者として責任をとるべき、つまり退位すべきという議論も出ていた。昭和天皇自身は退位問題についていかに考え、いかに行動したのか。これについては優れた研究がある（河西二〇一〇、冨永二〇一〇）。紙数の関係もあり、ここではこれらの研究成果に若干の補足を加えつつみていく。

すでに述べたように、昭和天皇は敗戦直後から退位について検討していたが、その機会として最初に問題となったのは一九四八（昭和二十三）年の秋、極東国際軍事裁判（東京裁判）の判決が近づいたころであった。時の芦田均首相は、宮中民主化の一環として宮内府（翌四九年六月からは宮内庁）首脳の更迭を企て、四八年六月五日、信頼関係が厚い現任者の更迭を嫌う昭和天皇の反対を押し切って、宮内府長官に民間から田島道治《たじまみちじ》を、侍従長には元外務官僚の三谷隆信《みたにたかのぶ》を就任させた（『芦田日記』三月十日、五月二十九日）。田島は就任の打診を受けた段階では退位論者であり（同右、四月二十二日）、芦田も、日記に明記はしないものの、退位論者を宮内府長官に据えたことから、田島に昭和天皇を説得させ、昭和天皇本人の納得を得つつ退位を実現しようと考えていたと判断できる。

しかし、七月九日、田島と昭和天皇は退位問題を話し合い、昭和天皇は「留位責任をとる」意向を示した（加藤恭子二〇一〇所収「田島道治日記」。以下「田島日記」と略記）。田島と昭和天皇の話し合いの詳細は八月二十九日の『芦田日記』にある田島の話からうかがわれる。すなわち、田島は、「天皇が退位の意思なしと推察」するが、それは「自己中心の考へ方といふのでなく、苦労をしても責任上日本の再建に寄与することが責任を尽す途だと考へてゐられる」とし、その理由として、「退位のために帝制が動揺するかも知れない」、「摂政となるべき適任者がないのみならず皇太子は余り若年」、「Scap〔占領軍〕が之〔譲位〕を許すかどうか」という三点をあげている。

この史料では、三つの理由は田島の私見のような表現になっているが、田島と昭和天皇は退位問題について話し合っているので、これは昭和天皇の意見でもあったと考えるべきである。昭和天皇は、自分が退位した場合、皇太子が未成年なので摂政を立てる必要があるが適任者がおらず（弟たちが軍籍にあったことを気にしていると考えられる）、占領軍が皇室存続論をとり続けてくれるかわからないので、批判されることも承知の上で在位し続けて、日本の政治的安定、ひいては一日も早い復興の実現に寄与することによって、戦争に関わる責任をとりたいという意向を固めたのである。

その際、田島は昭和天皇を、「私心のない、表現人《(ママ)》そのもの」と好意的に評価しているので、田島としては昭和天皇の意向に賛成していたことがわかる。結局、九月二十七日、芦田首相と田島長官は留位で意見が一致した（『芦田日記』）。

退位せず

退位問題に決着がついたのは、東京裁判の判決が出た一九四八年（昭和二十三）十一月十二日のことであった。芦田内閣は昭和電工疑獄事件のため退陣、十月十五日、第二次吉田茂内閣に代わっていた。十月下旬、マッカーサーは、東京裁判の判決に際して、昭和天皇が退位や自殺を考えるのではないかと危惧し、これらを防ぐため努力していると側近に述べた（『資料日本占領』①資料二一〇）。この史料からも、昭和天皇がマッカーサーに自分の元首としての責任を認めていたことが傍証できる。マッカーサーの働きかけの結果として出されたのが、十一月十二日付のマッカーサー宛の昭和天皇のメッセージである（同右、資料二一一）。

閣下が過日、吉田首相を通じて私に寄せられたご懇篤《こんとく》かつご厚情あふれるメッセージに厚く感謝します。わが国民の福祉と安寧を図り、世界平和のために尽くすことは、私の終生の願いとするところであります。いまや私は一層の決意をもって、万難を排し、日本の国家再建を速かならしめるために、国民と力を合わせ、最善を尽くす所存であります。

このメッセージからは、マッカーサーの働きかけは吉田茂首相を通じて行なわれたこと、吉田首相も留位論者であったことがわかる。ちなみに、田島長官の十月二十六日の日記に、吉田首相から「前日 Mc との会見の結果、ab〔abdication, 退位〕など決して然るべからずとの彼の意見のごときく」とあるので、マッカーサーのメッセージが吉田に伝えられたのは十月二十五日のことだったと考えられる。昭和天皇は、「一層の決意をもって、万難を排し」とあるように、留位という判断にかなりの批判が出ることは承知の上で、一日も早い日本復興のために、死去するまで退位しない意思をマッカーサーに明確に示したのである。この言い回しからは、昭和天皇が日本復興にかなりの時間がかかると考えていたことがわかる。それもそのはず、当時の占領軍は日本の非軍国主義化に重点を置いていたため、労働争議が多発するなど社会経済状況はなお混沌《こんとん》としていた。

昭和天皇は、本人も、「退位した方が自分は楽になる」（『側近日誌』一九四六年三月六日）と述べたとおり、昭和天皇個人としては責任をとって退位する方が道理にかない、自分自身への批判もやわらぐであろうが、占領軍が日本安定のために自分を必要としているのであれば、批判を受けてでも在位することが大局的に日本のためになると判断したのである。

しかし、このやりとりは一切公表されなかった。それどころか、翌日、東京裁判の判決を伝える新聞には、裁判長ウェッブの、「天皇が常に周囲の進言に基いて行動しなければならなかつたという意見は、証拠に反するが、またかりにそうだとしても天皇の責任を軽減するものではない」、「天皇が裁判を免除されたことは疑いもなくすべての連合国の最善の利益に基いて決定されたもの」という見解が報じられていた（『朝日新聞』朝刊）。昭和天皇は、留位の決意をマッカーサーに伝えた翌日も厳しい批判にさらされたのである。

なお、昭和天皇の退位論は、一九五二（昭和二十七）年の四月から五月にかけて、すなわち前年九月に調印されたサンフランシスコ平和条約と日米安保条約の発効（四月二十八日）前後にも政界や論壇で取りざたされたが、議論が深まることはなかった。昭和天皇が、すでに批判を承知の上で留位を占領軍司令官に誓った以上、当然のことである（冨永二〇一〇）。

これより先、東京裁判で終身禁錮刑となっていた木戸幸一元内大臣は、両条約調印直後の五一年十月、「皇室丈《だけ》が遂に責任をおとりにならぬことになり、何か割り切れぬ空気を残し、永久の禍根《かこん》となるにあらざるやを虞れる」という理由で長男孝彦《たかひこ》と松平康昌式部官長を通じて昭和天皇に退位を勧めた（前掲『木戸調書』所収「木戸幸一日記」十月十七日）。これに対し、松平は孝彦を通じて、「御退位の御希望は陛下御自身にもあり、又田島長官も松平君も同じ意見なるが、只吉田首相は至て此の問題については無関心なる様子なので苦慮して居る」と答えている（同右、十一月二十八日）。

しかし、昭和天皇が、一九六八年四月二十四日に稲田周一侍従長に対し、「平和条約発効前に退位問題がうわさされた時、吉田首相が反対して田島らの退位論を斥けた」（『徳川日記』）と回想していることも含めて考えると、昭和天皇自身がこの段階で退位を考えた事実はないと判断できる。松平は、木戸の昭和天皇への感情を悪化させないため、吉田首相に責任を転嫁したと考えるのが妥当である。

一九五二年五月三日、皇居前広場で行なわれた「平和条約発効ならびに憲法施行五周年記念式典」における「お言葉」の中で、

戦争による無数の犠牲者に対しては、あらためて深甚なる哀悼と同情の意を表します。又特にこの際、既往の推移を深く省み、相共に戒慎《かいしん》し、過ちをふたたびせざることを堅く心に銘ずべきであると信じます。〔中略〕すべからく、民主主義の本旨に徹し、国際の信義を守るの覚悟を新たにし〔中略〕この時に当り、身寡薄《かはく》なれども、過去を顧み、世論に察し、沈思熟慮、あえて自らを励まして、負荷の重きにたえんことを期し、日夜ただおよばざることを恐れるのみであります。

と述べたのは、前出の稲田への昭和天皇の回想談によれば、「小泉信三《こいずみしんぞう》侍従職御用掛(元慶應義塾長、皇太子の教育掛)、安倍能成《あべよししげ》学習院長、田島道治(元宮内庁長官)の進言によった」とのことだが、四八年十一月にマッカーサーに示した決意を、機会を得て公表したものと考えるべきである。

留位の副産物

昭和天皇の留位は思わぬ副産物をもたらした。冨永望氏は、昭和天皇が留位し続けるかぎり、改憲再軍備はできなかったという注目すべき見解を打ち出している(冨永二〇一〇)。実際、昭和天皇が新憲法の公布時に出した勅語は、

この憲法は、国家再建の基礎を人類普遍の原理に求め、自由に表明された国民の総意によつて確定されたのである。即ち、日本国民は、みづから進んで戦争を放棄し、全世界に、正義と秩序とを基調とする永遠の平和が実現することを念願し、常に基本的人権を尊重し、民主主義に基いて国政を運営することを、ここに、明らかに定めたのである。

と、この憲法が高度の普遍性を備えたものであるという言い方をすることで、この憲法が暫定的なものではないことを明示した（『朝日新聞』一九四六〔昭和二十一〕年十一月四日付朝刊）。つまり、この憲法を簡単には改正すべきではないという見解を示したのである。

さらに、それから三十年近く経った一九七五年九月二十二日の記者会見においても、「日本が再び軍国主義の道を歩む可能性があるとお考えですか」と聞かれて、「いいえ〔中略〕それは憲法で禁じられているからです」と答え（『陛下お尋ね』）、さらに一九八八年四月二十五日の記者会見でも「戦後、国民が相協力して平和のために努めてくれたことを、うれしく思っています。どうか今後とも、そのことを国民が忘れずに、平和を守ってくれることを期待しています」とも述べた（『朝日新聞』四月二十九日付朝刊。日付は『卜部《うらべ》亮吾《りょうご》侍従日記』〔以下『卜部日記』と略記〕による）。このような意思を表明した天皇が再軍備条項を含む改正憲法に御名御璽を印《しる》すことは、改正は国会によって行なわれるものである以上、法令上は何の問題もないとしても、国民統合の象徴としての昭和天皇個人の人間的な信頼度、ひいては皇室の信頼度を考えれば問題が生じることは明らかである。

もっとも、一九五一年八月二十七日のリッジウェー連合国軍最高司令官との三回目の会談で「国が独立した以上、その防衛を考えるのは当然の責務で」、「問題はいつの時点でいかなる形で実行するか」であるが、「日本の旧来の軍国主義の復活を阻止しなければならない」

ので、「まず軍人の訓練と優秀な幹部の養成だ」と述べており（『朝日新聞』二〇〇二年八月五日付朝刊「松井明手記」。以下「松井手記」と略記）、統帥権の独立は否定されているものの、当時すでに設置されていた警察予備隊のような意味での限定的な軍備は容認していた。これも吉田首相の本音（楠二〇〇九）と一致しているのは興味深い。

ついでに言えば、靖国神社にA級戦犯が合祀《ごうし》されたことが明らかとなった一九七九年四月以後、昭和天皇は靖国神社参拝を行なわなくなったことも、昭和天皇の平和憲法遵守を内外に明示する行動であった。それは、近年明らかになった富田《とみた》朝彦《ともひこ》宮内庁長官の一九八八年四月二十八日のメモにある次の発言で裏づけられる（『日本経済新聞』二〇〇七年五月一日付朝刊「富田メモ」）。

> 私は或る時に　A級が合祀され　その上　松岡〔洋右〕、白取〔白鳥敏夫〕までもが、〔中略〕松平〔慶民元宮相〕の子の今の宮司がどう考えたのか〔中略〕松平は平和に強い考えがあったと思うのに　親の心子知らずと思っている　だから　私あれ以来参拝していない　それが私の心だ。

次に、戦争責任の問題と関連して、占領期に行なわれた昭和天皇の日本各地への視察旅行、いわゆる巡幸にふれておきたい。一九四五（昭和二十）年秋から、国内安定に資したいとして天皇・宮中に巡幸実施の意向があった。そのきっかけの一つが、四五年十一月中旬に行なわれた、終戦奉告のための伊勢神宮への行幸である。この行幸に同行した木戸内大臣は、「沿道の奉迎者の奉迎振りは、何等の指示を今回はなさゞりしに不拘《かかわらず》、敬礼の態度等は自然の内に慎《つつしみ》あり、如何にも日本人の真の姿を見たるが如き心地して、大に意を強ふしたり」と国民の天皇支持の強さを認識した（『木戸日記』十一月十二日）。実際には沿道の人々の多くは行幸ルート上の自治体が独自に動員したものだったが、木戸ら天皇・宮中はそれを知らなかったのである（瀬畑二〇一〇）。

いずれにしろ、こうした天皇側の意向に対し、四六年に入り占領軍の許可が出たため、二月十九日の神奈川県訪問を皮切りに巡幸は実行に移された（高橋紘二〇〇八）。東京裁判の判決前後は占領軍の意向で中断されたが、講和発効までに北海道以外のすべての都府県を訪れ、一九五四年八月に北海道を訪れたことで全都道府県の訪問を達成した。もちろん、アメリカの施政権下に入っていた沖縄は含まれていない。北海道巡幸が遅れたのは、宮内庁がソ連軍による天皇の殺害や奪取を恐れていたためであった（加藤恭子二〇一〇）。

巡幸時の様子については、随行した入江相政侍従の日記が詳しい。升味準之輔氏による抜

巡幸初日（1946年２月19日、神奈川県京浜地区の簡易住宅街にて）

粋でも雰囲気がわかる（升味一九九九）。どこへいっても熱烈な歓迎をうけたものの、左翼的な天皇制批判や、昭和天皇の戦争責任を追及する立場からの批判的な動きも、特に一九四九年以降見られたことがわかる。さらに、いまだ疲弊していた日本において多額の費用をかけて巡幸が行なわれ、随行した宮内官の高慢な振舞いへの批判も少なくなかった（高橋紘二〇〇八）。

その結果として、四八年三月に首相に就任した芦田均は、天皇に、「国内でも地方行幸の機会に投書が山の如くG・H・Qに集ることから考へて天皇制を危くするのは宮内官吏である」などと意見を述べ（『芦田日記』三月十日）、先ほどふれた宮中首脳人事の一新に乗り出すことになる。

しかし、皇室側はおおむね成功と認識しており、報道も好意的であり、占領軍も国内安定に資するとして支持していたことはまちがいない（高橋紘二〇〇八、河西二〇一〇）。全体として、巡幸は、昭和天皇の在位の必要性を占領軍と国民に認識させたという意義があった。

そしてそれだけでなく、昭和天皇自身の発言としては記録にないが、少なくとも側近たちが巡幸を昭和天皇の戦争責任のとり方の一つと考えていたことは、「ご巡幸もややツグナイの意あり。多少治安不安を敢えて御出掛よし」という松平康昌式部官長の田島長官への発言（「田島日記」一九五一年三月二十七日）からうかがえる。

皇居再建の道のり

最後に、皇居についてふれておきたい。先にみたように、昭和天皇は空襲に備えて一九四三（昭和十八）年一月に御文庫と呼ばれる防空壕を兼ねた仮住居に移っていたが、一九四五年五月の空襲で皇居がほぼ全焼したあとは執務もここで行なっていた。一九四七年五月以後、昭和天皇は頻繁に記者会見を行なうようになるが、六月三日の記者会見で「引揚者、戦災者の状況を考えてみると、今、家を作る時ではない」と述べて、当面住居再建を行なわない方針を明らかにした（『陛下お尋ね』）。

その後、公的な儀式などは宮内庁庁舎で行なうようになったが、新しい住居（吹上御所《ふきあげごしょ》）が建設され、天皇皇后が転居したのは一九六一年十二月八日（『朝日新聞』十二月九日付朝刊）、新宮殿が落成したのは一九六八年十一月十四日のことであった（同紙夕刊）。同年八月十九日の記者会見で昭和天皇が「新宮殿ができるのは、国民生活が安定し国の経済が発展した表われと思い、大変うれしい」と述べたこと（『陛下お尋ね』）に現れているように、皇居の再建は経済復興が成し遂げられるのを待って行なわれたのである。

焼失した明治宮殿も、明治初年から建設計画はあったものの、政府首脳の進言もあって、明治天皇の意向で政府の財政難への配慮から延期された上に西洋風の石造から木造に変更され、憲法発布に間に合わせるためようやく一八八八（明治二十一）年末に完成した（古川二〇〇七）。昭和天皇は一九二八年三月二十八日に行なわれた三上参次の進講で、この経緯を聞いている（高橋勝浩一九九七）ので、これをふまえ、今回の場合は日本の復興を最優先するという理由で、住居と皇居の再建を後回しにしたいという意向を示し、それが実現したのである。これもまた、昭和天皇の戦争責任のとり方の一種と考えるのが妥当である。

なお、講和前後には、母である皇太后（貞明皇后）、弟の秩父宮雍仁《やすひと》親王の死去（一九五一年五月、五三年一月）と肉親の死去が続いた一方、子供（孝宮《たかのみや》、順宮《よりのみや》）の結婚や明仁皇太子の立太子礼・成年式（五二年十一月）など、肉親の慶事も続いた。

二　講和問題と内奏

さて、一九四七（昭和二十二）年五月三日に施行された日本国憲法では、天皇の職務について、第三条で、「天皇の国事に関するすべての行為には、内閣の助言と承認を必要とし、内閣が、その責任を負ふ」とされ、第四条では「天皇は、この憲法に定める国事に関する行為のみを行ひ、国政に関する権能を有しない」とされ、第七条に国事行為が列挙されている（『日本法令索引』）。つまり、天皇には政治に関する権限は一切なく、その行動には内閣が責任を負うと規定されている。もちろん、天皇の側近にも、かつての内大臣のような国政に一定の権限を事実上持つ役職は置かれなかった。

したがって、天皇が独自の判断により公の場で政治的に物議をかもすような行動や発言をしたために内閣が責任をとって退陣することになれば、民意によって成立した内閣を別の要因で退陣させることになり、国民主権という憲法の原則に反することになる。そのため、内閣の方針に合わない、あるいは世論において評価が大きく分かれる問題についての意見を天皇が公の場で述べたり、それに関わる行動ができないのは当然のことで、昭和天皇も記者会見でその種の質問が出ても意見を述べたことはなく、訪問先もそうした観点から選定された。

もちろん、政治に関する意見を私的な会話として側近に洩らす程度であれば、それが公表されないかぎり問題にはならない。しかし、新憲法施行後、昭和天皇が非公式の場ではあれ、政治的な発言や行動を行なっていたことが在位中に問題になったことがあり、さらに史料の公開、発見が進むなかで多くの事例が知られるようになり、その意味についてはさまざまな議論がなされてきた。

一九四七年五月六日、マッカーサーとの第四回の会見で、昭和天皇は「日本の安全保障を図るためには、アングロサクソンの代表者である米国が、そのイニシアチブ〔主導権〕を執ることを要する」と、日本の安全保障についてアメリカの助力を要請し、マッカーサーは「この点については十分ご安心ありたい」と答えた（「松井手記」）。この会談内容は、アメリカの新聞、さらに日本の新聞で報じられ、通訳を務めた外務省の奥村勝蔵《おくむらかつぞう》が退官した（豊下二〇〇八）。この発言が報じられ、通訳が事実上責任を問われたことは、この会話が高度に政治的なものであったことのなによりの証拠である。

昭和天皇がこのような発言をした理由は、昭和天皇の政治思想と当時の政治情勢から説明できる。すでに見たように、昭和天皇は国体論は否定したものの皇室の存続は望んでおり、当然、君主制の廃止を掲げる共産主義運動には否定的だった。それは、四六年十月十六日のマッカーサーとの第三回会見で昭和天皇が、「去る五月には食糧事情最悪の状態にあり、第三者の使嗾《しそう》に係《かかわ》るデモンストレーションも激しく、一つの危期〔ママ〕が到来した」と、「第三者」という言葉で左翼運動を批判したことによく現れている（『資料日本占領』①資料二〇〇）。さらに国際的にも、四六年七月に中国の内戦が始まり、朝鮮半島でも北半分で共産化が進行し、南朝鮮で同年九月にゼネストが起きるなど、不穏な情勢だった。

一九四七年七月二十二日、「新憲法になつて以後、余り陛下が内治外交に御立入りになる如き印象を与へることは皇室のためにも、日本全体のためにも良いことではない。だから私は内奏にも行かない」つもりだったのに、昭和天皇の要請により外交事情の内奏（非公式の報告）に訪れた芦田均外相は、昭和天皇の、「日本としては結局アメリカと同調すべきでソ連との協力は六ヶ敷《むつかし》い」という意見を聞き、同意している（『芦田日記』）。昭和天皇はのちに芦田均首相との会見でも、「共産党に対しては何とか手を打つことが必要と思ふが」と述べており（同右、一九四八年三月十日）、日本の政治家にも非公式の場ではこうした考えを隠さなかった。

四六年九月の発言

こうしたなか、一九四六（昭和二十一）年九月に昭和天皇がマッカーサーに対し、日本の安全保障のため、主権を日本に残したままでのアメリカ軍の沖縄長期駐留を提案したことは、提案の具体性や、のちにこれが実現することから、国際政治学者や歴史家から注目されてはきたものの、その意義についてはほとんど検討されていない。

一九四七年三月十七日、マッカーサーは、早期対日講和、講和後の占領軍撤退、撤退後の日本の安全保障は国際連合に任せるという趣旨の声明を発した。しかし、日本政府は、東西冷戦が深まる状況下では当面国連による安全保障は期待できないと考えるようになり、芦田外相は七月末にマッカーサーの側近であるアチソンやホイットニーに方針変更を要望したが拒絶された（楠二〇〇九）。

要望の全貌は不明であるが、七月末に外務省が作成したと考えられる「平和条約締結後における日本の法的地位」という文書（『芦田日記』⑦）で、アメリカ単独あるいはアメリカ主導による監督を受けることが望ましいとされていることから、講和後の日本の安全保障についてはアメリカに期待するという趣旨であったことは確実である。そこで、日本政府は、九月十日アメリカ第八軍司令官アイケルバーガーが一時帰国するのを機にアイケルバーガーにアメリカ政府へのとりなしを依頼した。その際、アイケルバーガーは、鈴木九万《すずきただかつ》終戦連絡横浜事務局長に対し、米軍の沖縄駐留を前提とした話をしている。そして、九月十三日に日本政府がアイケルバーガーに渡した要望案（芦田書簡）の趣旨は、「米国によつて国の安全を保障されたい」というものだった（同右「芦田均日記関連文書」）。

寺崎英成は、四月から病気療養の床にあったが、日記を見ると、八月二十六日に飛行機事故で死亡したアチソン（前記アチソンとは別人）に代わりマッカーサーの政治顧問となったシーボルトからの手紙を受け取り、九月九日にはシーボルトに会って、以後毎週金曜午後に会見することを決め、九月十二日に昭和天皇に会った時の記事には「シーボルトの事」と「芦田の事」とある。占領軍と天皇の連絡役を務めていた寺崎英成は、八月末以後、占領軍と政府（芦田外相）の交渉過程に関する情報をシーボルトから得て昭和天皇に報告していたのである。

九月十九日、寺崎は昭和天皇と「沖縄島」について話をし、金曜日だったのでシーボルトに会ってこの話を伝えた。シーボルトはこの話をマッカーサーに伝えると述べた。寺崎はシーボルトとの会見前に芦田外相に会おうとしたが「その暇なし」だった（「寺崎日記」）。寺崎と昭和天皇は日本政府を無視して行動するつもりはなかったが、アイケルバーガーが帰国後に行動を起こす前にマッカーサーと連絡を取りたかったため、その時間的余裕がなかったのである。寺崎がこの日の日記に「大努力大成功の日」と記しているのは、こうした事情があると考えなければ説明がつかない。

寺崎と昭和天皇は、マッカーサーを飛び越えて直接アメリカ政府と交渉しようとする日本政府の方針では目的は実現しないと考えて、昭和天皇とマッカーサーとの個人的な信頼関係を活用して事態の打開を試みたのである。逆に、なぜ芦田外相がアメリカ政府との直接交渉を試みたかといえば、新憲法によって天皇の職務が限定されたことを意識して天皇に頼らず講和を進めるためだったのである。

翌日、シーボルトは寺崎との会見内容をメモのかたちでマッカーサーに報告した（『資料日本占領』①資料二〇三）。それによれば、寺崎は、昭和天皇は、「米国の利益になり、また、日本を防衛することにもなろう」という理由で「米国が沖縄、その他の琉球《りゆうきゆう》諸島に対する軍事占領を継続するよう希望し」ており、さらに「米国は琉球諸島に対していかなる恒久的野心ももっていないと日本国民に確信させ、ひいてはこれにより、他の諸国、とりわけソ連と中国が同様の権利を要求することを封ずるであろう」という理由で、「沖縄、（そのほか必要とされる島嶼《とうしよ》）に対する米国の軍事占領は、主権を日本に置いたままでの長期――二五年ないし五〇年またはそれ以上の――租借方式という擬制にもとづいて行なわれるべきであると考えている」ことを伝えた。昭和天皇がこれだけ具体的かつ体系的な政策構想を占領軍側に示したのは初めてである。

昭和天皇の政策論は、当時の国際情勢のなかで日本の共産化を防ごうとするならば当然発想されるべきものであり、実際政府もそうした政策を模索しはじめていた。一九七九年四月に昭和天皇がこの行動の動機について側近に「アメリカが占領して守ってくれなければ、沖縄のみならず日本全土もどうなったかもしれぬ」と回想したこと（『入江日記』四月十九日）はそれを裏づける。政府と占領軍の交渉の状況を把握した上で、寺崎に自分の意向を占領軍に伝えさせたことは、政府の方針実現を側面から援助する意味を持つものだったということになる。ただし、この段階では連合国や米国政府内部の合意形成が進まなかったため（楠二〇〇九）、昭和天皇の行動が成果を生むことはなかった。

講和問題との関わり

講和後の米軍日本駐留を容認する方向に転じていたマッカーサー（楠二〇〇九）が、一九四九（昭和二十四）年十一月二十六日の昭和天皇との九回目の会見で、もはや全面講和は無理であり、講和後も英米軍の駐屯が必要であろうという見通しを述べ、昭和天皇がこれをふまえて早期講和を要望した（「松井手記」）のは、右の経緯を考えれば当然のことであった。

吉田茂首相も内心は同じ意見であったことは、一九五〇年四月八日にすでに占領軍やアメリカ政府に伝わっていた（楠二〇〇九）。吉田は、以後も公の場では外国軍隊への基地提供を否定し続けたが、これは、連合国側の講和条約案がまだできていないことや、なお全面講和論、米軍駐留反対論が少なくない日本国内の世論に配慮したものだった（同右）。

以上のことを考えれば、豊下楢彦氏が吉田首相の基地提供否定方針を失敗させた原因と推定した、五〇年八月の昭和天皇からダレス国務省顧問へのメッセージ（豊下一九九六）も、国内の基地提供否定論を批判している点で、むしろ吉田の本音と方向性は同じだった。つまり、講和条約交渉時の昭和天皇の行動も、吉田の講和条約締結への努力を側面から支援する意味を持つものだった。事実、米国政府は、日本政府の基地提供の意向を確認できてようやく政府内の合意をとりまとめることができ、講和実現に本格的に動き出すことができたのである（楠二〇〇九）。

結局、講和問題は、一九五一年九月八日にアメリカのサンフランシスコにおける、沖縄のアメリカ統治を認める西側諸国との講和条約と、アメリカ軍の日本駐留を認める日米安保条約の締結、五二年四月二十八日の両条約発効による独立の回復というかたちで決着した。日本の安全保障政策は、昭和天皇の一九四七年九月の構想と結局はほぼ同じものとなったが、この昭和天皇の構想が直接影響を及ぼしたわけではない（坂元二〇〇〇、楠二〇〇九）。

講和に関わる一連の昭和天皇の行動が、憲法の定める国事行為の枠を逸脱していたことは確かである。昭和天皇の発言が秘匿されたことは、関係者の間で、もし公になれば憲法との関係で問題化する可能性が高いと認識されていたことを示している。しかし一方で、昭和天皇にはもはや外交大権も大臣の任免権もなかった。政治権力を持たない昭和天皇の発言だけで占領軍や米国政府が動くことはなく、日本政府が昭和天皇の意向に従う義務もなかった。昭和天皇の占領期のこうした憲法逸脱行為は、日本の復興の役に立ちたいという昭和天皇の熱意の現れという以上の意味はなかった。

戦後の内奏

これは独立回復後も同じである。重光葵はその手記に、一九五五年八月二十日、鳩山一郎《はとやまいちろう》内閣の外相として訪米する前に昭和天皇に会見した際、昭和天皇が「日米協力反共の必要、駐屯軍の撤退は不可なり」と発言したと記しており（『続重光葵手記』）、これが出版された八八年五月、国会で昭和天皇の政治関与であるとして問題化した（『卜部日記』一九八八年五月二十六日）。しかし、重光は昭和天皇の意見に従う意思はなく、訪米後の側近の助言で在日米軍撤退論を撤回した（坂元二〇〇〇）。要するに新憲法下の昭和天皇の発言に強制力はなかったのである。

昭和天皇は大臣と一対一で会い、管掌事項についての詳細な説明（内奏）を望んだ。そしてそれに応じる政治家が少なからずいた。一九四八年五月十日、芦田首相が昭和天皇に、「新憲法によつて国務の範囲が限定せられ、旧来のように各大臣が所掌政務を奏上致さないことになりましたが、然し陛下に対する閣僚の心持には毫末《ごうまつ》も変りはありませぬ」と述べたのに対し、昭和天皇は、「それにしても芦田は直接に宮内府を監督する権限をもつてゐるから、時々来て話して呉れなくては」と述べた（『芦田日記』）ように、大臣の内奏を求めていた。そもそも、現行憲法下最初の内閣で、しかも史上初めて首相を社会主義政党から出した内閣でもある片山哲《かたやまてつ》内閣においても、少なからぬ社会党出身閣僚が内奏に出向いていた（冨永二〇一〇）。

その様子をいくつかひろってみると、一九五五年五月二十三日、重光外相の内奏時に「事〔殊〕の外時局を御心配。将来の国運を憂慮遊さる」（『続重光葵手記』）というように、時の政治外交に対する意見を担当大臣に伝達したり、一九五九年三月十日の岸信介《きしのぶすけ》首相の内奏について、「鳩山〔一郎〕さんの大勲位の奏請を伝奏《てんそう》〔侍従を通しての報告〕ですまさうとした事についての御不満などの為に出てきたもの」と入江侍従次長の日記にあるように、国事行為について責任者から詳しい説明を受け、納得の上で業務を遂行しようとした。また一九六六年八月六日、佐藤栄作《さとうえいさく》首相の内奏時、「次々に御下問ありて約一時間。最高才〔裁〕人事が新聞に盛に書かれた事をとがめられ、ほんとに恐懼《きょうく》。田中彰治《たなかしょうじ》事件亦《また》頭を下げる」（『佐藤栄作日記』。以下『佐藤日記』と略記）と、政府与党の失策批判などがみられる。

この内奏が政治問題化したのは、一九七三年五月の増原《ますはら》事件であった。増原恵吉《けいきち》防衛庁長官が、内奏後の記者会見で「国の守りは大事なので旧軍の悪いことは真似《まね》せず、いいところを取入れてしっかりやってほしい」という昭和天皇の発言を紹介した上で、「国会での防衛二法の審議を前に勇気づけられました」と述べたこと（『朝日新聞』五月二十八日付夕刊）が問題化した事件である。

なぜこの発言が問題になったかといえば、昭和天皇が、合憲か否か裁判で争われていた自衛隊を肯定したり、部分的にとはいえ旧軍を肯定しているとも受け取れる発言をしていたという内容であったこと、増原が自分の責任範囲である政治課題の正当化に昭和天皇の発言を利用したかたちになったからである。野党からは、政府批判のみならず、昭和天皇の政治責任を問う声まで出た（『入江日記』五月三十日）。内奏時のやりとりを公開してはいけないことは増原も知っていたはずであり、昭和天皇の発言に感激しすぎて思わず自制を失ったと考えるほかはない。

昭和天皇は事件発覚直後、宮内庁長官に「もうはりぼてにでもならなければ」と嘆く（同右、五月二十九日）一方、入江侍従長に、「英国首相は毎週一回クヰ〔イ〕ーンに拝謁する」とも述べた（同右、六月一日）。現実には形式化しているとはいえ、法令上は権力を保持しているイギリスの国王と現行憲法下の日本の天皇を同一視するのは常識的にいって無理があるが、昭和天皇は内奏の継続を望んでこうした発言をしたと考えられる。実際、この発言に対し入江侍従長が内奏の継続を図る旨を述べると、天皇も「さうしてくれ」と答えた（同右）。

田中角栄《たなかかくえい》首相は、事件発覚翌日に増原を更迭するとともに、六月七日の衆院内閣委員会で増原発言を事実無根とし、さらに内奏を、「象徴としての陛下の御教養を高められるというために随時行なわれておる」、「公的な任務」と定義した上で、内奏時に天皇が「国政に影響のあるような御発言をなされることは全くありません」と述べて（「国会会議録」）、内奏の継続を図りつつ幕引きをはかり、事件は終息に向かった。

内奏継続の意味

昭和天皇は、なぜ大臣による内奏の継続にこだわったのか。昭和天皇が、納得した上で国事行為を行ないたいという希望を持っていたためであることはもちろんであるし、芦田への発言から、政治の第一線から離れることが淋《さび》しかったという心情的な理由もうかがえる。しかし、昭和天皇自身がイギリス国王の例を引き合いに出していることからわかるように、現行憲法下の天皇を立憲君主の一種ととらえ、立憲君主の一般的行為とされる大臣への助言激励を自分のなすべき仕事の一つと考えていた面があったことも重要な理由である。

この場合、その意見をどう受け取るかを大臣本人の責任で判断し、受け入れる場合は天皇の意見としてではなく、あくまで自分の意見として表明しているかぎり、天皇の政治責任の問題は生じないので、現行憲法にも反しないと判断することは、異論の余地はあるにしても一応可能であり、実際、昭和天皇の内奏時の発言は、増原事件の時を除き、そのように処理されたのである。

しかし、それらの一般論だけでなく、「お召で拝謁。大変大きな問題。近頃の道徳の欠如、教育の欠陥、政治の貧困等」(『入江日記』一九七九年四月五日)、「GNPの何パーセントといふやうな数字の上の問題にとらはれず、防衛を高めることによつてソ連を刺激するバカらしさといふ高いところからの意見を述べる政治家がゐない」（同右、一九八二年十月二十九日）、「米国会の悪い処と日本の国会の芳しくない処を合わせたのが今の国会であり議員である」（「富田メモ」一九八八年五月九日）、「政治の妙な動きに皇室がまきこまれることのないようという長官の強い考えは分る。政治家が一つの信義に立って動き、純に考えてくれるならと思うが」（同右、同年五月二十日）といった昭和天皇の発言から、同時代の日本の政治家たちの力量や見識への不満から、彼らを教育したいという、現実的な理由もあったことがわかる。

昭和天皇のこれまでの言動や田中彰治の汚職事件（黒い霧事件）への叱責も考えると、具体的には、信義・公正など道徳的な側面と、国際関係への考慮など政治的な視野に関する不満だったと考えられる。

また、なぜ、本来は義務ではない内奏に出向き、天皇からの質問や意見をありがたがる政治家が少なからず現れたのであろうか。実は、大臣や両院議長など、一対一で天皇に会う機会があるすべての政治家が頻繁に内奏をしていたわけではなく、鳩山一郎や岸信介など、首相在任中に内奏をほとんどしなかった政治家もいた（後藤致人二〇一〇）。鳩山や岸は改憲再軍備論者であり、昭和天皇とは政治的意見が大きく異なり、それが内奏の頻度と関係していたことはほぼ確実である。重光の場合は、外交官や外相として昭和天皇に接するうちに昭和天皇に敬意を抱き、部分的に政見が異なることはあっても、戦後も「君臣父子の情義」と記す（『続重光葵手記』一九五五年十一月十六日）など、昭和天皇への敬意は続いていたのである。要するに、内奏の実質的な政治的影響は、政治家の側の昭和天皇への態度に左右されたのである。

官僚の中にはそうしたことを利用しようとする者もいた。昭和天皇は、独立回復後、かつてのように外務省高官から外交事情の定期進講をうけるようになり、外務省情報文化局長がこれにあたっていたが、一九七〇年三月、鈴木孝《すずきたかし》情報文化局長は、進講後、入江侍従長に、「繊維の日米交渉のことを心配しお上から総理に一言おつしやつていたゞけまいか」ともちかけた。佐藤首相が昭和天皇に敬意を抱いて頻繁に政務報告を行なっていたことをふまえ、昭和天皇の佐藤首相への影響力を利用して外務省の意向実現を図ったのである。ただし、入江は「こちらからは何ともならぬ」とやんわり拒否した（『入江日記』三月五日）。

いずれにしろ、旧憲法下では首相の人選や政務の決済は、何らかのかたちで昭和天皇の承認や納得を得なければならなかったことと比較すれば、現行憲法下の内奏の政治的影響を過大視することはできない。

なお、退位問題のところでふれた、昭和天皇の現行憲法支持発言も、政治的発言の一種といえるが、問題化しなかったのは、その内容が現行憲法の精神を逸脱せず、世論の動向にも反しなかったことと関係があると推測される。

三　「拝聴録」への道

後半生の主題は戦争責任

昭和天皇の記者会見が初めて公表されたのは、前にふれた一九四五（昭和二十）年九月のアメリカ人記者によるもので、日本人記者との会見が記事になったのは同年十二月が最初である。以後、昭和天皇は一年に一、二度ではあったが記者会見を行なうようになる。当初は巡幸の感想や日ごろの生活ぶりに関する問答が多かった。

そのなかで、回顧的な話をしたのは一九四九年十月六日の記者会見が最初で、皇太子時代の外遊が話題となった。その後、一九六一年四月二十四日の記者会見で、還暦を迎えて「楽しかった思い出」を聞かれ、「何といってもいちばん楽しく感銘が深かったのはヨーロッパの旅行です」と答えてその思い出を語った。戦争に関わる発言が初めてみられたのは六三年八月二十九日の記者会見である。戦没者追悼式の感想を聞かれて「感慨無量」と答え、さらに、「六十年生きてきて、何ひとつ立派なことができなかったことを悔いている。これから国民のために、できるかぎりのことをやっていきたい」と答えた（『陛下お尋ね』）。「悔いている」という表現から、この発言は、戦争に関する国民への間接的な謝罪とみなすことができる。

退位問題が決着した後も、昭和天皇は亡くなるまで戦争責任問題とつきあっていかざるをえなかった。もちろん、皇室の将来を見据えた動きにも関与していた。明仁皇太子（現天皇）と正田美智子《しょうだみちこ》氏（現皇后）との結婚については、初の民間からの皇室入りということで、本人が苦労するのではないかとして最初は消極的であった（『千代田城』）が、関係者の説得や現皇后の人柄を知るにいたり、最終的にはむしろ入江侍従に「美智子さんの事について非常に御期待になつてゐることをいろ〳〵仰せになる」（『入江日記』一九五九年三月十二日）ほどになり、一九五九年四月十日の結婚式を迎えることになった。昭和天皇は基本的には皇室と国民の距離を縮めることには肯定的だったからである。しかし、外遊問題一つとってみても戦争責任の問題と関係しているので、後半生の主題は戦争責任問題といってよい。

一九六九年元旦、新宮殿建設のため中断されていた天皇の答礼が復活した一般参賀において、元日本軍兵士奥崎謙三《おくざきけんぞう》が天皇に向かってパチンコ玉を発射、警察に暴行の現行犯で逮捕された（『朝日新聞』一月三日付朝刊）。奥崎は一九七二年に昭和天皇の戦争責任を執拗に糾弾する手記『ヤマザキ、天皇を撃て！』を出版した。同書が版を重ね、一九八七年には奥崎を主人公にしたドキュメンタリー映画『ゆきゆきて、神軍』まで作られたことは、昭和天皇批判の根強さを示す一例である。

世論調査に見る昭和天皇

ちなみに、ＮＨＫの世論調査によれば、象徴天皇制への支持率は一九六〇年代後半以後、八割台で安定している。昭和天皇に関しては七三（昭和四十八）年の段階で反感を持つ人は二パーセント、好感を持つ人は二〇パーセント、尊敬する人は三三パーセント、無感情が四三パーセントで、反感を持つ人はごく少数だが、好意的な人も半分をやや超える程度で、決して多いとはいえない。その後、八九年一月の昭和天皇死去までは、尊敬は漸減、無感情と好感は漸増、反感は横ばいの傾向が続き、好意的な人は漸減の傾向が続く。好意的な人は一九三〇年代中ごろ以前に生まれた世代に多く、好意的な人の漸減は、一九三三年生まれより前の世代が減少していくことと関係がある（五十嵐二〇〇八）。

新しい皇室制度は国民に広く支持されてきたが、在位している天皇個人への支持は高いとはいえないのである。戦中期に少年時代を過ごした世代以降、昭和天皇に対する無感情の人の方が増えていくという調査結果は経験的にも納得できるところである。そして、そこに昭和天皇の戦争責任をどう考えるかという問題が横たわっていることは、昭和天皇が重体となっていた一九八八年十二月に本島《もとじま》等《ひとし》長崎市長が昭和天皇の戦争責任を認める発言をしたことについて、本島市長に寄せられた七千通を超える手紙の一部を活字化した本を読めばよくわかる（『長崎市長への七三〇〇通の手紙』。以下『七三〇〇通の手紙』と略記）。昭和天皇に関わる報道の多くが、日常の動向についてのものを除けば、戦争に関わる新史料や新証言が大部分であること、記者会見でも六〇年代以降、ほぼ必ず戦争の問題がとりあげられる背景に、こうした世論の状況が反映していることはまちがいない。

さて、記者会見で初めて戦争に関わる具体的な問答が交わされたのは、一九六九年九月八日であった。記者団から終戦当時の思い出話が「おねだり」されたのに対し、昭和天皇は、「それは当時の人たちや、家族がまだ存命中なので、ここでいうことは批判になるから、今いうべきではない」と答えたが、記者団からさらに、いつ終戦の決断をしたかと問われ、「若い頃、ヨーロッパを見て、戦争はするもんじゃないと考えていたので、開戦の時からいつやめるか、いつやめるかと、やめる時期をいつも考えていました」と答えた（『陛下お尋ね』）。これが事実であることは第四章で見たとおりである。

一九七一年四月十六日、昭和天皇は巡幸以来戦後二度目の広島行幸を行なった。被爆者団体が同地で計画していた天皇糾弾デモの許可が広島地裁への首相の異議申し立てによって差し止められ、デモは中止されるという状況の中でのことであった。昭和天皇は被爆者を収容する広島原爆養護ホームを訪問、「昭和二十二年に原爆を受けた当地をたずね親しく被災者に面接し、同情にたえず〔中略〕いまなお療養を続けている多数の市民のあることを聞き、胸の迫る思いをします」などという「おことば」を述べ、テレビやラジオでも報道された。そのあと入所者をねぎらい、涙を浮かべる入所者もいたという（『朝日新聞』同日付夕刊）。

二度目の訪欧

こうしたなか、一九七一（昭和四十六）年秋、史上初の天皇の外遊として、昭和天皇自身としては二度目のヨーロッパ旅行が実施された。六三年八月二十九日の記者会見で、外国に行きたいかを問われて「できればね」と前向きの意向を示した昭和天皇だが、一方で、「政府が考えているからまかせている。政治向きのことでもあるから」とも答え、こうした旅行が、天皇という立場上、政治性を帯びざるをえないことを認識していたことがわかる（『陛下お尋ね』）。そして、外遊の実現がこの記者会見からさらに八年もかかった背景に、戦争責任の問題が影響していることはまちがいない。

訪欧が検討された理由については外務官僚の回想しか材料がないが、訪米の地ならしであったという（吉次二〇〇八）。入江侍従長や佐藤首相の日記によれば、この話は一九七〇年春ごろから政府主導で始まった。宮内庁は当初反対であったが、政府がヨーロッパ諸国と交渉を進め、一九七一年二月に外遊実施が閣議決定された。九月二十七日、過激派学生による宮内庁への発炎筒投げ込みなど抗議行動が見られるなか、昭和天皇は「友好親善の実をあげたい」と抱負を語って出発し（『朝日新聞』同日付夕刊）、給油のため立ち寄ったアメリカ領アラスカのアンカレッジでニクソン大統領と会談、デンマーク、ベルギー、フランス、イギリス、オランダ、スイス、西ドイツを訪問し、十月十四日に帰国した。

皇太子時代の旅行の思い出に浸る場面もあったが、各地で昭和天皇を糾弾する行動に遭遇した。九月三十日、ベルギーのアントワープでは、天皇の乗った車にベルギー人学生が卵を投げつけた（同右、十月一日付朝刊）。イギリスでは、太平洋戦争でのイギリス軍捕虜への虐待があったこともあり、訪英を控えて昭和天皇の戦争責任がマスコミで多々論じられ、十月五日に行なわれた王室主催の晩餐《ばんさん》会の席上、エリザベス女王が「過去に日英両国の関係がつねに平和ということであったとはいえません」と戦争にふれた。さらに移動中の昭和天皇に「こっちへ来い」、無名戦士の墓への参拝中の昭和天皇に「死者への侮辱だ」などといった野次も飛んだ。六日に王立植物園で記念植樹した杉も翌日に倒されてしまった（以上、同十月六日付朝刊〜八日付夕刊）。

オランダでも、太平洋戦争中にオランダ人が虐待されたことから国民に昭和天皇への反感が強く、十月八日に首都ハーグに到着した際の政府の出迎えは他国に比べて簡素で、移動中の昭和天皇の車に水が入った瓶が投げつけられ、車のフロントガラスにひびが入った（同十

二度目の訪欧　パリ・サクレクールの前で（1971年10月）

月九日付朝刊夕刊）。スイス経由で訪れた西ドイツでも、訪問前から学生の訪独反対デモや、有力雑誌での昭和天皇批判などが見られ（同十月七日付夕刊、十一日付朝刊）、視察先で「ヒットラーの盟友」と日本語で書かれたプラカードを掲げられたこともあった（『入江日記』十月十三日）。

要するに、歓迎ムード一色というわけではなく、その原因が昭和天皇の戦争責任問題であったことは明らかである。そのため、昭和天皇は十月十四日に帰国した際の声明で、「五十年ぶりに思い出の地を訪れたことも、まことに感慨深い」としながらも、「この旅行を省みるとき、真に国際親善の実を挙げ、世界の平和に寄与するためには、なお一層の努力を要することを痛感しました」と述べざるをえなかった（『朝日新聞』十月十五日付朝刊）。

もっとも、十一月十二日の記者会見では、訪欧中の糾弾行動について、「一部のそうした動きは、事前に報告を受けて知っていましたし、覚悟もしていたので、別段驚いたということはありませんでした」と述べている（『陛下お尋ね』）。実際、昭和天皇は、訪欧中に動揺した様子を見せなかった（『入江日記』十月十二日）。しかし、のちに海外の諸新聞に厳しい論調が多いことを知った昭和天皇は、年が改まっても「又外国新聞のことを気に遊ばし」、入江侍従長は、「お上の御風格を広く理解した向きもあるのでむしろ大成功だつた」となだめなければならなかった（同右、一九七二年一月五日）。

なお、七一年十一月十六日の外国人記者団との会見では、このころ一部外国紙で報じられた退位論を否定し、さらに戦争責任問題について聞かれると、「私は明治天皇のご遺志に従って、立憲君主として行動してきています。私は〔戦争中も〕そのように行動した〔中略〕私は鈴木貫太郎の要請により、自ら戦争を終わらせるため行動しました。鈴木は万事を私の裁量による決定にゆだねましたが、決定は首相の責任においてとられました」と、敗戦直後の閣議決定と同じ見解を初めて公言した（『陛下お尋ね』）。

沖縄への関心

ところで、訪欧に先立つ一九七一（昭和四十六）年六月十七日、日米間で沖縄返還協定が結ばれ、七二年五月に返還が実現したが、沖縄についての昭和天皇の関心も一方ならぬものがあったことが近年の資料公開でわかってきている。佐藤栄作首相は、沖縄返還を政権の最重要課題の一つと位置付けていた（北岡一九九五）が、一九六七年十一月の訪米でアメリカとの交渉開始が決まり、帰国後これを昭和天皇に報告した。昭和天皇は「御感一入《ひとしお》、次々に御質《たず》ねあり」と強い関心を示し（『佐藤日記』十一月二十一日）、六九年八月七日、佐藤首相が内奏で沖縄返還交渉の状況にふれると、やはり「御感〔関〕心が特に深」かった（同右）。

一九六九年九月八日の記者会見で、「祖国復帰を望む沖縄県民……沖縄の人たちの気持ちに大変同情しています」（『陛下お尋ね』）と答えたこと、七二年五月十五日の沖縄返還式典において、「多年の願望であった沖縄の復帰が実現したことは、まことに喜びにたえません〔中略〕この機会に、さきの戦争中および戦後を通じ、沖縄県民のうけた大きな犠牲をいたみ、長い間の労苦を心からねぎらう」などという「おことば」を述べたこと（『朝日新聞』夕刊）も含めると、戦争中は事実上本土決戦を遅らせるために、戦後も日本を西側陣営にとどまらせるために、沖縄を犠牲にしてきたという認識が昭和天皇に強かったことがわかる。そして、こうした昭和天皇の思いが、佐藤の交渉成立への熱意の背景の一つであったことは、先ほどみた六七年十一月二十一日の記事のあとに佐藤が「感激の至り」と書いていることからわかる。

昭和天皇は一九七五年十月三十一日の記者会見で、沖縄訪問の意思を聞かれ、「近い（将来）……行きたい」と述べていた（『陛下お尋ね』）が、ようやくその機が熟したのは一九八七年十月の沖縄国体開会式出席であった。昭和天皇は、同年四月二十一日の記者会見で、「念願の沖縄訪問」について「戦没者の霊を慰め、長年県民が味わってきた苦労をねぎらいたい」（同右）と述べていたが、まもなく体調をくずし、訪沖は中止された。

十月二十四日、天皇に代わって訪沖した皇太子が代読した「おことば」は、

〔前略〕さきの大戦で戦場となった沖縄が、島々の姿をも変える甚大な被害を蒙り、一般住民を含む数多《あまた》の尊い犠牲者を出したことに加え、戦後も長らく多大の苦労を余儀なくされてきたことを思うとき、深い悲しみと痛みを覚えます。〔中略〕改めて、戦陣に散り、戦禍にたおれた数多くの人々やその遺族に対し、哀悼の意を表するとともに、戦後の復興に尽力した人々の労苦を心からねぎらいたい〔中略〕思わぬ病のため今回沖縄訪問を断念しなければならなくなったことは、誠に残念〔中略〕健康が回復したら、できるだけ早い機会に訪問したいと思います。

となっており（『朝日新聞』十月二十五日付朝刊）、「痛み」という表現で沖縄県民に犠牲を強いてきたことを事実上謝罪するとともに、訪沖の意思が改めて示された。しかし、体調はもはや訪沖を許さず、昭和天皇は念願の一つを果たせないまま亡くなることになる。

訪米

さて、このあと課題として浮上したのは訪米である。昭和天皇は、一九七一（昭和四十六）年四月二十日の記者会見で、「もし事情が許せば、米国にもその他の国へも行きたい」と訪米への意欲を示し（『陛下お尋ね』）、その理由を「五十年前の約束」とした（同右、七二年九月五日の記者会見）。「約束」とは皇太子時代の訪欧の際に会ったアメリカ海軍地中海艦隊司令官とのものだったという（同、七五年九月三日の記者会見）。

政府が乗り気になったのは一九七二年六月にアメリカ政府から申し出があってからだが、宮内庁が左翼勢力の抗議行動を恐れて反対し、昭和天皇は乗り気だったにもかかわらず、七三年五月にいったんとりやめとなった。しかし、七四年十一月、フォード米大統領の訪日（米大統領の訪日は史上初）に伴い天皇訪米が決定、公表され、七五年九月三十日から十月十四日という日程で実施された（吉次二〇〇八）。

訪米に先立ち、九月には計四回にわたり昭和天皇の記者会見が行なわれた。昭和天皇の記者会見がこれだけ短期間に集中して行なわれたのは後にも先にも例がなく、訪欧時の教訓をふまえ、入念に歓迎ムード作りが行なわれたことがわかる。九月三日の日本人記者団との会見では、訪米の目的について、「自分は長年の間、訪米したいと思ってきました」と述べつつも、「このように繁栄した〔中略〕裏には、米政府と国民の絶大な援助があったことに、感謝し」、「米国と今後の親善関係の増進をはかる」と述べて、単なる回顧的心情からではなく、日米関係の強化もあることを明言した。

一方、外国人記者たちとの三回の会見では、主に自身の戦争責任が話題となった。外国人にとって、昭和天皇といえばこの話題が最大の関心事だったのである。昭和天皇は、やはり自分は立憲的に行動したと主張する一方、それ以上踏み込んだ話は関係者の批判になるとして避けた。

ただし、九月二十二日の外国人記者団との会見で、「軍部指導者たちが、日本を実りのない誤った冒険へと導いたという個人的な感情を抱かれたことがおありですか」と聞かれ、「おっしゃるような事実はあったかもしれませんが、当時それと関係した人たちが現在存命中です。もし私が現在何かいえば当時の軍部指導者を批判することになるでしょう。私はそうしたくはありません」と、遠まわしながら旧軍批判を述べた（『陛下お尋ね』）。

訪米中は、やはり昭和天皇糾弾の行動も見られたが、訪欧時よりは規模は小さく、アメリカ大統領主催の晩餐会で「私が深く悲しみとする、あの不幸な戦争」と述べたことが事実上の謝罪と受け取られた（『朝日新聞』一九七五年十月二日付夕刊）こともあって、おおむね好意的に迎えられ、訪米は成功した。ただし、帰国後の記者会見（十月三十一日）では、戦争責任について、「そういう言葉のアヤについては、私はそういう文学方面はあまり研究してないので、よくわかりませんから、そういう問題についてはお答えができかねます」、原爆投下について、「遺憾には思ってますが、こういう戦争中であることですから、どうも、広島市民に対しては気の毒であるが、やむを得ないことと私は思ってます」と、その後昭和天皇批判論の恰好の論拠となる発言をした（『陛下お尋ね』）。

この発言だけとれば、謝罪を拒否し、当事者意識を欠いた不誠実な人物と受け取られても不思議ではない。昭和天皇の日ごろの言動についての史料が多く得られ、前後の文脈もふまえることができる現在では、昭和天皇の真意がそうしたものでないことは明白で、政府見解などの制約があるにしろ、なんとも舌足らずの発言といわざるをえない。

中国への謝罪

訪米に先立つ一九七五（昭和五十）年九月二十六日のアメリカ人記者との会見で、昭和天皇は、「もし日中平和友好条約が締結され、中国を訪問する機会が訪れれば非常にうれしい」と、初めて訪中の希望を明言した（『陛下お尋ね』）。昭和天皇はそれまでも中国に対して特別な配慮を示したことがあった。すでに一九五二年九月十八日、台湾からの特使張群との会見で両国間の紛争に遺憾の意を表したことが事実上の謝罪とされており（冨永二〇一〇）、一九七三年三月、前年九月の日中国交回復に伴う初代中国駐在大使小川平四郎《おがわへいしろう》の赴任挨拶の際にも、昭和天皇は事前に入江と相談の上、大使に「一寸《ちょっと》特別なお言葉」を述べた（『入江日記』三月十二日、十九日）。

一九七八年八月、日中平和友好条約が締結されたのを機に、中国の鄧小平《とうしょうへい》副首相が十月に訪日した。中華人民共和国最高首脳の初の訪日である。十月二十三日、鄧副首相は天皇と会見した。その際、昭和天皇は鄧副首相に謝罪の言葉を口にした。そのやりとりの状況は史料によって異なるが、戦前からの昭和天皇の言動や、『入江日記』の記述（七八年十月二十三日、八四年「年末所感」）をふまえると、昭和天皇が会談冒頭、独断で、「わが国はお国に対して、数々の不都合なことをして迷惑をかけ、心から遺憾に思います。ひとえに私の責任です」と述べた上で今後の日中親善を呼びかけ、鄧副首相が衝撃をうけた、という『毎日新聞』の取材内容（岩見一九九二）が正しいと判断できる。

駐中国大使への言葉の場合と異なり、これは独断での発言である上、戦争責任を認めたという点で昭和天皇の戦争責任に関する政府見解に反していたので、現行憲法の天皇に関する規定から明らかに逸脱している。この発言が秘匿されたのも不思議ではない。しかし、戦後の昭和天皇の政治行動を批判する論者がこの発言を批判しないことからも、この発言が時宜と道理にかなったものであったことがわかる。昭和天皇は、その後も訪中を希望していたが、側近や政府は訪沖が先であるという方針だったため（『入江日記』一九八四年四月二十日）、訪沖が実現できなかった以上、訪中も実現することはなかった。

植民地支配への反省

一九八二（昭和五十七）年六月末に『朝日新聞』が、文部省が中学の歴史教科書（社会科の歴史的分野）の検定で中国への「侵略」を「進出」と書き換えさせたと報じたことがきっかけで、中国政府が日本政府に抗議し、さらに韓国政府も植民地に関する記述の是正を求めるという、いわゆる歴史教科書問題が発生した。この時の『入江日記』には、「お召（中国が日本の教科書の用語を変へたのに抗議した件）。「朝鮮に対しても本当にわるいことをしたのだから」など仰せ」（七月二十七日）、「お上の方から教科書問題について仰せになる。御心配になつてゐる」（八月七日）、「教科書問題について、お上の仰せとではなしに山本〔宮内庁〕次長より翁〔内閣官房〕副長官に話したといふことを申上げる。「それでいくらか変つてきたかな」と仰せ」（八月二十三日）とあり、昭和天皇が日本の非を認める立場から政府に適切な対応を働きかけたことがわかる。

これも現行憲法の天皇規定に反する行為ではあるが、やはり第三章で見たように、昭和天皇が戦前から植民地での日本人の振舞いを好ましくないと認識して是正に努めたことを考えれば、道理にかなった行為ではある。もっとも、昭和天皇の働きかけがどの程度政府の対応に影響を与えたかは不明である。というのも、この問題に関する昭和天皇の発言が初めて確認できる七月二十七日よりも前の段階で、日本政府は、教科書問題が九月に予定されていた鈴木《すずき》善幸《ぜんこう》首相の訪中や、当時進行中だった韓国に対する経済援助問題に悪影響を与えることは外交政策上好ましくないと判断しており（『朝日新聞』七月二十七日付朝刊）、八月二十日には中韓の要望を受け入れて教科書を改訂することで決着させる意向を固めていた（同右、八月二十一日付朝刊）からである。

なお、戦前の朝鮮半島への植民地支配に関して昭和天皇が反省していたことは右の引用からわかる。したがって、一九八四年九月、全斗煥《チヨンドフアン》韓国大統領来日時の宮中晩餐会で、昭和天皇が、「今世紀の一時期において両国の間に不幸な過去が存したことは誠に遺憾であり、再び繰り返されてはならない」と述べたことが事実上の謝罪発言とみなされた（同右、九月七日付朝刊）のは正しい認識だったといえる。

こうして昭和天皇は、訪米を機に、戦争や植民地支配の相手国への配慮や謝罪を、あるときは憲法の枠を超えてまで行なった。これは、戦後初の外遊となった訪欧の経験をふまえた結果と見ることができる。別の言い方をすれば、昭和天皇は、訪欧で非難にさらされたという外圧のおかげで、以前よりは本音を行動や発言に表しやすくなったのである。

しかしながら、昭和天皇の真意は、行動や発言の多くが公表されなかったこともあって十分日本社会に理解されたとはいえなかった（高橋紘二〇〇〇）。そうしたなかで、一九七七年八月二十三日の記者会見で、昭和史を自分で書かないのかという問いに対し、「場合によっては他人に迷惑をかける」ので、「今のところ考えたことはありません」としながらも、さらに「そういう生きた歴史というものを知っている世界の大臣頭というような人が次々といなくなりまして、やはり何らかの形でそれはぜひ残しておく必要があるのではないか」と問われると、「まあ、そういうこともないとはいえないですから、それは侍従長や宮内庁の人たちには〔中略〕それとはなしに機会あるごとに話してはいますから、侍従長その他宮内官にきいてもらいたい」と答えている。実際のところはどうだったのか。

「拝聴録」作成へ

昭和天皇が、『独白録』のほかにも終戦直後から折にふれて側近に回顧談を話していたことは、側近たちの日記類に散見され、本書でもすでにその一部を紹介した。入江に対しても、毎年のように回顧談を話していたことがわかる（『入江日記』）。そうしたなかで昭和天皇が『独白録』以後改めて回顧録をまとめようと思い立ったのは一九七六（昭和五十一）年一月のことだった。その経緯については、入江侍従長の日記の七六年「年末所感」に要領のよい記述がある。

一月十日に文春の二月号が出て、それに皇族団欒とかいふくだらない座談会の記事が乗つた。〔中略〕つまり高松さんがひとりで誇らかにしやべつてをられるだけ。已《すで》に昨年の同誌二月号にも加瀬〔英明《ひであき》〕君が書いてゐるが、それも高松宮からうかゞつたやうなことが多く、それによれば御自分は根つからの平和論者であり、太平洋戦争を止めたのも自分であるといふ意味のことが書いてある。これがお上は非常にお気に入らず、実に数へ切れない程度々お召があつた。このやうなことであつたのでそれでは思召されることを何でもおつしやつていたゞいたら如何か、それによつてさつぱり遊ばすのならとお勧めし、それはさうすれば楽だと仰せになるのですつかりうかゞふことにする。拝聴録計九冊と結語とがこれを動機として出来上つた。なほ明年もおつゞけいたゞかうと思ふ。

一九七六年一月二十四日の『入江日記』には、「文春二月号も持つていつていろ〳〵お話する。〔中略〕西園寺はルツソー〔ルソー〕などの影響を強く受けてゐて、高松宮の言つたのよりづつと進歩的だつたと仰せになつたのなどがきつかけで、一遍よくお話を承ることになる。「さうすれば気も晴れる」と仰有《おつしや》つた」とあり、右の話が裏づけられる。昭和天皇は、弟である高松宮が自分の心事を理解せずに自慢話ばかりしていると感じて不満を覚え、その捌《は》け口《ぐち》として側近が回顧録作成を勧めたのである。

『入江日記』によれば、入江が「拝聴録」と呼ぶ回顧録は、入江が昭和天皇の回顧談を聞いて原稿にまとめ、それを昭和天皇が校閲するというかたちで作成された。最初の回顧談が二月二十日、とりあえず結語までできあがったのは九月十八日であったが、十一月まで修正、追加が続いた。発端が高松宮の終戦回顧談であること、十一月十八日の『入江日記』に、「連盟脱退の頃からの思出話をうかゞふ」とあり、その後これが「拝聴録」に追加されている（『入江日記』十一月二十二日）ので、内容的には『独白録』と同じく、満洲事変前後から太平洋戦争敗戦前後までの回顧となっていると考えられる。

『入江日記』に「拝聴録」続編作成の記事が現れるのは一九七九年である。この年四月十九日、靖国神社が前年にA級戦犯を合祀していたことが発覚し、大きく報道された。その直後の二十一日の『入江日記』に、「戦後の所謂「聖談拝聴録」を長官、次長等に見せてはいかゞ、そして宇佐美〔毅〕も交ぜてみんなによく呑込んでゐてもらつてはどうか」という昭和天皇の入江への提案が記されている。「戦後の所謂「聖談拝聴録」」が『独白録』を指していることは確実で、その内容にはA級戦犯のうちの何人かについての批判が記されていることを考えると、昭和天皇がA級戦犯合祀に反対である理由を側近に理解してもらうためにこのような提案をしたものと考えられる。

これがきっかけで昭和天皇は回顧録の続編を思い立ったようで、十月以後、『入江日記』には「拝聴録」作成を示す記事が現れる。同日記に「拝聴録のうかゞひもらしマルタの所をうかゞふ」（十一月三十日）、「又新しいお話仰せになる。第一次御外遊の英国のことが主」（一九八〇年一月二十二日）、「第一次ヨーロッパよりお帰りのことうかゞふ」（同年四月十一日）とあるので、今度は時期をさかのぼって皇太子時代の外遊の話が中心となっていたことがわかる。六月下旬にこれらの話の清書が終わったあと、「拝聴録」関係の記事が『入江日記』に現れるのは翌八一年四月のことである。四月二十七日の同日記に、「〔宮内庁〕長官室に行き、この間からの記者会見の件につき、又いろ〱おつむりにわだかまつてゐること拝聴しよふといふこと大賛成を得る」とあり、再び昭和天皇の不満解消策としての回顧録作成となったことがわかる。

「この間からの記者会見」とは、時期的に見て四月十七日のマスコミ各社社長との会見のことで、昭和天皇は戦争に関連して、「皇太子時代、英国の立憲政治を見て、以来、立憲政治を強く守らなければと感じました。しかし、それにこだわりすぎたために戦争を防止することができませんでした。私が自分で決断したのは二回でした」と、従来からの発言と同じ発言をした（『陛下お尋ね』）。それがきっかけでいろいろ考えるところがあったということだったのである。当然、話題は再び太平洋戦争開戦で（『入江日記』五月七日、十一日）、その後、八三年五月十二日の『入江日記』に、「前に私がしゃべった記録はどうなったか」とあるので、しばらく中断していたことがわかる。その後、八五年九月二十九日に入江侍従長が心臓麻痺《まひ》で急死する直前まで修正補足が続いた（『入江日記』）。入江は、八五年三月、在職五十年を機に退官を決意し（同三月十八日）、昭和天皇は慰留した（同七月八日）ものの、九月末で退官予定であった。

伊勢神宮を参拝後の天皇　1980年5月（毎日新聞社提供）

こうした「拝聴録」作成の経緯をみると、さまざまなきっかけから昭和天皇は太平洋戦争開戦への自分の関与のあり方が正しかったのかを何度も考えていたことがわかる。そして、皇太子時代の外遊の回顧も決してそれと無関係ではないことは、先にみた八一年四月十七日の記者会見での発言からわかる。

「拝聴録」は、その後、一九八八年五月の段階で皇居内にあったことが確認できる（『卜部日記』五月二十三日）。全部で一九回分の原稿が一袋に収めてあり、ほかに『独白録』と考えられる「大東亜戦争御回顧録原稿」が一袋に入れられてあり、その他「拝聴録」の草稿などが一二袋、計一四袋の関係資料が残されていた。しかし、昭和天皇死去後の翌年八月には行方不明となっている（同右、八月四日）。どうなってしまったのだろうか。

厭世的になる

一九八七（昭和六十二）年二月三日、高松宮ががんで死去した。このころから昭和天皇にも心身ともに衰えがみられるようになる。同年四月、宮内庁が昭和天皇の公務軽減を検討しはじめたのに対し、昭和天皇は強く反対した（『卜部日記』四月六日）が、当直の侍従に、「弟を見送り戦争責任論が未だ尾を引き、そして負担軽減云々で長生きしすぎたか」とも述べ、昭和天皇が戦争責任の重圧に苦しんでいたことがわかる。「戦争責任論」云々は、先に引用した、一九五一年の『木戸日記』にある退位論の記述が報道されたことをふまえていると考えられる（「富田メモ」解説）が、卜部亮吾侍従の八四年一月十八日の日記に、「今朝伺った「門松は冥土《めいど》の旅の一里塚めでたくもありめでたくもなし」のご感想にはギョッとする」、八五年五月二十七日の日記に、「また冥土の旅の一里塚と人間万事塞翁《さいおう》が馬の蒸し返し反論」とあるように、それ以前から厭世《えんせい》的な心境になりつつあった。

一九八七年四月二十九日、自分の誕生日の祝宴で嘔吐《おうと》したあたりから体調が目に見えて悪化し、九月二十二日、宮内庁病院で胃の手術が行なわれた。天皇が手術を受けたのは史上初めてである。公式発表では「慢性すい炎の疑い」とされた（『朝日新聞』九月二十三日付朝刊）。しかし、実際にはすい臓がんであった（『朝日新聞』一九八八年九月二十四日付夕刊）。手術後は気力が衰え、散歩に出るのにも消極的になった（『卜部日記』八七年十一月十二日）。それでも十二月から公務に復帰し、八八年四月には訪日要人や記者団との会見を行なった。

四月二十五日の記者会見では、これまでの思い出を聞かれ、「なんといっても大戦、大戦のことが一番いやな思い出であります。戦後、国民が相協力して平和のために努めてくれたことを、うれしく思っています。どうか今後とも、そのことを国民が忘れずに、平和を守ってくれることを期待しています」と答え、戦争の原因を聞かれると、「人物の批判とか、そういうものが加わりますから、いまここで述べることは避けたい」と答え、なお沖縄訪問の意欲があることも明らかにした（『朝日新聞』四月二十九日付朝刊）。結果的に最後の記者会見となったこの会見でも、戦争に関わる問答が繰り返されたのである。

なお、会見直後の四月二十八日、昭和天皇は富田朝彦宮内庁長官に、「〝嫌だ〟と云ったのは奥野《おくの》〔誠亮《せいすけ》〕国土相〔国土庁長官〕の靖国発言〔靖国神社を公式参拝したことに関連して日中戦争を正当化するなどした〕中国への言及にひっかけて云った積りである」と語り、さらに五月六日には、若槻礼次郎に首相時代の「厳しかったこと」の回想談をたびたび求めても、日露戦争の時のロンドンにおける外債募集の回想しか話してくれなかったことにふれた上で、「今になって私もやっと若槻の気持が分る。私にも戦争への気持、戦争責任云々の質問が多いが、現存の人もありなかなか云えぬ。だから、楽しかった欧（英中心）の旅のことを云うのだ」と、戦争責任問題について本音を話せない苦しさを洩らした。恒例の八月十五日の戦没者追悼式にも出席したが、体調の衰えから足取りが重く、默禱《もくとう》の場所に行き着く前に正午の時報が鳴ってしまった（『卜部日記』）。

崩御

一九八八（昭和六十三）年九月十九日朝、昭和天皇は吐血、以後病床についた。このことは大きく報じられ、日本全国で祭りなどのイベント中止が相次ぎ、自粛ムードが広がった。そうなった原因については、先ほど紹介した昭和天皇に関する世論調査の結果をふまえると、「一般に、顧客の行動の予測のつかないような事態が生じた場合には、企業は他社と異なる行動をとるという危険をおかすよりは、他社に足並みをそろえてリスクを少なくする方を選ぶからである」という渡辺治氏の分析が説得力がある（渡辺一九九〇）。

宮内庁は各地の同庁施設で見舞の記帳を受け付け、十一月までに記帳者は六〇〇万人にのぼったが、自発的なものよりは当時の政権党である自民党の「利益政治のルート」による面がはるかに多いという渡辺氏の指摘は、本島長崎市長への投書にそうした状況をうかがわせるものがある（『七三〇〇通の手紙』）ことや、右にもふれた昭和天皇に関する世論調査の状況からも的を射ているといえる。昭和天皇に対する国民の感情は最後まで複雑であった。

その後、昭和天皇の病状は次第に悪化し、十一月二日には気力体力の低下がみられ（『ト部日記』）、十二月に入ると意識が薄れはじめ、年末には意識がなくなり、翌一九八九年一月七日、皇族たちに看取られながら崩御した。享年八十八。実在が確認されている天皇の中では、個人としての生存期間も、天皇としての在位期間も最長であった。この日、明仁皇太子が践祚し、元号は翌日平成に変わった。

政府は、七日と八日の二日間について、官公庁における「歌舞音曲」を伴う行事の自粛と、民間にも同様の協力を求めることを閣議決定した。その影響で、七日夜の繁華街はネオンが消え、一部営業が自粛された。マスコミは崩御報道一色となり、テレビやラジオも七日は崩御関連番組とクラシック音楽ばかりとなったため、レンタルビデオ店に人々が殺到した。昭和天皇に思い入れのない人が増えつつあったことがここからもうかがえる。葬儀（大喪の礼）は二月二十四日に行なわれ、父大正天皇と同じく、東京都八王子市の武蔵陵墓地に葬られた（『朝日新聞』一月七日付夕刊、八日付朝刊）。

崩御時の報道論調については、『朝日新聞』一九八九年一月七日付夕刊の「昭和の明暗刻むご生涯」「君主として象徴として「立憲精神追求」にご苦心　尾を引いた戦争責任論」という見出しが大体の傾向を象徴している。海外においても、イギリスの『タイムズ』、アメリカの『ニューヨーク・タイムズ』は、七日付の社説で昭和天皇の崩御をとりあげているが、いずれも戦争との関係に多くの紙面を割き、昭和天皇は戦争に消極的だったかもしれないが、惨禍を防げなかったと論じている。アジア諸地域の場合、各地域の日本との関係のあり方によって新聞論調はかなりの違いを見せているが、やはり昭和天皇の戦争責任に言及する新聞が多かった（佐藤考一二〇〇七）。

崩御後、侍従が昭和天皇の居間の机の引き出しを整理すると、子供や孫たちからの手紙とともに「パリの地下鉄の切符」が出てきた（『卜部日記』一九九〇年五月二日）。一九七一年四月二十日の記者会見で、皇太子時代の外遊に関連して、「陛下がパリで地下鉄に乗られた時の切符を今も大切に残されているそうですが」と聞かれた時、「ええ、私の机の引き出しの中にいれてあります」と答えたその切符である（『陛下お尋ね』）。結局、昭和天皇生涯最良の思い出は、皇太子時代の外遊なのであった。

おわりに

理想実現に尽力

昭和天皇の政治思想形成と天皇としての仕事ぶりをみてきた。全体として、昭和天皇は、儒教的な徳治主義と、生物学の進化論や、吉野作造や美濃部達吉らの主張に代表される大正デモクラシーの思潮といった西欧的な普遍主義的傾向の諸思想を基盤として、第一次世界大戦後の西欧の諸国、すなわち、政党政治と協調外交を国是とする民主的な立憲君主国を理想としつつ、崩御にいたるまで天皇としての職務を行なったことが浮き彫りとなった。

唯一の例外は一九四〇（昭和十五）年夏から四五年七月までの時期である。昭和天皇は、内外の政情や思想状況、側近の顔ぶれがあまりに変化して思想的にすっかり孤立してしまい、自身の政治思想の正当性に自信が持てなくなってしまっていたのである。

この時期の昭和天皇は、太平洋戦争開戦過程のある時期を除き、時の状況が求める行動をやむなく行なうという、いわば戦争という状況に流されるかたちになっていた。そもそも、満洲事変勃発から終戦まで、昭和天皇は本来の人柄や生活ぶりは報じられず、もっぱら武人として演出された。こうした状況に本人が不本意であったことは、太平洋戦争中に皇太子時代の外遊を懐かしんでいた一事をもってしても明白である。

昭和天皇の政治思想上の理想は、民主主義と平和主義を掲げ、象徴天皇制を定めた新憲法の制定によって完成したわけではない。昭和天皇の政治思想の特色は、儒教の徳治主義を基盤としているだけに道徳主義的な色彩が強いことである。それゆえに、戦前も戦後も政党政治の実態には批判的であり続けた。また、共産主義には一貫して否定的だったが、そもそも君主制自体は肯定する立場にある以上、当然といえば当然のことである。

旧憲法と国民に裏切られる

昭和天皇は、自己の理想実現のため、旧憲法下においては天皇としての権限を行使したり、あるいは行使しようとした。いわば、「君臨すれども統治せず」を実現するために憲法上の権限を行使したのである。新憲法下においても、内奏という非公式会見の場で閣僚たちに意見を伝えるなど、可能な手段を尽くそうとした。しかし、旧憲法下の努力は、終戦の「聖断」を除き、結果的には事態の悪化を食い止めることはできなかった。

大日本帝国の国制（政治、行政、軍事、教育などの諸制度）は、運用次第で政党政治や協調外交の確立を実現できる余地がないわけではなかった。政治についていえば、大日本帝国憲法において、国家予算の成立は帝国議会での可決が必要とされた。否決された場合は原則として前年度の予算を執行するしかなく、坂野潤治氏が指摘したように、軍事や教育を含め、国家が新規の施策を行ないたければ予算について必ず議会の同意を得る必要があった（坂野一九七二）。

帝国議会は、自由民権派の急進論を抑えるため、公選の衆議院だけでなく、華族を中心とする貴族院を含む二院制とされた（『憲法義解』）が、予算案は両院で可決されなければ成立しないので、必ず民意が幾分かは反映される仕組みなのである。吉野作造や美濃部達吉ら、大正デモクラシーの旗手たちはそこに西欧列強に引けを取らない近代的民主国家としての将来の日本を展望したのであり、昭和天皇もその一人だった。しかし、国制が、薩長閥指導者たちの自由民権運動への不信感、すなわち一般国民の政治的能力への根強い不信感から、天皇の絶対性（狭義の国体論、第三章参照）を前提として作られていたことは、致命的な悪影響を残した。

日本は世界のどの国よりも昔から天皇が統治する国として安定して存続してきたとされたため、日本の人々に過剰に自国の卓越性を意識させてしまった結果、周辺地域の人々への蔑視が強まって不必要な対外的緊張を招いた。天皇に関する自由な議論は許されず、軍隊は自由民権運動の波及を防ぐため天皇直属とされた。その上、政治上の対立は最終的には天皇の決断によらなければ収拾できない仕組みとなった。以上の諸条件がからみあって、結局は客観的に見て適切妥当な国家意思決定ができなくなってしまったのである。

明治の元勲たちは、日本の植民地化を防ぎ、安定的に近代化を進めるためにそうした判断をしたのであり、それは、少なくとも経済や文化の面で一定の成果をあげた。しかし、近代日本国家の歴史に拭《ぬぐ》い難い汚点を残すという重大な副作用ももたらした。昭和天皇に即していえば、自己のデモクラシー的な理想の実現が阻止されればされるほど、皮肉にも天皇としての社会的な意味での絶対的な権威が上昇してしまったのである。

昭和天皇は、いわば旧憲法に裏切られたかたちになったのであるが、「人間宣言」の際に明治天皇の五箇条の誓文の挿入にこだわったことからもうかがえるように、あくまで旧憲法が民主化にも対応できたはずだという、美濃部達吉と同様の、旧憲法に対する楽観的な見方を抱き続けたのである。

また、満洲事変の際には昭和天皇の協調外交路線は世論の支持を得ることができなかった。昭和天皇は国民にも裏切られたのである。こうした国民の動向の原因をどう説明するかについてはまだ定説がない。

第四章では公民教育の問題を指摘したが、他にも、大正デモクラシー的状況が地方住民の自意識を刺戟して郷土意識が強まり、それが排外主義につながったという面（畔上二〇〇九）、大正期に一定の社会層として成立した高学歴ホワイトカラー（サラリーマン）が昭和恐慌、世界恐慌にあえぎ、排外主義がその不満の捌《は》け口になったという面（岩瀬二〇〇六）などがさしあたり考えられよう。いずれにしろ、昭和天皇の理想は排外主義によって吹き飛ばされた。理性の君主だったがゆえに、孤独に陥ってしまったのである。一九四六年元旦に発せられた「人間宣言」の作成過程をみると（第五章）、昭和天皇も日本の独自性を軽視していたわけではないことがわかるが、排外主義者でないことは確かである。

君主としての責任を自覚

昭和天皇は世襲君主ではあるが、皇太子時代に受けた教育をふまえ、旧憲法下において、国家統治の最終責任を負う実権ある君主としての自覚を持った上で、先に述べたような理想も抱きつつ、政治に関わり続けた。

海外においてはもちろん、国内においても、天皇には実権がある以上責任もあるという認識が一般的であっただけでなく、昭和天皇本人も同様の認識を持っていた以上、いわゆる戦争責任に代表される昭和天皇の政治責任を無理に否定する必要はない。

ただし、昭和天皇が戦争を主導したのではないことはいうまでもない。昭和天皇の戦争責任とは、消極的な心境からではあっても太平洋戦争の開戦を決断し、結果的に内外に莫大な犠牲を出してしまったこと、そして、太平洋戦争開戦にいたる過程で、事態の悪化を食い止められなかったことである。

昭和天皇は、特に軍部からは平和主義者、軟弱者として不評をかっていた。しかし、田中義一首相への叱責、ロンドン海軍軍縮条約成立への尽力、二・二六事件時の対応、防共協定強化問題、対米開戦までの過程、終戦時の「聖断」など、断固たる決意のもとに事態に対処し、それなりの成果を生んだ事例は数多い。

もっとも、それらの成功の要因として、時の内外の政治状況や世論の動向が昭和天皇に有利だったという背景があったことも確かである。昭和天皇が権限を行使しようとして元老や側近に止められた例も多数あったのは、元老や側近が時の状況を昭和天皇に不利と判断したからである。陸軍に関していえば、昭和天皇との間に信頼関係が確立していなかった上、昭和天皇は元来、文民的な天皇像を持ち味としていたため、軍事的緊張が高まると抑えがきかず、双方が対立して昭和天皇が実権を行使しても、二・二六事件後に陸軍を叱責する勅語を出した時などのように、陸軍の側がこれを握りつぶしてしまうことすらあった。

また、ロンドン海軍軍縮条約問題の際は、浜口首相を励ましたことがかえって浜口の根回し不足という不手際を誘発する結果となり、対米開戦に関しては避戦という当初の目的は達成できなかった。さらに、満洲事変や日中戦争の勃発時の対処は明らかに失敗であり、日独伊三国同盟締結を認めてしまったことも、終戦の時期を遅らせる一因となったという意味で適切とはいいがたい。それに、太平洋戦争中の戦争指導も最善とはいえない部分がある。

しかし、約二十年もの長きにわたって、国家の最高統治者という困難で責任の重い職務を続けていてミスを犯さない人物などありえない。一般住民すべてが国民という、いわば国家の正式メンバーとなる近代国家においては、貴族や武士などごく一部の人々しか政治に関与できない前近代の国家と比較して、指導者の業務が飛躍的に多くなり、問題も解決方法も複雑になる。近代国家の指導者は、一人で長期間適切に業務をこなすことは不可能なのである。しかも昭和天皇は世襲君主であって、望んでその地位についたわけではない。

近代国家において、君主は象徴的な存在にとどまるべきであり、実質的な指導者は、公正な選挙によって、指導者としての能力を常にチェックされ、必要に応じて交代していくべきなのである。したがって、天皇にすべての最終権限を集中した旧憲法の制度設計はそもそも不適切だったのである。

戦争責任と向き合う

いずれにしても、太平洋戦争開戦の裁可は、結果的に大惨禍をもたらしてしまったために、昭和天皇は、戦後の後半生において、戦争責任という問題に向き合わざるをえなくなった。

昭和天皇はこの大惨禍に対する自分の責任をよく自覚しており、自分の命を度外視して「聖断」に踏み切っただけでなく、終戦後、退位や処刑も覚悟していた。しかし、昭和天皇なしでは占領行政は成功しないと判断した占領軍によって在位の道を選択することになった。それは、かつては報じられていた本来の昭和天皇像の残影がなお国民に強く残っていたことから生じたものではあったが、結果責任を問う声も少なくなく、昭和天皇に対する世論は賛否両論に分裂し、昭和天皇に関する報道も、外遊や崩御の際に典型的にみられたように、平和主義者でありながら戦争責任を問われ続けるという二面性を持ったものとなった。

戦後、昭和天皇は、公の場で自分の戦争責任を明確に認める発言をすることはついになかった。そして、それは昭和天皇に対する根強い批判の大きな理由となってきた。ところが、昭和天皇は、非公式の場では戦争責任を自覚するがゆえの行動や発言を実は多々行なっており、公の場でも戦争責任の自覚を示唆するような発言を一度ならずしていたことが今ではわかる。しかし、同時代においては昭和天皇の心境は十分理解されておらず、晩年は理解されない苦しさに耐え兼ねて側近に愚痴をこぼすことさえあった。理性的な君主としての孤独は、戦中のみならず戦後も続いたのである。

昭和天皇が公の場で明言しなかった理由だが、側近や皇族以外に自分の戦争責任を初めて認めた、マッカーサーとの最初の会談における発言を秘匿し続けたことが手がかりになる。その後マッカーサーが在位を強く望んだことを考えれば、退位問題を引き起こさないためであったということになる。

新憲法下では天皇は国民統合の象徴となり、少なくとも時の政治状況とは一切無縁であるべき存在となった。昭和天皇は、天皇が政争に巻き込まれることを避けるため、戦争責任のような政治的理由での退位を否定し、批判され続けてもあえて亡くなるまで在位し続けることを選んだのである。

その理由は、つきつめれば、天皇・皇室というものが、日本の国家と国民、さらには世界の平和と発展に寄与し得るはずだという認識が昭和天皇にあったからにほかならない。なぜ昭和天皇がそのように考えることができたかといえば、天皇機関説事件の際や終戦直後の昭和天皇の発言や、その背景となっている生物学者たちの議論が示唆しているように、森羅万象すべてを理性で解き明かすことができるとは限らず、しかも、理性だけでは人間社会は維持しきれず、天皇は、国家において、そうした信仰や信念に相当する役割を果たしてきており、これからも果たし得る、という認識が昭和天皇にあったからなのである。

昭和天皇についての研究史

昭和天皇についてさらに深く学びたいという方のために、昭和天皇についての研究史をまとめておく。紙数の関係もあり、学術雑誌等に掲載された学術論文は一般の方には入手しにくいので対象外とし、原則として昭和天皇を主題とした単行本を対象としたが、現在刊行継続中のものは除いた。

初期の研究

昭和天皇に対する学術的研究が可能になったのは、一九四五（昭和二十）年の敗戦後のことである。旧憲法では天皇が至高の存在とされていただけでなく、一九三五年の天皇機関説事件以後は国体論が幅を利かせたから、大正期ならばいざ知らず、昭和戦中期に在位中の天皇を学術的に研究するなど許される可能性は皆無だった。

ただし、現在でも読むに耐える学術研究が生まれたのは一九七〇年以後のことである。「はじめに」で述べたように、このころはまだ公開されている史料が少なく、著者の政治的立場と直結したものが多かった。

そのなかで、昭和天皇擁護論の立場からの研究の典型としては栗原健『天皇』があげられる。この本が初めて出版されたのは一九五五年であるが、一九七〇年刊の版から大幅に改定されて学問的水準が高まった。太平洋戦争の開戦と終戦の過程を検討し、昭和天皇の終戦の「聖断」を高く評価している。

昭和天皇批判論の立場の研究の典型としては、一九七五年刊の井上清『天皇の戦争責任』があげられる。天皇即位後から終戦までの昭和天皇の発言と行動を検討して昭和天皇の戦争責任の重さを指摘している。論理明快で簡にして要を得ており、この時期の昭和天皇研究としては最も完成度が高い。以後、擁護論は栗原書の、批判論は井上書の論理構成を基本的に受け継いでいくかたちとなる。

伝記的研究

昭和天皇の全生涯を扱った伝記的研究は、昭和天皇崩御後に本格的に始まった。研究者による最初の研究といえるのは、一九九九年刊の升味準之輔『昭和天皇とその時代』である。本書以前では研究者による客観的な視点に立つ唯一の伝記である。

研究者による伝記的研究で最も詳しいものは、ハーバート・ビックス『昭和天皇』（邦語訳は二〇〇二年刊）である。これはアメリカ人研究者によるもので、昭和天皇批判論の集大成といえる内容となっているが、著者の昭和天皇観の妥当性については出版当時から日本では批判が少なくなく、昭和天皇に関する学術的研究が進んだ現在となっては事実関係の叙述についても不備が目立つ。

二〇〇八年刊の原武史『昭和天皇』は、昭和天皇の祈禱《きとう》者としての側面から昭和天皇像を再検討しようとした異色作だが、著者本人が同書中で断っているように、仮説的な側面が強い。

伝記に関しては歴史学者以外による著作の方が多い。一九七四年刊の『天皇』全五巻、一九九五〜九六年刊の『昭和天皇戦後』全三巻という児島襄の一連の著作は、関係者のインタビューや、関係者の秘蔵史料を多用し、かつ比較的客観的な視点から昭和天皇を描いた中身の濃いもので、著者のジャーナリストとしての手腕が発揮されている。史料の発掘、紹介という点で学術的研究にも大きな影響を及ぼしている。

一九九九年刊の小堀桂一郎『昭和天皇』は、擁護論の立場の伝記としては最も詳しく、水準が高い。新書なので入手も容易である。二〇〇五年刊の保阪正康『昭和天皇』は、昭和天皇の心境を探る上で和歌を活用した点に特徴がある。

一九八四〜九〇年刊の田中伸尚『ドキュメント昭和天皇』全六巻は、批判的視点に立ったものだが、やはり広範な文献収集に基づく詳細なもので、批判論の立場の昭和天皇伝としてはビックスのものより水準が高い。

戦前・戦中期の昭和天皇

以下は個別的な論点を検討した研究について述べる。戦前・戦中期の昭和天皇についての初期の研究で水準が高いのは、一九八四年刊の秦郁彦『裕仁天皇五つの決断』であり、現在でもその価値は失われていない。

ただし、個別的な研究は、「はじめに」に述べたように、昭和天皇崩御後、関係史料が多数公開されはじめてから盛んになった。一九九五年刊の柴田紳一『昭和期の皇室と政治外交』はその種の研究の最初のまとまった成果である。柴田氏はその後も精力的に昭和天皇に関わる個別研究を発表している。

二〇〇三年刊の永井和『青年君主昭和天皇と元老西園寺』、二〇〇五年刊の伊藤之雄『昭和天皇と立憲君主制の崩壊』は、いずれも実証的水準が高く内容も豊富な実証的歴史研究として価値がある。ただし、後者は、政党内閣期のみを立憲君主制と定義したり、昭和天皇が理想化された明治天皇像に影響されたという前提で論を進めるなどの点で批判が多い。小生もかつて『図書新聞』でこうした観点から同書を批判して著者自身と論争したことがある（二〇〇五年九月、十一月、二〇〇六年一月）。

二〇〇二年刊の山田朗『昭和天皇の軍事思想と戦略』は、日本軍の最高指揮官としての昭和天皇に関する最も詳しい研究で水準も高い。終戦前後の昭和天皇をめぐっては、一九九二年刊の吉田裕『昭和天皇の終戦史』が優れている。本書であまりふれなかった太平洋戦争中のアメリカ側の昭和天皇対策については、一九八九年刊の中村政則『象徴天皇制への道』、二〇〇五年刊の加藤哲郎『象徴天皇制の起源』がアメリカ側の史料を活用して詳しく検討している。

その他、一九九八年刊の波多野勝『裕仁皇太子ヨーロッパ外遊記』は、皇太子時代の欧州巡遊についての初のまとまった研究として価値が高い。昭和天皇と生物学の関わりについては、二〇〇九年刊の右田裕規『天皇制と進化論』がある。

また、昭和天皇を主題としたものではないが、法令上、天皇に政治的権限があった旧憲法下においては、側近についての研究も注目する必要がある。この種の研究の古典は一九七九年刊のデイビッド・タイタス『日本の天皇政治』であるが、二〇〇九年刊の茶谷誠一『昭和戦前期の宮中勢力と政治』、同書の簡易版である二〇一〇年刊の同『昭和天皇側近たちの戦争』は、昭和天皇崩御後利用できるようになった新史料を活用した側近研究の現在の水準を示すものである。

研究者によるものではないが、一九八六年刊の大竹修一『天皇の学校』は、東宮御学問所についての今のところ唯一のまとまった本である。

戦後の昭和天皇

一九七八年刊の武田清子『天皇観の相剋』は、戦中から戦後にかけての海外の昭和天皇論の動向を検討したもので、この種の研究としては現在でも十分な価値がある。特に一九九三年刊の岩波書店同時代ライブラリー版は昭和天皇についての補論も収録されていてさらに有用である。また、先にあげた秦『裕仁天皇五つの決断』は、戦後についてもアメリカ側の史料も活用して興味深い事実を明らかにしており価値が高い。

戦後の昭和天皇像全体についての初のまとまった研究としては、一九九〇年刊の渡辺治『戦後政治史の中の天皇制』があり、昭和天皇批判論の立場からではあるが、興味深い論点を含んでいる。二〇〇三年刊のケネス・オルフ『国民の天皇』は、比較的客観的な視点に立つ水準の高い研究である。また、戦後前半期については二〇一〇年刊の河西秀哉『「象徴天皇」の戦後史』が優れている。

また、二〇〇七年刊の『畏るべき昭和天皇』をはじめとする松本健一の昭和天皇論は、氏の右翼研究の蓄積が生かされた特色ある内容で、戦前から戦後までを扱っているが、仮説的な側面が強い。

参考文献目録

※配列は原則として編著者名の五〇音順とした。紙数の関係から、各文献の副題は原則として略し、復刻版や文庫版など複数の版がある場合は筆者が使用した版の書誌のみ記した。編著者複数の場合は原則として筆頭者のみ明記し、シリーズ物についても各章の著者名を略した場合がある。また、「あとがき」のみでふれた文献は除いた。ご了承いただきたい。

一、研究者・研究家による著作

浅見雅男『闘う皇族』(角川書店、二〇〇五年)
畔上直樹『「村の鎮守」と戦前日本』(有志舎、二〇〇九年)
家永三郎『日本近代憲法思想史研究』(岩波書店、一九六七年)
伊藤潔『台湾』(中公新書、一九九三年)
伊藤隆『昭和初期政治史研究』(東京大学出版会、一九六九年)
伊藤隆『近衛新体制』(中公新書、一九八三年)
伊藤之雄『昭和天皇と立憲君主制の崩壊』(名古屋大学出版会、二〇〇五年)

井上清『天皇の戦争責任』（現代評論社、一九七五年）
井上寿一『危機の中の協調外交』（山川出版社、一九九四年）
猪瀬直樹『天皇の影法師』（朝日新聞社、二〇〇〇年）
岩瀬彰『「月給百円」サラリーマン』（講談社現代新書、二〇〇六年）
岩見隆夫『陛下の御質問』（毎日新聞社、一九九二年）
ピーター・ウエッツラー（守山尚美訳）『昭和天皇と戦争』（原書房、二〇〇二年）
大竹修一『天皇の学校』（文藝春秋、一九八六年）
小田部雄次『皇族』（中公新書、二〇〇九年）
ケネス・オルフ（高橋紘監修、木村剛久ほか訳）『国民の天皇』（共同通信社、二〇〇三年）
河西秀哉『「象徴天皇」の戦後史』（講談社選書メチエ、二〇一〇年）
片野真佐子『皇后の近代』（講談社選書メチエ、二〇〇三年）
加藤恭子（田島恭二監修）『昭和天皇と美智子妃、その危機に』（文春新書、二〇一〇年）
加藤哲郎『象徴天皇制の起源』（平凡社新書、二〇〇五年）
刈田徹『昭和初期政治・外交史研究』普及版（人間の科学社、一九八一年）
北岡伸一『自民党』（読売新聞社、一九九五年）
楠綾子『吉田茂と安全保障政策の形成』（ミネルヴァ書房、二〇〇九年）
栗原健『天皇　昭和史覚書』（原書房、一九八五年）
国際政治学会太平洋戦争研究部編『太平洋戦争への道』新装版一〜七巻（朝日新聞社、一九八七年）
児島襄『天皇』全五巻（文藝春秋、一九七四年）

児島襄『昭和天皇戦後』全三巻（小学館、一九九五〜九六年）
後藤致人『内奏』（中公新書、二〇一〇年）
小林道彦『政党内閣の崩壊と満州事変』（ミネルヴァ書房、二〇一〇年）
小堀桂一郎『昭和天皇』（PHP研究所、一九九九年）
小山常美『天皇機関説と国民教育』（アカデミア出版会、一九八九年）
坂元一哉『日米同盟の絆』（有斐閣、二〇〇〇年）
佐藤考一『皇室外交とアジア』（平凡社新書、二〇〇七年）
佐藤卓巳『メディア社会』（岩波新書、二〇〇六年）
沢田健ほか編著『地球と生命の進化学』（北海道大学出版会、二〇〇八年）
篠原初枝『国際連盟』（中公新書、二〇一〇年）
柴田紳一『昭和期の皇室と政治外交』（原書房、一九九五年）
鈴木多聞『「終戦」の政治史　一九四三－一九四五』（東京大学出版会、二〇一一年）
鈴木正幸『国民国家と天皇制』（校倉書房、二〇〇〇年）
関静雄『ロンドン海軍条約成立史』（ミネルヴァ書房、二〇〇七年）
デイビッド・タイタス（大谷堅志郎訳）『日本の天皇政治』（サイマル出版会、一九七九年）
高橋紘『象徴天皇と皇室』（小学館文庫、二〇〇〇年）
高橋紘『昭和天皇』（岩波書店、二〇〇八年）
高橋紘、鈴木邦彦『天皇家の密使たち』（徳間書店、一九八一年）
高橋正衛『二・二六事件』増補改版（中公新書、一九九四年）

瀧井一博『伊藤博文』（中公新書、二〇一〇年）
武田清子『天皇観の相剋』（岩波同時代ライブラリー、一九九三年）
竹前栄治、岡部史信『憲法制定史』（小学館文庫、二〇〇〇年）
田澤晴子『吉野作造』（ミネルヴァ書房、二〇〇六年）
田中純一郎『日本教育映画発達史』（蝸牛、一九七九年）
田中伸尚『ドキュメント昭和天皇』全六巻（緑風出版、一九八四〜九〇年）
渓内謙『現代史を学ぶ』（岩波新書、一九九五年）
茶園義男『密室の終戦詔勅』（雄松堂出版、一九八九年）
茶谷誠一『昭和戦前期の宮中勢力と政治』（吉川弘文館、二〇〇九年）
茶谷誠一『昭和天皇側近たちの戦争』（吉川弘文館、二〇一〇年）
筒井清忠『二・二六事件とその時代』（筑摩書房、二〇〇六年）
筒井清忠『昭和十年代の陸軍と政治』（岩波書店、二〇〇七年）
筒井清忠『近衛文麿』（岩波現代文庫、二〇〇九年）
戸部良一『外務省革新派』（中公新書、二〇一〇年）
冨永望『象徴天皇制の形成と定着』（思文閣出版、二〇一〇年）
豊下楢彦『安保条約の成立』（岩波新書、一九九六年）
豊下楢彦『昭和天皇・マッカーサー会見』（岩波現代文庫、二〇〇八年）
永井和『青年君主昭和天皇と元老西園寺』（京都大学学術出版会、二〇〇三年）
永井和『日中戦争から世界戦争へ』（思文閣出版、二〇〇七年）

永原慶二『二〇世紀日本の歴史学』(吉川弘文館、二〇〇三年)
中村政則『象徴天皇制への道』(岩波新書、一九八九年)
長谷川毅『暗闘』(中央公論新社、二〇〇六年)
秦郁彦『裕仁天皇五つの決断』(講談社、一九八四年)
秦郁彦『盧溝橋事件の研究』(東京大学出版会、一九九六年)
波多野勝『裕仁皇太子ヨーロッパ外遊記』(草思社、一九九八年)
馬場明『日中関係と外政機構の研究』(原書房、一九八三年)
林茂・辻清明編『日本内閣史録』三、四(第一法規出版、一九八一年)
原武史『可視化された帝国』(みすず書房、二〇〇一年)
原武史『昭和天皇』(岩波新書、二〇〇八年)
坂野潤治『明治憲法体制の成立』(東京大学出版会、一九七一年)
東野真『昭和天皇二つの「独白録」』(日本放送出版協会、一九九八年)
日暮吉延『東京裁判』(講談社現代新書、二〇〇八年)
ハーバート・ビックス(岡部牧夫ほか訳)『昭和天皇』上・下(講談社、二〇〇二年)
古川隆久『昭和戦中期の総合国策機関』(吉川弘文館、一九九二年)
古川隆久『戦時議会』(吉川弘文館、二〇〇一年)
古川隆久『政治家の生き方』(文春新書、二〇〇四年)
古川隆久『昭和戦中期の議会と行政』(吉川弘文館、二〇〇五年a)
古川隆久『大正天皇』(吉川弘文館、二〇〇七年)

保阪正康『昭和天皇』(中央公論新社、二〇〇五年)
升味準之輔『昭和天皇とその時代』(山川出版社、一九九九年)
松尾尊兊『戦後日本への出発』(岩波書店、二〇〇二年)
松野修『近代日本の公民教育』(名古屋大学出版会、一九九七年)
松本健一『畏るべき昭和天皇』(毎日新聞社、二〇〇七年)
松本三之介『吉野作造』(東京大学出版会、二〇〇八年)
右田裕規『天皇制と進化論』(青弓社、二〇〇九年)
百瀬孝(監修伊藤隆)『事典昭和戦前期の日本』(吉川弘文館、一九九〇年)
山田朗『昭和天皇の軍事思想と戦略』(校倉書房、二〇〇二年)
山本智之『日本陸軍戦争終結過程の研究』(芙蓉書房出版、二〇一〇年)
吉田裕『昭和天皇の終戦史』(岩波新書、一九九二年)
吉田裕、森茂樹『アジア・太平洋戦争』(吉川弘文館、二〇〇七年)
劉傑『日中戦争下の外交』(吉川弘文館、一九九五年)
渡辺治『戦後政治史の中の天皇制』(青木書店、一九九〇年)

二、個別論文

荒船俊太郎「摂政補導問題と元老西園寺公望」(『史観』一五八、二〇〇八年)
五十嵐暁郎「現代日本と象徴天皇」(同編『象徴天皇の現在』世織書房、二〇〇八年)
石渡隆之「終戦の詔書成立過程」(『北の丸』二八、一九九六年)

梶田明宏「昭和天皇像の形成」（鳥海靖ほか編『日本立憲政治の形成と変質』吉川弘文館、二〇〇五年）
川口暁弘「内大臣の基礎研究」（『日本史研究』四四二、一九九六年）
佐藤元英「昭和十六年十二月八日対米最後通牒「覚書」と宣戦布告問題」（『中央大学文学部紀要』二〇六、二〇〇五年）
塩崎弘明「「太平洋戦争」にみる開戦・終戦外交」（『日本歴史』三八九、一九八〇年）
柴田紳一「「重臣ブロック排撃論者」としての久原房之助」（『国学院大学日本文化研究所紀要』八三、一九九九年）
柴田紳一「昭和十六年対米戦回避時クーデター説の検討」（同右八六、二〇〇〇年）
柴田紳一「昭和天皇の「終戦」構想」（同右九一、二〇〇三年）
柴田紳一「米内光政内閣成立の経緯」（同右九五、二〇〇五年）
菅谷幸浩「清水澄の憲法学と昭和戦前期の宮中」（『年報政治学』二〇〇九－一、二〇〇九年）
瀬畑源「昭和天皇「戦後巡幸」の再検討」（『日本史研究』五七三、二〇一〇年）
高橋勝浩「三上参次の進講と昭和天皇」（『明治聖徳記念学会紀要』復刊一五、一九九五年）
竹内敬徳「太平洋戦争終戦の詔書の再検討」（『横浜市立大学学生論集』四四－二、二〇〇五年）
内藤一成「山県有朋と立憲政治」（『史友』三四、二〇〇二年）
長尾龍一「天皇機関説事件」（筒井清忠編『解明・昭和史』朝日新聞出版、二〇一〇年）
服部聡「日独伊三国同盟」（前掲『解明・昭和史』）
濱田英毅「侍従武官府人事の研究」（『学習院大学人文科学論集』一七、二〇〇八年）
古川隆久「大正天皇像の再検討」（『横浜市立大学論叢』〔人文科学系列〕五六－二、二〇〇五年b）

古川隆久「昭和天皇首相叱責事件の再検討」(『研究紀要』〔日本大学文理学部人文科学研究所〕七六、二〇〇八年、古川二〇〇八a)
古川隆久「昭和天皇の戦争責任問題について」(『史叢』七九、二〇〇八年、古川二〇〇八b)
古川隆久「昭和天皇の「聖断」発言と「終戦の詔書」」(『研究紀要』〔日本大学文理学部人文科学研究所〕七八、二〇〇九年)
古川隆久「昭和天皇の政治思想」(『日本歴史』七五四、二〇一一年)
松尾尊兊「昭和天皇は真珠湾攻撃の責任を東条元首相に転嫁した」(『論座』二〇〇七年二月号)
松田好史「情報管理者としての木戸幸一」(『日本歴史』六七八、二〇〇四年)
松田好史「昭和期における「常時輔弼」体制の変遷」(同右七一五、二〇〇七年)
松田好史「内大臣制度の転機と平田東助」(『国史学』一九九、二〇〇九年)
松田好史「内大臣の側近化と牧野伸顕」(『日本歴史』七四三、二〇一〇年、松田二〇一〇a)
松田好史「大正期の常侍輔弼と内大臣」(『史観』一六三、二〇一〇年、松田二〇一〇b)
右田裕規「「皇室グラビア」と「御真影」」(『京都社会学年報』九、二〇〇一年)
右田裕規「戦前期「大衆天皇制」の形成過程」(『ソシオロジ』四七-二、二〇〇二年)
右田裕規「戦前の「御研究」の運営実態に関する一考察」(『生物学史研究』八三、二〇一〇年)
三谷太一郎「政治と道徳の一致を求めて」(『吉野作造選集』四、岩波書店、一九九六年)
蓑原俊洋「日米交渉と開戦」(前掲『解明・昭和史』)
宮崎俊弥「昭和天皇の桐生市行幸と誤導事件」(『地方史研究』三〇五、二〇〇三年)
村井良太「昭和天皇と政党内閣制」(『年報政治学』二〇〇四、二〇〇五年)

村瀬信一「第五六議会における小選挙区制案の周辺」(『選挙研究』一八、二〇〇三年)
森茂樹「戦時天皇制国家における「親政」イデオロギーと政策決定過程の再編」(『日本史研究』四五四、二〇〇〇年)
吉次公介「戦後日米関係と「天皇外交」」(前掲『象徴天皇の現在』)

三、刊行史料

朝日新聞社編『朝日新聞の紙面で見る　昭和天皇　八十七年の生涯』(朝日新聞社、一九八九年)
粟屋憲太郎編『資料日本現代史』二(大月書店、一九八〇年)
粟屋憲太郎編(岡田信弘訳)『東京裁判資料・木戸幸一尋問調書』全六巻(岩波書店、一九九三〜九四年)
粟屋憲太郎ほか編『昭和初期の天皇と宮中』全六巻(岩波書店、一九九三〜九四年)
池井優ほか編『浜口雄幸　日記・随感録』(みすず書房、一九九一年)
一木喜徳郎『国法学』(東京帝大の講義プリント、一八九九年)
伊藤隆ほか編『真崎甚三郎日記』一、二(山川出版社、一九八一年)
伊藤隆ほか編『続・現代史資料』四(みすず書房、一九八三年)
伊藤隆ほか編『本庄繁日記』二(山川出版社、一九八三年)
伊藤隆ほか編『重光葵手記』(中央公論社、一九八六年)
伊藤隆ほか編『続重光葵手記』(中央公論社、一九八八年)
伊藤隆ほか編『牧野伸顕日記』(中央公論社、一九九〇年)
伊藤隆ほか編『東条内閣総理大臣機密記録』(東京大学出版会、一九九〇年)

伊藤隆ほか編『高木惣吉 日記と情報』上下（みすず書房、二〇〇〇年）
伊藤隆ほか編『重光葵 最高戦争指導会議記録・手記』（中央公論新社、二〇〇四年）
伊藤博文（宮沢俊義校注）『憲法義解』（岩波文庫、一九四〇年）
今井清一、高橋正衛編『現代史資料』四（みすず書房、一九六三年）
入江相政編『宮中門前学派』（TBSブリタニカ、一九八一年）
入江為年監修『入江相政日記』文庫版全一二巻（朝日新聞社、一九九四～九五年）
岩壁義光、広瀬順晧編『影印 原敬日記』第一二～一六巻（北泉社、一九九八年）
岡義武、林茂校訂『大正デモクラシー期の政治――松本剛吉政治日誌』（岩波書店、一九五九年）
小川平吉関係文書研究会編『小川平吉関係文書』一（みすず書房、一九七三年）
外務省編『日本外交年表並主要文書』下（原書房、一九六六年）
鹿島平和研究所編『松田道一遺稿　外交論叢』（鹿島研究所出版会、一九七〇年）
片倉衷『戦陣随録』（経済往来社、一九七二年）
狩野直喜『御進講録』（みすず書房、一九八四年）
河邊虎四郎文書研究会編『承詔必謹』（国書刊行会、二〇〇五年）
木戸幸一日記研究会編『木戸幸一関係文書』（東京大学出版会、一九六六年）
木戸日記研究会校訂『木戸幸一日記』上・下・東京裁判期（東京大学出版会、一九六六、八〇年）
「木戸幸一日記」（前掲『東京裁判資料・木戸幸一尋問調書』解説に収録）
木下道雄『側近日誌』（文藝春秋、一九九〇年）
木下道雄『新編宮中見聞録』（日本教文社、一九九八年）

共同通信社「近衛日記」編集委員会編『近衛日記』(共同通信社、一九六八年)
栗原健、波多野澄雄編『終戦工作の記録』下(講談社文庫、一九八六年)
軍事史学会編『大本営陸軍部戦争指導班　機密戦争日誌』全二巻(錦正社、一九九八年)
軍事史学会編『大本営陸軍部作戦部長宮崎周一中将日誌』(錦正社、二〇〇三年)
軍事史学会編、伊藤隆、原剛監修『畑俊六回顧録』(錦正社、二〇〇九年)
国際政治学会太平洋戦争原因研究部編『太平洋戦争への道』新装版資料編(朝日新聞社、一九八八年)
後藤武男『われらの摂政宮』(時友社、一九二五年)
径書房編『長崎市長への七三〇〇通の手紙』(径書房、一九八九年)
参謀本部編『杉山メモ』普及版上・下(原書房、一九八九年)
参謀本部編『敗戦の記録』普及版(原書房、一九八九年)
清水澄『国法学』第一編憲法編改版増補(清水書店、一九一五年)
清水澄『帝国公法大意』(清水書店、一九二五年)
清水澄『帝国憲法講義』(松華堂書店、一九三二年)
清水澄謹撰(所功解説)『法制・帝国憲法』(原書房、一九九七年)
下村海南(宏)『終戦秘史』(講談社学術文庫、一九八五年)
社団法人尚友倶楽部編『岡部長景日記』(柏書房、一九九三年)
白鳥庫吉『国史』(一九一四年、復刻『日本歴史』上下、勉誠出版、二〇〇〇年)
進藤栄一編『芦田均日記』第一巻、第二巻(岩波書店、一九八六年)
杉浦重剛著、猪狩又蔵編『倫理御進講草案』(杉浦重剛先生倫理御進講草案刊行会、一九三六年)

高橋勝浩「史料紹介　三上参次「進講案」」（『国学院大学日本文化研究所紀要』一九八三、一九九七年）
高橋勝浩「資料翻刻　宮内庁書陵部所蔵三上参次『御進講案』」その一～五（同右一九九二～九五、二〇〇三～〇五年、二〇〇三、二〇〇四a、二〇〇四b、二〇〇五a、二〇〇五b）
高橋紘編『陛下、お尋ね申し上げます』（文藝春秋、一九八九年）
立作太郎『世界外交史』（日本評論社、一九四六年）
角田順校訂『宇垣一成日記』二（みすず書房、一九七〇年）
寺崎英成／マリコ・テラサキ・ミラー『昭和天皇独白録』（文春文庫、一九九五年、「寺崎英成日記」含む）
東郷茂徳『東郷茂徳手記時代の一面』普及版（原書房、一九八九年）
永積寅彦『昭和天皇と私』（学習研究社、一九九二年）
野村実編『城英一郎日記』（山川出版社、一九八二年）
波多野澄雄ほか編『侍従武官長奈良武次日記・回顧録』全四巻（柏書房、二〇〇〇年）
林銑十郎（高橋正衛解説）『満洲事件日誌』（みすず書房、一九九六年）
原敬関係文書研究会編『昭和天皇のご幼少時代』（日本放送出版協会、一九九〇年）
原田熊雄述『西園寺公と政局』第一～八巻（岩波書店、一九五〇～五二年）
半藤一利解説「小倉庫次侍従日記」（『文藝春秋』二〇〇七年四月号）
藤樫準二『千代田城』（光文社、一九五八年）
古川隆久ほか編『第百一師団長日誌』（中央公論新社、二〇〇七年）
防衛庁防衛研究所戦史部監修、中尾裕次『昭和天皇発言記録集成』全二巻（芙蓉書房出版、二〇〇三年、「真田穣一郎日記」、「尾形健一郎侍従武官日記」翻刻を収録）

細川護貞『細川日記』上・下（中公文庫、一九七九年）
細川護貞ほか編『高松宮日記』第七、八巻（中央公論社、一九九八年）
本庄繁『本庄日記』普及版（原書房、一九八九年）
松尾尊兊ほか編『吉野作造選集』二、四（岩波書店、一九九六年）
美濃部達吉『憲法講話』（有斐閣、一九一二年、小路田泰直監修『史料集　公と私の構造』一、ゆまに書房、二〇〇三年に復刻）
美濃部達吉『現代憲政評論』（岩波書店、一九三〇年、同右に同年に復刻）
美濃部達吉『議会政治の検討』（日本評論社、一九三四年）
御厨貴ほか監修、徳川義寛『徳川義寛終戦日記』（朝日新聞社、一九九九年）
明治教育史研究会編『杉浦重剛全集』第五巻、第六巻（杉浦重剛全集刊行会、一九八二、八三年）
森松俊夫編『参謀次長沢田茂回想録』（芙蓉書房、一九八二年、「参謀次長上奏控」収録）
森松俊夫解題「大本営陸軍参謀部第二課・機密作戦日誌」（近代外交史研究会編『変動期の日本外交と軍事』原書房、一九八七年）
文部省『国体の本義』（内閣印刷局、一九三七年）
山極晃ほか編『資料日本占領一　天皇制』（大月書店、一九九〇年）
歴史学研究会編『日本史史料』五（岩波書店、一九九七年）
伊藤隆監修『佐藤栄作日記』第二～五巻（朝日新聞社　一九九七～九八年）
「松井明文書」（『朝日新聞』二〇〇二年八月五日付朝刊）
「富田メモ」（『日本経済新聞』二〇〇六年七月二十日付朝刊）

御厨貴ほか監修『卜部亮吾侍従日記』第一～四巻（朝日新聞社　二〇〇七年）
「田島道治日記」（前掲『昭和天皇と美智子妃、その危機に』収録）

四、その他

井原頼明『増補皇室事典』（冨山房、一九四二年）
「高松宮宣仁親王」伝記刊行委員会編『高松宮宣仁親王』（朝日新聞社、一九九一年）
丘浅次郎『進化論講話』（増補修正十一版、開成館、一九一四年、同十三版一九二五年）
奥崎謙三『ヤマザキ、天皇を撃て！』（三一書房、一九七二年）
幸田文「よき御出発」（『幸田文全集』第十一巻、岩波書店、一九九五年）
中野重治「その身につきまとう」（『定本中野重治全集』第三巻、筑摩書房、一九九六年）
ヘッケル（後藤裕次訳）『生命の不可思議』上下（岩波文庫、一九二八年）
箕作元八『西洋史講話』第五版（東京開成館、一九一三年）
箕作元八『フランス大革命史』前後編（冨山房、一九一九～二〇年）
箕作元八（大類伸補訂）『西洋史講話』下巻（東京開成館、一九三〇年）

五、未公刊史料

「本庄繁大将日誌」「厚木事件資料」（いずれも防衛省防衛研究所戦史部図書館蔵）、「財部彪日記」（国立国会図書館憲政資料室蔵「財部彪関係文書」）、「牧野伸顕関係文書」（同上蔵）、「倫敦海軍会議一件」（外務省外交史料館蔵、アジア歴史資料センター画像データ）

六、新聞雑誌類

『朝日新聞』(『東京朝日新聞』)、『国民新聞』、『時事新報』、『中央新聞』、『報知新聞』、『読売新聞』(『日本』『第一新聞』は未見)、『ニューヨーク・タイムズ』、『タイムズ』、『国際連盟』、『国家学会雑誌』、「帝国議会議事録」(国立国会図書館ホームページ、本文では『議事速記録』と略記)、「日本法令索引」(国立国会図書館ホームページ)、「国会会議録」(同上)

あとがき

本書は、小生の中公新書としては二冊目にあたる。最近妻に指摘されるまですっかり忘れていたのだが、高校の先輩だった楠精一郎氏（一九九七年刊の中公新書『児島惟謙』著者、二〇〇八年逝去）のご紹介で、一九九七年の春に中公新書編集部の早川幸彦氏（当時）にお会いすることになり、早川氏に何を書きたいかと聞かれた際、実は昭和天皇を書きたいと答えたのである。

昭和天皇や皇室に特別な思い入れはないが、昭和戦中期の政治史から研究生活をスタートさせた以上、研究対象としての昭和天皇には大いに関心があり、史料や文献は折を見て集めていた。そうしたなか、オーバードクター（日本学術振興会特別研究員）時代に、大学の先輩である佐々木隆聖心女子大学教授の紹介で、終戦時の昭和天皇側近の日記についての小論を書く機会を得た（「昭和天皇不訴追に至る〝虚々実々〟」『月刊Ａｓａｈｉ』一九九三年一・二月合併号）。さらに、早川氏にお会いした当時の職場（横浜市立大学国際文化学部）には、前近代天皇研究の第一人者で中公新書の名著『室町の王権』（一九九〇年刊）の著者でもある今谷明先生（前・都留文科大学学長）がおられ、先生の研究に大いに刺激を受けていたのである。

しかし、早川氏からは、「もっと勉強してからにしなさい」と諭された。昭和天皇を主題にした学術論文をまだ書いていなかった以上、早川氏のご意見は全くごもっともであり、むしろ小生があまりに無謀だった。結局、当時すでにかなり研究していた内容で書くということになり、それで生まれたのが『皇紀・万博・オリンピック』である（一九九八年刊）。

その後、大正天皇の評伝（古川二〇〇七）を書く機会を得たことから、そろそろ昭和天皇について本格的に研究しようと思い立ち、学術論文を書き始めていた二〇〇八年の初夏、中公新書編集部の吉田大作氏に何か書きませんかとお誘いを受け、今回は昭和天皇でゴーサインが出て、昭和天皇生誕一一〇年、太平洋戦争開戦七〇年を迎える年に本書が生まれることになった。感慨無量である。執筆作業は、体力的にはきつかったものの、実に楽しかった。

内容的には、本書は、参考文献目録にある、「昭和天皇首相叱責事件の再検討」以後の小生の四本の学術論文を発展させたものである（一部、それらの誤りを正した部分もある）。それらの執筆にあたっては、大学院の授業や職場の歴史学関係の同僚の方々との研究会で内容を報告して、いろいろご意見をいただいたり、吉野作造と美濃部達吉について研究中の妻から多大な教示を受けた。いずれも深く感謝したい。もちろん文責は小生にある。

昭和天皇を歴史学研究の対象とする上で問題なのは、史料が多数公刊されるようになったとはいっても、牧野伸顕や入江相政の日記をはじめ、さまざまな事情で原本非公開の史料が非常に多いことである。手書き史料の解読には誤りが生じやすいため、原本かその複製を自分の目で見るのが理想だからである（「座談会 遺跡・史料の問題点」『日本歴史』六四四号、二〇〇二年一月）。しかし、近現代天皇研究に関して、そうした考え方を厳密に適用すると研究が不可能になる。また、宮内庁所蔵史料の公開状況もはなはだ不十分である（佐藤宏治「情報公開法と宮内庁資料」『季刊戦争責任研究』五四、二〇〇六年。この論文に示されている状況は今もさほど変わっていない）。旧憲法下最高位の公人に関する史料の公共性の高さは議論の余地がないと思うのだが、今のところは、研究の進展が史料原本公開の促進につながることを期待しつつ、刊本利用でよしとするほかない。

また、昭和天皇や皇室関係だけならばまだしも、昭和天皇が深く関与した政治・外交・軍事問題に関する文献の量は膨大で、学術研究に限定しても全貌を把握するのは容易ではない。それでも、平成改元以後に刊行された関連の学術研究には極力目を通したが、新書という性格上、直接利用したもの以外には言及しなかったことをご容赦いただきたい。

ただし、第二章で引用した『ニューヨーク・タイムズ』の記事は、吉見俊哉、テッサ・モーリス・スズキ『天皇とアメリカ』（集英社新書、二〇一〇年）の中で、モーリス・スズキ氏が言及していたことで存在を知ったことだけはふれておきたい。この史料は日本語訳が存在しないので、内容の紹介と題名の訳は拙訳によるものである。
多くの学恩を受けて生まれた本書が、日本の近現代史や政治、天皇・皇室、ひいては人類の歴史について考える上でなにがしか寄与するところがあれば、著者としてこれにまさる喜びはない。

二〇一一年三月

著者

345
松平慶民　342
丸尾錦作　6
三浦梧楼　25
三上参次　57-60, 346
水野錬太郎　87, 88
三谷隆信　334
箕作元八　19, 20, 21, 181
南方熊楠　108
南次郎　141, 146, 147, 150, 154
美濃部達吉　22, 23, 48, 53-56, 89, 104, 115, 126, 128, 193-195, 197, 387, 389, 390
三宅雪嶺　89
宮崎周一　297
武藤信義　169, 180
村岡長太郎　114
明治天皇　5, 7, 12, 14, 33, 57-60, 78, 79, 109, 140, 183, 184, 192, 306, 368
望月圭介　87
本島等　364, 385
元田永孚　166
森恪　117, 166

ヤ・ラ・ワ行

山県有朋　26-28, 37, 42
山口一太郎　168, 169, 184, 205, 206, 214, 215
山崎覚次郎　49, 82
山下奉文　246
山梨勝之進　124
山本権兵衛　31
山本信次郎　48, 49
山本悌二郎　97
湯浅倉平　179, 183, 204, 207, 210, 212, 216, 217, 219, 220, 224-229, 232, 233, 235, 237-239, 242, 243, 253-255
横山大観　9
芳沢謙吉　158, 161
吉田茂　10, 33, 211, 216, 217, 336-339, 342, 353
吉田善吾　259
吉野作造　15, 48, 71, 72, 104, 116, 178, 179, 387, 389
米内光政　233, 239, 252-254, 256, 258, 259, 278, 289, 290, 296, 299, 332
順宮　346
ランケ　19
李奉昌　159
リース＝ロス　190
リッジウェー　341
ルーズベルト　267, 270, 273
ルソー　16, 378
若槻礼次郎　81, 121-124, 138, 145-149, 156-158, 278, 291, 384
ワシントン　14
渡辺錠太郎　205

原脩次郎　138, 158
原敬　25, 27, 28, 33, 37, 39, 40, 60
原嘉道　272, 273
原田熊雄　117, 125, 128-130, 135, 142, 147, 152, 164, 167, 173, 188, 189, 215, 217, 229, 231, 232, 234, 241, 243, 244, 246, 253
ハル　267, 273
坂西利八郎　162
バーンズ　301, 304, 305
東久世秀雄　83
東久邇宮稔彦　182, 273, 274, 320
東久邇宮盛厚　329
ヒトラー　184, 367
百武三郎　216
平田東助　57, 67, 69
平田昇　252
平沼騏一郎　135, 211, 220, 237, 239-241, 244, 248-250, 253, 278, 295, 300
平山成信　67
広田弘毅　185, 187, 202, 210, 211, 217, 218, 229, 249, 279, 291
広幡忠隆　207, 229
フェラーズ　321, 322, 330, 331
フォード　371
溥儀　166, 191
伏見宮博恭　164, 270
二荒芳徳　95
フリードリヒ　14, 257
ペタン　256
ヘッケル　200
ホイットニー　350
細川護貞　287
穂積八束　22, 23, 56
本庄繁　20, 80, 169, 171, 179-186, 188, 191, 194, 195, 198, 201-203, 206-209, 212-215

マ　行

牧野伸顕　28, 30, 31, 39, 45-47, 49, 51, 57-64, 67-69, 84-89, 98, 101, 103, 106, 108-113, 116-119, 125, 134, 135, 137-139, 141, 142, 147, 149, 152, 155, 157, 160-163, 168, 173, 175, 176, 178, 185, 201, 203-205, 216, 291
真崎甚三郎　159, 162-164, 182, 183, 187, 194, 195, 202, 203
増原恵吉　356-358
町田忠治　230
松岡洋右　162, 163, 175, 177, 178, 259, 261, 262, 267-269, 342
マッカーサー　317, 318, 320-322, 327, 328, 331, 336-338, 340, 346, 347, 349-353, 395
松方正義　32, 37, 46, 57, 67
松田道一　173, 174, 258
松平恒雄　121, 210, 283, 295
松平康昌　242, 254, 295, 338,

照宮　65
鄧小平　374
東郷茂徳　283, 296, 299, 300, 304
東郷平八郎　9, 23, 132
東条英機　259, 273-278, 280, 282, 287-289, 291, 316, 317, 321, 327, 332
徳王　217
徳川家康　12
徳川義寛　286, 300
徳富蘇峰　49
床次竹二郎　102
富田朝彦　342, 383
豊田副武　302

ナ　行

永井荷風　10
永井松三　121
良子（香淳皇后）　28, 64
中島知久平　137
永田鉄山　203, 204
永積寅彦　21
永野修身　270-272, 287
中野重治　65
中村震太郎　146
中村俊久　317, 319
中村雄次郎　28
梨本宮　202, 270
ナポレオン　20, 181, 257
奈良武次　40, 42-44, 46, 49, 78, 79, 82, 93, 124, 126, 131, 132, 135, 141, 146-148, 150-152, 163, 165, 168, 169, 171, 172, 176-181
難波大助　63
ニクソン　366
西田税　93
新渡戸稲造　49, 89, 100
二宮治重　151, 154, 159
仁徳天皇　12, 13
乃木希典　7
ノビレ　49
野村吉三郎　267

ハ　行

芳賀矢一　48
橋本欣五郎　153
橋本徹馬　135
橋本虎之助　154
蓮沼蕃　252, 286, 306
長谷川如是閑　10
畑俊六　242-246, 249, 251-255, 259
波多野敬直　9
服部宇之吉　48
服部広太郎　21, 44, 61, 62, 82
鳩山一郎　355, 356, 359
馬場鍈一　230
浜尾新　9, 31
浜口雄幸　119, 120, 123, 124, 126-128, 136, 138, 145, 170, 392
浜田国松　218
林銑十郎　147, 149, 186, 202, 220, 278

末次信正　123, 124, 130, 131, 230
杉浦重剛　9, 11-18, 21, 23, 24, 28, 43-45, 63, 182, 286, 308
杉山元　226, 263, 265, 266, 269, 271-273, 280, 287
鈴木梅太郎　49
鈴木貫太郎　20, 99, 107, 108, 110-114, 119-126, 131, 133-135, 149, 158, 169, 171, 172, 177, 182, 183, 190, 201, 203-205, 215, 216, 293, 297-300, 305, 332, 368
鈴木喜三郎　86
鈴木善幸　376
鈴木荘六　106
鈴木孝　360
鈴木九万　350
スティムソン　156, 160
関屋貞三郎　133, 154
全斗煥　376
宋子良　255

タ　行

ダーウィン　43, 44
大正天皇（嘉仁親王）　5-7, 21, 22, 27, 32, 39, 62, 70, 78-80, 140, 166, 286, 385
高木惣吉　270, 295
孝宮　346
高橋是清　60, 81, 163, 185, 188, 205
高松宮（光宮宣仁）　6, 127, 179, 279, 287, 288, 291, 292, 328, 378, 379, 382
財部彪　120, 121, 129-132
宅野田夫　135, 151
田島道治　334-340, 345
多田駿　251
立作太郎　48, 50, 51, 82, 173
建川美次　140, 146
田中角栄　357
田中義一　81, 84-90, 92, 97, 98, 100-106, 109-115, 117, 118, 126, 127, 167, 331
田中彰治　356, 359
田中光顕　179
谷正之　283
谷口尚真　132
ダレス　353
俵孫一　136
団琢磨　168
秩父宮（淳宮雍仁）　6, 93, 142, 171, 172, 235, 292, 346
張学良　90, 97, 145, 146, 150-152, 162, 165
張群　284, 373
張作霖　90, 92, 99, 107, 109-111, 113
珍田捨己　31, 40, 79, 88, 98, 99
継宮明仁　185, 346, 362, 370, 385
貞明皇后（節子）　5, 6, 27, 32, 346
寺内寿一　214, 218, 245, 246
寺崎英成　330, 332, 350-352

堯帝　70, 71
久邇宮邦彦　28
久原房之助　87, 116, 117
久米邦武　14
黒田清隆　25
小泉信三　340
小磯国昭　140, 289, 293
幸田文　65
孝明天皇　241
河本大作　90, 91, 104, 114
小園安名　302, 310
後醍醐天皇　18
後藤新平　39
後藤武男　47, 67
後藤文夫　209
近衛文麿　142, 166, 167, 189, 210, 220, 226-230, 233-238, 249, 253-255, 257-265, 267-271, 273, 274, 278, 291, 292, 294, 297, 298, 316, 327, 332
小林躋造　37

サ　行

西園寺公望　31, 37, 42, 46, 51, 57, 60, 67-69, 81, 98, 101, 107-111, 117-119, 122, 125, 126, 128, 135, 138, 141, 142, 147, 152, 155-157, 160, 161, 163, 164, 166, 167, 169, 170, 173, 175, 188, 189, 205, 210, 216, 219, 224, 227, 229, 232, 234, 236, 238, 241, 244, 250, 259, 378
斎藤隆夫　228
斎藤実　134, 167, 170, 175, 176, 185, 186, 188, 204, 205
阪谷芳郎　100
佐郷屋留雄　136
佐佐木信綱　9
佐藤栄作　356, 360, 365, 368, 369
沢田茂　255, 256
三条実美　30
塩谷温　166
志賀重昂　49
重光葵　161, 290, 311, 316, 355, 356, 359, 360
幣原喜重郎　127, 136, 140, 145, 156, 157, 173, 316, 322, 328
シーボルト　350-352
嶋田繁太郎　289
清水澄　21, 22, 24, 48, 50, 52-56, 62, 82, 83, 126, 167, 184, 194, 197, 320
下村宏　301, 307
蔣介石　91, 145, 147, 151, 158, 201, 232, 236, 238, 255, 262
蔣作賓　151, 201
正田美智子　362
ジョージ五世　33, 34
白川義則　97, 99, 104, 107, 112-114, 165
白鳥庫吉　18, 19, 23, 24, 44
白鳥敏夫　151, 161, 173, 216, 240, 342
神武天皇　15, 172

江木翼　138
エリザベス女王　366
及川古志郎　272
汪精衛（兆銘）　201, 236-238, 255, 262, 263
大川周明　140
大隈重信　53, 58
大島浩　239, 240
大類伸　19
丘浅次郎　199
小笠原長生　9, 18
岡田啓介　188, 189, 193, 205, 209, 278, 291
尾形健一　306
岡部長景　110
岡村司　53
小川平吉　97, 98, 119, 135
小川平四郎　374
奥崎謙三　362
奥野誠亮　383
奥村勝蔵　348
小倉庫次　247, 249, 286
落合為誠　166, 182

カ　行

何応欽　201
香椎浩平　163
加瀬英明　378
片岡直温　80
片倉衷　180
片山哲　355
桂太郎　53, 57
加藤高明　66, 69
加藤友三郎　37
加藤虎之亮　82
加藤寛治　124, 125, 127, 129-131, 134
金谷範三　147, 148, 159
金子堅太郎　183
狩野直喜　11, 70, 166
嘉納治五郎　49
河井弥八　49, 68, 82, 83, 87, 94, 95, 98, 101, 103, 110, 133, 137, 138
川島義之　203, 208
河辺虎四郎　301
川村純義　6
閑院宮載仁　159, 164, 175, 176, 179, 181, 186, 202, 208, 225, 228-233, 235, 238, 242, 270
菊池武夫　193, 194
岸信介　356, 359
北一輝　93, 169, 184
北原泰作　79
木戸幸一　149, 167, 188, 203, 207, 210, 224, 231, 241, 248, 254-259, 261-263, 265, 267, 268, 270, 271, 274-279, 282, 283, 287, 289-292, 294-296, 298-300, 303-305, 315, 316, 319-321, 327, 328, 338, 339, 343
木戸孝彦　338
木戸孝正　6
木下道雄　95, 317, 319, 324-326, 329-331

人名索引

ア　行

アイケルバーガー　350
相沢三郎　203
アイゼンハワー　327
朝香宮　171
芦田均　49, 334, 344, 349-351, 355, 358
アソール　34
安達謙蔵　137, 157
アチソン（米国国務次官）　317, 350
アチソン（マッカーサー政治顧問）　350
阿南惟幾　296, 299-301, 305
阿部信行　48, 250-253, 278
安倍能成　340
安保清種　141
荒木貞夫　135, 162, 165, 181, 185, 192
有田八郎　216, 239-241, 253, 254
有馬頼寧　257
猪狩又蔵　10
石井菊次郎　150
石原莞爾　146, 180, 246
石渡荘太郎　239, 295
板垣征四郎　146, 180, 231-233, 238, 239, 241, 245-247, 250, 251, 255
一木喜徳郎　53, 67, 68, 88, 110, 111, 113, 117, 118, 135, 179, 210, 216, 254
出光万兵衛　197
伊藤述史　172, 173
伊藤博文　13, 25, 26, 58
伊東巳代治　81
稲田周一　330, 339, 340
犬養毅　157, 158, 161, 162, 164, 166-168
井上準之助　120, 136, 157, 168
井上日召　168
入江相政　343, 356, 357, 360, 362, 365, 368, 374, 377, 379, 381
岩波茂雄　9
ウィルヘルム二世　57
上杉慎吉　23, 56, 89
ウェッブ　338
宇垣一成　139, 140, 218-220, 233, 235, 250
宇佐美興屋　215, 217, 220, 233, 238, 242, 243
宇佐美毅　379
内田康哉　176
梅津美治郎　201, 251, 252, 291, 292, 296, 301, 302, 305
卜部亮吾　382

古川隆久（ふるかわ・たかひさ）

1962（昭和37）年，東京都生まれ．86年東京大学文学部国史専修過程卒業，92年同大学院人文科学研究科博士課程修了，博士（文学）．広島大学総合科学部（専任）講師，横浜市立大学国際文化学部（のち国際総合科学部）講師，助教授などを経て，2007年より日本大学文理学部教授．

著書『皇紀・万博・オリンピック』（中公新書，1998年）
『戦時議会』（吉川弘文館，2001年）
『戦時下の日本映画』（吉川弘文館，2003年）
『政治家の生き方』（文春新書，2004年）
『大正天皇』（吉川弘文館，2007年）など

昭和天皇《しょうわてんのう》
中公新書 *2105*

2011年4月25日初版
2011年5月25日再版

著　者　古川隆久
発行者　浅海　保

本文印刷　三晃印刷
カバー印刷　大熊整美堂
製　本　小泉製本

発行所　中央公論新社
〒104-8320
東京都中央区京橋 2-8-7
電話　販売 03-3563-1431
　　　編集 03-3563-3668
URL http://www.chuko.co.jp/

Published by CHUOKORON-SHINSHA, INC.
Printed in Japan　ISBN978-4-12-102105-2 C1221

中公新書刊行のことば

いまからちょうど五世紀まえ、グーテンベルクが近代印刷術を発明したとき、書物の大量生産は潜在的可能性を獲得し、いまからちょうど一世紀まえ、世界のおもな文明国で義務教育制度が採用されたとき、書物の大量需要の潜在性が形成された。この二つの潜在性がはげしく現実化したのが現代である。

いまや、書物によって視野を拡大し、変りゆく世界に豊かに対応しようとする強い要求を私たちは抑えることができない。この要求にこたえる義務を、今日の書物は背負っている。だが、その義務は、たんに専門的知識の通俗化をはかることによって果たされるものでもなく、通俗的好奇心にうったえて、いたずらに発行部数の巨大さを誇ることによって果たされるものでもない。現代を真摯に生きようとする読者に、真に知るに価いする知識だけを選びだして提供すること、これが中公新書の最大の目標である。

私たちは、知識として錯覚しているものによってしばしば動かされ、裏切られる。私たちは、作為によってあたえられた知識のうえに生きることがあまりに多く、ゆるぎない事実を通して思索することがあまりにすくない。中公新書が、その一貫した特色として自らに課すものは、この事実のみの持つ無条件の説得力を発揮させることである。現代にあらたな意味を投げかけるべく待機している過去の歴史的事実もまた、中公新書によって数多く発掘されるであろう。

中公新書は、現代を自らの眼で見つめようとする、逞しい知的な読者の活力となることを欲している。

一九六二年一一月

中公新書

現代史

f1

2105 昭和天皇 古川隆久
765 日本の参謀本部 大江志乃夫
632 海軍と日本 池田　清
1904 軍　神 山室建徳
881 後藤新平 北岡伸一
377 満州事変 臼井勝美
1138 キメラ―満洲国の肖像（増補版） 山室信一
40 馬　賊 渡辺龍作
1232 軍国日本の興亡 猪木正道
76 二・二六事件（増補改版） 高橋正衛
2059 外務省革新派 戸部良一
1951 広田弘毅 服部龍二
1532 新版　日中戦争 臼井勝美
795 南京事件（増補版） 秦　郁彦
84 90 太平洋戦争（上下） 児島　襄

244 248 東京裁判（上下） 児島　襄
1307 日本海軍の終戦工作 纐纈　厚
2015 「大日本帝国」崩壊 加藤聖文
2060 原爆と検閲 繁沢敦子
1459 巣鴨プリズン 小林弘忠
828 清沢《きよさわ》　洌《きよし》（増補版） 北岡伸一
2033 河合栄治郎 松井慎一郎
1759 言論統制 佐藤卓己
1711 徳富蘇峰 米原　謙
1808 復興計画 越澤　明
2046 内奏―天皇と政治の近現代 後藤致人
1243 石橋湛山 増田　弘
1976 大平正芳 福永文夫
1574 海の友情 阿川尚之
1875 「国語」の近代史 安田敏朗
2075 歌う国民 渡辺　裕
1804 戦後和解 小菅信子

1900 「慰安婦」問題とは何だったのか 大沼保昭
2029 北朝鮮帰国事業 菊池嘉晃
1990 「戦争体験」の戦後史 福間良明
1820 丸山眞男の時代 竹内　洋
1821 安田講堂1968-1969 島　泰三
2110 日中国交正常化 服部龍二

1980 ヴェルサイユ条約 牧野雅彦
2055 国際連盟 篠原初枝
27 ワイマル共和国 林 健太郎
154 ナチズム 村瀬興雄
478 アドルフ・ヒトラー 村瀬興雄
1943 ホロコースト 芝 健介
1572 ヒトラー・ユーゲント 平井 正
1688 ユダヤ・エリート 鈴木輝二
530 チャーチル（増補版） 河合秀和
1415 フランス現代史 渡邊啓貴
652 中国―歴史・社会・国際関係 中嶋嶺雄
2034 感染症の中国史 飯島 渉
1544 漢奸裁判 劉 傑
1487 中国現代史 小島朋之
1959 韓国現代史 木村 幹

1650 韓国大統領列伝 池 東旭
1762 韓国の軍隊 尹 載善
1763 アジア冷戦史 下斗米伸夫
1582 アジア政治を見る眼 岩崎育夫
1876 インドネシア 水本達也
1596 ベトナム戦争 松岡 完
1705 ベトナム症候群 松岡 完
1429 インド現代史 賀来弓月
941 イスラエルとパレスチナ 立山良司
1612 イスラム過激原理主義 藤原和彦
1664
1665 アメリカの20世紀（上下） 有賀夏紀
1937 アメリカの世界戦略 菅 英輝
1272 アメリカ海兵隊 野中郁次郎
1992 マッカーサー 増田 弘
1920 ケネディ―「神話」と実像 土田 宏
1863 性と暴力のアメリカ 鈴木 透
2000 戦後世界経済史 猪木武徳

2112 パレスチナ―聖地の紛争 船津 靖